Die perfekte Gastgeberin

Für unsere Töchter
Olivia
Corinne und Carina

Heidi Schoeller · Charlotte Seeling

Die perfekte Gastgeberin

Vom Brunch bis zum großen Abendessen
Einladen, Tisch decken, gutes Benehmen
und Konversation

Mit einem Vorwort
von André Heller

Mosaik

Inhalt

Inhalt

Vorwort

*I*ch behaupte, daß jedes beseelte Wesen auf einen unverwechselbaren Ton gestimmt ist und daß Sympathie entsteht, wenn zwei einander begegnen, deren innere Klänge sich zu einer sinnvollen Melodie ergänzen. Aber auch Räume, Düfte, Gegenstände, Landschaften, Kleidungsstücke und Speisen haben positive oder negative Schwingungen, und wir empfinden sie dementsprechend als angenehm oder unangenehm, zuweilen sogar als Glück oder Unglück. Unsere Sehnsucht nach Harmonie und liebevoller Zuwendung ist zwar grundsätzlich ausgeprägt, aber die meisten Erwachsenen bewohnen fügsam Höllen der Unsinnlichkeit. Die galoppierende Vergröberung ihres Wertesystems und die mangelnde Herzensbildung so vieler scheint ihnen unvermeidlicher Ausdruck eines grandiosen Fortschritts, für den es lohnt, am Ende abgeschoben in die Maschinenwelt der Intensivstationen vòr Angst die letzten Reste von Verstand zu verlieren. Wir leben in einem relativ lautlosen Krieg, dessen Ziel so etwas Ähnliches wie die McDonaldisierung der Erde ist und dessen Schlachtrufe »Einfalt statt Vielfalt« bzw. »Quantität statt Qualität« lauten. Ab und zu begegnet man eleganten Partisanen oder Partisaninnen, die beharrlich einer Armee in Jogginganzügen trotzen und anachronistisch ein amüsantes Gespräch der Isolation auf dem Walkmanplaneten vorziehen. Solche Herrschaften verstehen es auch noch, zauberische Feste zu feiern, und geben beispielsweise einem Blumengesteck jene Bedeutung, die nach aktuellem Gesetz ausschließlich Swatch-Uhren zusteht. Sie schaffen Oasen der Schönheit und Herzlichkeit, worin Geist – nicht Zeitgeist – regiert.

Ich befinde mich für gewöhnlich auf Reisen, und Besuche bei Freunden und Bekannten in New York oder Honkong, Paris oder Marrakesch sind in gewissem Sinne mein erweitertes Familienleben. Nirgendwo, zu Hause oder unterwegs, ist mir eine vollkommenere Gastgeberin als Heidi Schoeller begegnet. Diese Wahl-Münchnerin hat ihre persönliche Anmut auf alle ihre mir bekannten Taten übertragen. Das meiste vollbringt sie scheinbar mit leichter linker Hand, aber immer weiß die rechte ganz genau, was die linke tut. Heidi Schoeller führt in ihrer Wohnung eine Art internationale Schule der Toleranz, ein fröhliches Institut für Brückenbau zwischen Politik und Kunst, Wirtschaft und Wissenschaft. Dort werden Ideen und Widersprüche, Beziehungen und Trost aufs geselligste vermittelt. Ihre zu Recht legendären großen und kleinen Einladungen sind fein ausgeklügelte Spiele, bei denen es ausschließlich Gewinner gibt. Dieses Buch, das Einblicke in die Methoden und Tricks von Heidi Schoellers Könnerschaft gewährt, wird zweifellos für jeden wachen Leser eine Bereicherung sein.

André Heller

Gardone Riviera, im Jänner 1995

Heidi Schoellers Danksagungen
Folgende Personen sollen wissen, daß ich ihnen von Herzen danke:
André Heller für seine Ermutigungen,
mein Schwager, Franz-Joachim Schoeller, ehemals Protokollchef der Bundesrepublik Deutschland sowie Botschafter in Brasilia, Paris und Warschau, für seinen fachmännischen Rat,
Dr. Hans Ottomeyer, stellvertretender Direktor des Münchner Stadtmuseums und Experte für das 18. Jahrhundert, der die kulturhistorische Tiefensicht beisteuerte,
Prof. Dr. Michael Stürmer, Historiker an der Friedrich-Alexander-Universität Erlangen-Nürnberg, der Hinweise auf die Sitten und Gebräuche des 19. Jahrhunderts gab,
Dr. Reinhold Baumstark, Generaldirektor des Bayerischen Nationalmuseums, für viele weiterführende Gespräche und Frau Dr. Katharina Hantschmann, die mit großer Sachkenntnis und Liebe zum Thema Fotos zur Verfügung stellte,
Graf und Gräfin Hans-Veit zu Toerring-Jettenbach und Frau Ursula Kloiber für viele hilfreiche Hinweise.

Gedankt sei ebenfalls
dem Bayerischen Nationalmuseum für die freundliche Überlassung von Fotos aus den Ausstellungen »Silber und Gold – Augsburger Goldschmiedekunst für die Höfe Europas« und »Du Paquier contra Meissen – Frühe Wiener Porzellanservice«,
dem Münchner Stadtmuseum für die freundliche Überlassung von Fotos aus der Ausstellung »Die anständige Lust«,
der Protokollabteilung der Bayerischen Staatskanzlei für Rat und Auskunft in protokollarischen Fragen,
dem Wittelsbacher Ausgleichsfonds und Herrn Max Oppel für die freundliche Überlassung mehrerer Fotos.

Heidi Schoeller – Gastgeberin aus Passion

Zugegeben, am liebsten bin ich Gast. Die Idee, mich frei aller Verpflichtungen einfach nur verwöhnen zu lassen, behagt mir, während die Vorstellung, für das Wohlbefinden anderer verantwortlich zu sein, mich geradezu in Panik versetzt. Aber bin ich nicht gerade deswegen ganz besonders geeignet, Ihnen die Kunst der Gastlichkeit nahezubringen? Schließlich kenne ich alle Bedenken, Vorbehalte und Ängste, die viele Menschen ins Feld führen, um sich vor dem Gastgeben zu drücken. Und ich sehe auch alle Anstrengungen, die nötig sind, um Nutznießer wie mich zu bewirten. Mein liebstes Lob lautet folgerichtig: »Das könnte ich nie!« – das ich natürlich in der Hoffnung ausspreche, mich damit einer Gegeneinladung entziehen zu können.

Doch damit läßt sich jemand wie Heidi Schoeller nicht abspeisen. »Alles Ausreden!« sagt sie und behauptet, daß jeder, wirklich jeder in der Lage ist, eine Einladung zu geben.

Bis vor kurzem hätte ich ihr nicht geglaubt – weil Heidi Schoeller als Gastgeberin weit über Deutschlands Grenzen hinaus bekannt ist und weil mir die Abende bei ihr als Beispiele vollendeter Gastlichkeit in Erinnerung sind. Aber dann traf ich sie, die wahrlich ein »großes Haus« führt, bei einer gemeinsamen Freundin. Dort war Heidi Schoeller, die an einem Abend bei einem gesetzten Essen bis zu 60 Personen bewirtet und die eine Meisterin der ausgeklügelten Tischordnung und des unauffälligen Dirigierens von Personal ist, schlichter Gast in einer dampfigen Küche und bediente sich selbst aus dem großen Suppentopf. Ganz offensichtlich genoß sie diese ungezwungene Zusammenkunft, und zum Schluß machte sie der Gastgeberin ein Kompliment, das mir bekannt vorkam: »Das könnte ich nie …«, sagte Heidi Schoeller.

Natürlich war das nicht das übliche Drückeberger-Lob, sondern eine simple Wahrheit: »Ich habe leider keine Wohnküche«, bedauert Heidi Schoeller. Die hatte sie nie. Was aber nicht heißen soll, daß sie gleich »groß« anfing. Im Gegenteil: In ihren Anfangszeiten in den sechziger Jahren bezog sie sogar Flur und Treppenhaus mit ein, wenn viele Gäste unterzubringen waren. Man kann ihr also nur schlecht widersprechen, wenn sie sagt: »Man muß nur wollen.«

Die Frage ist nur: Warum wollen heute so wenige? Natürlich sind die Wohnungen oft klein, die Zeit ist knapp, das Personal noch knapper und Tafelsilber vielleicht gar nicht erst vorhanden. Ist das Geld da nicht besser im Restaurant angelegt?

Nein und nochmals nein! Das sage ich als Gast. Weil nichts die Atmosphäre in einem Privathaushalt ersetzen kann –

nicht einmal ein Drei-Sterne-Restaurant kann da mithalten. Was ist schon Perfektion verglichen mit Freundschaft? Ein offenes Haus ist wie offene Arme: Da gibt es nicht nur Mahlzeiten für den Magen, sondern auch Streicheleinheiten für die Seele. Keine Frage, wonach wir heute mehr hungern …

Was aber hat der Gastgeber davon? Hat er nicht nur die Nachteile zu tragen? »Keineswegs«, sagt Heidi Schoeller. »Ich sehe eine Reihe von Vorteilen: Erstens habe ich Kontrolle über die Gästeliste, es kommen also nur Menschen, mit denen ich gern einige Stunden verbringe. Außerdem habe ich die Möglichkeit, jederzeit interessante Zeitgenossen dazuzubitten, die ich besser kennenlernen möchte. Ich kann Gespräche in Gang bringen, die mir wichtig scheinen, kann für mich und andere Kontakte knüpfen, die über den Tag hinaus wirksam sind. Als Gastgeberin habe ich die Fäden in der Hand.«

Doch war ihr das alles noch nicht bewußt, als sie anfing, Einladungen zu geben. Nicht eine Minute lang machte sie sich Gedanken darüber, was sie damit erreichen könnte. Daß Menschen die Gastlichkeit immer schon eingesetzt haben, um Einfluß zu erlangen, Geschäfte einzufädeln, Verbündete auf ihre Seite zu ziehen, um Freunde zu gewinnen und Feinde zu versöhnen – das kümmerte sie nicht. Sie hatte ein ganz einfaches und überaus menschliches Motiv: Sie fühlte sich einsam.

Gastlichkeit ist der beste Weg, Einsamkeit zu überwinden. Gerade deswegen wird das Thema heute wieder so aktuell. Alle reden von Kommunikation,

aber kommunizieren wir noch miteinander? Wir telefonieren, telegraphieren, funken und faxen und holen uns die große weite Welt per Fernseher ins Haus. Aber nehmen wir noch Kontakt zu unseren Nachbarn, Freunden, Bekannten und Verwandten auf? Wir verharren in Distanz zum Nächsten, und wenn sich die direkte Begegnung gar nicht mehr vermeiden läßt, wollen wir sie auch noch auf den »neutralen Boden« eines Restaurants verlegen, weil wir den vertrauensvollen Umgang miteinander nicht mehr gewöhnt sind. Kein Wunder, daß Depression die Krankheit unserer Zeit ist. Erst begeben wir uns freiwillig in »Isolationshaft«, und dann beklagen wir uns, daß die Beziehungslosigkeit uns umbringt.

Die Welt ist kalt geworden? Gastlichkeit kann sie erwärmen! Niemand weiß das besser als Heidi Schoeller. Aufgewachsen in einer großen Familie in der fränkischen Provinz, war sie an ein »volles Haus« gewöhnt. Engere und entferntere Familienmitglieder, Freunde, Bekannte und auch Geschäftsfreunde des Vaters bevölkerten die Tafel. »Das ging gar nicht anders«, sagt sie, »weil es weit und breit kein gutes Restaurant gab.« Und für die Mutter, selbst in einem großen Haus aufgewachsen, schien alles machbar, kein Überraschungsbesuch

konnte sie je aus der Fassung bringen. Sie ist und bleibt für Heidi Schoeller das große Vorbild, dem sie ihre ungewöhnliche Karriere als Gastgeberin zu verdanken hat: »Meine Mutter hatte ein großes Talent als Hausfrau und Gastgeberin. Sie genoß, wie damals viele, das Zusammensein mit anderen Menschen, dafür war ihr nichts zuviel oder zu schwierig. Sie führte das Haus mit großer Nonchalance. Meine Eltern liebten es, Feste zu feiern. Da war dieser Nachholbedarf nach dem Krieg, und dann kam der Aufbruch ins Wirtschaftswunder mit all den neuen Möglichkeiten. Unterhaltung und Zuwendung fand damals noch zwischen den Menschen statt; Freud und Leid wurden miteinander geteilt. Zu dieser Zeit war das Fernsehen noch nicht zum Mittelpunkt eines Hauses geworden.« Heidi Schoeller wuchs mit der Gewißheit auf, daß erst Gäste das Leben lebenswert machen.

Und dann saß sie plötzlich als Studentin allein in einem winzigen Ein-Zimmer-Apartment in München und vermißte die Menschen und die Geselligkeit um sich herum. Niemand hätte ihr einreden

können, daß das Leben als »swinging Single« schön und chic ist. Sie wollte einfach nicht alleine sein. Das Alleinsein war so ungewohnt. Und so nutzte sie jeden Besuch der drei Brüder, um für sie, für deren Freunde und für ihre eigenen Studienkollegen Parties zu geben. Alles, was sie dazu brauchte, hatte sie: einen ovalen Tisch, eine bodenlange Decke, eine Anzahl bunt zusammengewürfelter Gläser und einen Eisbehälter. Sie servierte Cola, Limonade, Wasser, Weißwein – und alle alkoholischen Getränke, die von den Gästen mitgebracht wurden. Zum Knabbern gab es Salzstangen, Kartoffelchips, Käsewürfel und Salamischeiben – und als Höhepunkt manchmal heiße Wiener mit Senf.

Klingt simpel? Gastgeben ist auch einfach – wenn man ehrlich ist mit sich und den anderen. »Die Gäste über unser eigentliches Vermögen, über unsere eigentliche Stellung in der Gesellschaft täuschen zu wollen, erzeugt rettungslos eine Stimmung des Unbehagens«, schrieb schon 1909 A. von Gleichen-Russwurm, dessen philosophische Anmerkungen zur Geselligkeit noch heute unverändert frisch und modern wirken. Heidi Schoeller und ihre Gäste waren überzeugt, daß Freundschaften selbst eine fremde Großstadt heimisch machen können. Und dazu bedarf es – auch heute noch! – keiner glänzenden Feste. Wie sagt doch von Gleichen-Russwurm: »In bescheidener Umwelt läßt sich köstliche Unterhaltung finden. Ja, ich fürchte, daß die Mühe und Angst allzu besorgter Hausfrauen durchaus nicht zum wahren Wohl der Gäste beiträgt, und daß ein kleiner Stich in das Bohèmeleben die meisten Menschen mehr erfreut als korrekte Pracht.«

Wir sehen, die Angst der Hausfrau vor den Gästen ist kein neues Phänomen. Und sie ist auch durchaus verständlich. Schließlich werden Abendgesellschaften von den Geladenen hinterher nicht selten geradezu professionell kritisiert – als habe man einer Theatervorstellung beigewohnt. Und je mehr Inszenierung dabei war, umso schärfer wird die Kritik ausfallen … Deshalb ist Heidi Schoellers Rat, so natürlich und bescheiden wie möglich zu bleiben, der beste. Diesen Rat sollte man stets im Hinterkopf behalten, selbst wenn Gastlichkeit sich nicht immer nur aus einem spontanen Bedürfnis heraus entwickelt, sondern oft genug geplant werden muß.

Das lernte Heidi Schoeller, als sie heiratete und in eine größere Drei-Zimmer-Wohnung zog. Ihre improvisierten Cocktails hatten ihr einen großen Freundeskreis eingebracht – und den Ruf, eine begabte Gastgeberin zu sein. Und damit fing, wenn man so will, das Dilemma an. Denn nun wurden schon größere Erwartungen in sie gesetzt. Die heitere Unbefangenheit, die jeder Gastlichkeit so gut tut, war erst einmal dahin. Als junge Ehefrau hatte Heidi Schoeller auch die Geschäftspartner ihres Mannes zu bewirten, was natürlich eine sorgfältige Planung nötig machte. Und prompt unterliefen die ersten Pannen.

Genauso begabt, aber ebenso befangen wie die Gastgeberin war auch ihre Köchin. Diese wollte beim ersten formellen Abendessen alles besonders gut machen, und das lähmte sie förmlich – es dauerte und dauerte und dauerte … Heidi Schoeller gab sich alle Mühe, ihre Gäste zu unterhalten und abzulenken, aber irgendwann war das Magenknurren nicht mehr zu überhören. Um halb zehn ließ sie schließlich das auftragen, was bis dahin fertig war. Die Gäste nahmen's dankbar an. Und kaum war der Hunger gestillt, stieg die Stimmung – der Abend war gerettet. Vom Elternhaus her zwar perfekte Gastlichkeit gewohnt, war es auch für Heidi Schoeller ein gewaltiger Schritt, das erste Abendessen in eigener Regie zu gestalten.

Einen anderen Faux-pas nahm Heidi Schoeller sich noch mehr zu Herzen. Offenbar hatte sie eine wichtige Dame nicht standesgemäß plaziert, und diese beschwerte sich auch prompt bei Ehemann Wolfgang Schoeller: »Ihre junge Frau ist zwar hübsch – aber sie hat noch sehr viel zu lernen!«

Das ließ sich Heidi Schoeller nicht zweimal sagen. Fortan hörte und schaute sie ganz genau hin, wenn es irgendwo um Gastlichkeit ging. Ihr war klar, daß dazu weit mehr gehörte als die Zutaten für einen schön gedeckten Tisch. Und so kann man es nicht als Zufall bezeichnen, daß sie einige Menschen traf, die ihr neue Horizonte eröffneten. Ihr erster und vielleicht auch wichtigster Mentor wurde Franz Spelman. Der Wiener Jude mit den internationalen Pressekontakten, der das berühmte Fräuleinwunder entdeckt hatte, erkannte sofort Heidi Schoellers schlummernde Talente. Er sah in ihr die rich-

tige Person, um einen hochkarätigen Salon zu führen. »Wie eine Lokomotive«, sagt sie, »zog er mich hin zur Kultur. Damit eröffnete er mir eine Welt, die ich kaum kannte. Durch ihn kamen Gäste in mein Haus, die ganz neue Gesprächsthemen ermöglichten.« Fortan genügte es Heidi Schoeller nicht mehr, Einladungen als amüsanten Zeitvertreib oder gar bloße Verpflichtung zu sehen.

Darin bestärkt wurde sie durch die Freundschaft mit André Heller. Der streitbare Poet machte ihr klar, was Kunst und Kultur eigentlich bedeuten: »Sie sind keine Dekoration, sondern Grundlebensmittel. Wer nicht weiß, daß in der Musik Schuberts und in der Literatur Becketts eine Kraft steckt, die ihn, wenn er sich mit ihr verbündet, lebensfähiger macht, hat das Wesen von Kunst nie erfahren und ist deshalb zu bedauern.«

Der dritte Mann, der Heidi Schoeller Zugang zu wesentlichen Dingen verschaffte, war George Weidenfeld. Der britische Verleger, der selber im Ruf steht, ein brillanter Gastgeber zu sein, führte sie in Musiker-Kreise ein. Außerdem »zeigte er mir, wie gesellschaftliches Leben funktioniert«, sagt sie. »Ihm habe ich viele internationale Kontakte zu verdanken.«

Mittlerweile verfügte sie auch über den Rahmen, der es ihr erlaubte, große Gesellschaften zu geben. 1973 bezogen Wolfgang und Heidi Schoeller die geräumige Wohnung, in der sie heute noch leben. Dort trifft sich seither ein illustrer Kreis aus Kunst, Wissenschaft, Politik, Wirtschaft und Medien. Heidi

Heidi Schoeller – Gastgeberin aus Passion

Schoeller nutzt diese Möglichkeiten, um sich auch für andere zu engagieren. Im Rahmen besonderer Veranstaltungen macht sie auf Mißstände im eigenen Land und in notleidenden fremden Ländern aufmerksam.

Heidi Schoellers Talente als Gastgeberin blieben nicht lange verborgen. Bald baten Gäste sie um ihren professionellen Rat für eigene Veranstaltungen und Feste, und ehe sie sich's versah, war aus Heidi Schoellers Hobby ein Beruf geworden. Es waren besonders zwei Männer, denen sie diese Entwicklung zu verdanken hat: dem Verleger Dr. Hubert Burda und Dr. Eberhard von Koerber, damals Vorstand bei BMW. Heidi Schoeller bezeichnet sie als »Glücksfälle«: »Wenn man in der sogenannten großen Welt, in der Frauen meist nur eine dekorative Rolle zu erfüllen haben, Männer trifft, die einen zur Selbstverwirklichung ermutigen, dann grenzt das fast an ein Wunder.«

Für Heidi Schoeller wurde dieses Wunder mehrmals wahr. Als letzter, aber nicht geringster in der Reihe ihrer Entdecker und Förderer ist die Verlagsgruppe Bertelsmann in München zu nennen. Seit Jahren vertraut sie ihr die Aufgabe an, zu besonderen Anlässen ein Ambiente zu schaffen, in dem sich

außergewöhnliche Menschen begegnen und miteinander reden können. Für Heidi Schoeller ist das eine große Ehre. »Wenn ein derart einflußreiches und weltumspannendes Unternehmen an Gastkultur interessiert ist«, sagt sie, »ist dies inmitten des allgemeinen Verfalls von Qualität, Sorgsamkeit und Manieren ein hoffnungsvolles Zeichen.«

Nicht zuletzt ging die Anregung zu diesem Buch vom Hause Bertelsmann aus. Heidi Schoeller sieht dies als einmalige Chance, möglichst vielen Menschen die Kunst der Gastlichkeit nahezubringen. Schon seit Jahren »missioniert« sie in ihrem Freundes- und Bekanntenkreis und animiert insbesondere junge Leute, die Scheu vor Einladungen abzulegen und ihre Türen zu öffnen. Sie selber dient dabei als bestes Beispiel: Schließlich hat sie sich vom improvisierten Cocktail auf engstem Raum bis zu hochoffiziellen Empfängen in weitläufigen Residenzen die ganze Palette der Möglichkeiten erarbeitet. Und sie weiß: Wenn man nur will, wird der Erfolg nicht ausbleiben.

Machen wir's ihr nach!

Zum Kaffee oder Tee einzuladen
war im 18. Jahrhundert für Frauen
eine willkommene Neuerung.
Das Bild zeigt »Zwei Damen beim Kaffee«
(Peter Jakob Horemans, München 1772)

Teilen und feiern – die Entwicklung der Gastlichkeit

Teilen und feiern – die Entwicklung der Gastlichkeit

Vegetarier werden es nicht gern hören, aber die Wahrheit ist, daß der Mensch erst als Fleischesser zum sozialen Wesen wurde. Solange er von Pflanzen, Beeren und Wurzeln lebte, kam ihm nicht in den Sinn, mit anderen zu teilen. Die Regel hieß: wie gesammelt, so gegessen, und zwar an Ort und Stelle. Da war sich jeder selbst der Nächste (mit Ausnahme der Mütter natürlich, die schon immer ihren Nachwuchs mitversorgten, aber das ist auch in der Tierwelt üblich). Erst als der Hominide den fruchtbaren Dschungel verlassen und sich in der flachen Steppe behaupten mußte, hörte das Single-Essen auf. Ganz einfach deswegen, weil der einzelne allein in der trockenen Ebene verhungert wäre. Zwar lief viel Fleisch herum – aber es mußte erst erlegt werden. Und das konnte der Mensch nur in der Gruppe bewältigen. Also tat er sich mit seinesgleichen zusammen, um Geräte und Strategien zu entwickeln, die eine erfolgreiche Jagd ermöglichten. Das gemeinschaftlich erlegte Wild mußte dann natürlich geteilt werden.

Ursprung der Tischmanieren

Auf diese Weise lernte der Mensch soziales Verhalten – und auch »Tischmanieren«. Denn natürlich gab es in der Gruppe Rangunterschiede, und der einzelne mußte versuchen, sich durchzusetzen, anzupassen oder unterzuordnen. Nirgendwo drückte sich die Hierarchie deutlicher aus als beim gemeinsamen Mahl. Da galt es, genaue Regeln einzuhalten, keiner konnte seinem Appetit einfach nachgeben und ungeniert zulangen. Die Ranghöchsten bekamen immer zuerst und hatten Anspruch auf die besten Stücke. Frauen und Kinder hatten naturgemäß oft das Nachsehen.

Ob das »gerecht« war, sei dahingestellt. Sicher aber ist, daß es ohne Rituale kein Zusammenleben gibt. Wer die sogenannten guten Manieren für künstlich und überflüssig hält, weiß wenig über die menschliche Natur. Zwar artete die Etikette an Europas Höfen oft in Manierismus aus, nur dazu da, um Klassenunterschiede zu manifestieren, das bedeutet aber noch lange nicht, daß es ganz ohne Umgangsformen ginge. Im Gegenteil, sie entspringen dem elementaren Bedürfnis des Menschen nach Sicherheit: Solange jeder das tut, was von ihm erwartet wird, gibt er zu erkennen, daß er sich den Regeln der Gemeinschaft beugt, daß er dazugehören und das Spiel mitspielen will – kurzum, daß er sich »zivilisiert« verhalten wird.

Ohne Feuer keine Kochkunst

Das wurde erst recht dann wichtig, als auch noch die Kochkunst erfunden wurde. Das geschah vor etwa einer halben Million Jahren, als es dem Menschen gelang, zum erstenmal Feuer zu machen. Dies war der letzte Schritt, der uns endgültig vom Tier trennte. Denn nun saßen wir um das Feuer herum, unterdrückten die Gier zugunsten eines größeren Genusses, warteten sittsam, bis das Essen gar war und wir an die Reihe kamen – und dann teilten und aßen wir in der Runde, von Angesicht zu Angesicht, während es doch den Tieren zu eigen ist, daß sie ihre Nahrung allein, von anderen abgewandt, hastig hinunterschlingen.

Das gemeinsame Mahl setzt Menschen zueinander in Beziehung. Jedes Essen festigt und bestätigt die Gemeinschaft. Wenn sie endet, lebt man »getrennt von Tisch und Bett«. Und wer zu den Festen seiner Familie, seiner Firma, seines Dorfes etc. nicht mehr geladen wird, der ist quasi zum Tode verdammt. Das ist keine Frage der Nahrung, sondern der sozialen Kontakte. Der Mensch lebt nun mal nicht vom Brot allein. Er braucht Freunde, Verbündete, Vertragspartner. Allein kann er nicht überleben. Das wird besonders augenfällig bei großen Festmählern. Die finden ja so gut wie nie statt, um hungernde Menschen zu ernähren. Im Gegenteil, nicht die Not, sondern der Überfluß führt zu Festen.

Speisen für die Armen

So ist es in allen Kulturen üblich, Erntedankfeste zu feiern. Selbst die ärmsten Bauern und Landarbeiter sind zu dieser Zeit des Jahres reich, und sie geben sich der Völlerei hin. Wenigstens ein paar Festtage lang wollen sie dem Alltag und der Armut entrinnen. Auch »Wohltätigkeitsessen« sind keineswegs eine Erfindung der Neuzeit. Schon die nordamerikanischen Indianer führten eine Art öffentlicher Speisung ein, die in erster Linie dazu da war, die Armen zu unterstützen. Und zwar mußte jeder zu einem Fest soviel mitbringen, wie er konnte – die Reichen natürlich mehr. Dieses Essen

wurde dann auf alle gleichmäßig verteilt, auch Kinder erhielten den gleichen Anteil. So kamen kinderreiche Eltern in den Besitz der größten Mengen; oft reichte dieser Vorrat für viele Wochen. Und er war kein beschämendes Almosen, sondern jeder hatte ein Anrecht darauf.

Essen an Bedürftige zu verteilen, war natürlich längst nicht immer ein Akt der Barmherzigkeit. Meistens war es eine deutliche Demonstration von Macht und Reichtum – zum gegenseitigen Nutzen allerdings: »Wes Brot ich eß', des Lied ich sing'« heißt es nicht umsonst. Durch großzügige Gaben sicherte sich so manches Oberhaupt die Zuneigung seines Volkes. Und so hatten »die da unten« selten etwas dagegen, wenn »die da oben« gewaltige Feste

»Morgengabe«
einer Fürstin Thurn
und Taxis,
Augsburg um 1741

Teilen und feiern – die Entwicklung der Gastlichkeit

veranstalteten. Erstens profitierten sie von der übergroßen Fülle und zweitens wußten sie sehr wohl, daß ein spendabler Herrscher sich an seiner Prunktafel Bewunderer und Verbündete schaffte – was dem Volk wiederum Zeiten des Friedens und des Wohlstands bescherte.

Feste als Höhepunkt

Außerdem sind Feste immer Ausnahmesituationen, Höhepunkte im grauen Alltag und deswegen von Jung und Alt, Arm und Reich ersehnt. Ein Fest ist etwas Außergewöhnliches, das der Sehnsucht nach dem Erhöhten, dem Feierlichen und Beschwingten entspricht. Deswegen gehört es zur Kultur des Menschen. Ob römische Kaiserzeit, ob arabische Hoffeste, ob Indien oder europäisches Mittelalter: Von allen Fürstenhöfen sind besonders verschwenderische Festessen überliefert.

Manchmal allerdings arteten die Festivitäten in reine Selbstdarstellungs-Orgien aus, wie etwa bei Kaiser Nero in Rom. Damals begannen Literaten, diesen hemmungslosen Luxus zu kritisieren. Später kamen dann auch Gesetze gegen Übertreibungen auf. Sie mußten sogar zum Schutze des gemeinen Volkes aufgestellt werden. Denn bis in die untersten Schichten hinein hatte es sich bei vielen Völkern eingebürgert, Feste so aufwendig zu feiern, daß sie die Gastgeber ruinierten. Hochzeiten sind das beste Beispiel. Sie waren schon immer der erfreulichste Anlaß, über seine Verhältnisse zu leben. Aber als es üblich wurde, sich dafür mit dem zweifachen Jahreseinkommen zu verschulden, da griff die Obrigkeit ein. Ohne viel Erfolg. Auch heute noch ist die Eheschließung in vielen Ländern der Welt eine ruinöse Angelegenheit …

Manch einen hat das exzessive Festefeiern die Existenz gekostet. Berühmtestes Beispiel ist Fouquet, Finanzminister König Ludwigs XIV. Zur Einweihung des Schlosses Vaux-le-Vicomte lud er zu Ehren des Königs 6000 Menschen, und er verwöhnte sie nicht nur mit den köstlichsten Speisen und Getränken und einem aufwendigen »Unterhaltungsprogramm« – nein, er verteilte auch großzügige Gastgeschenke: Reitpferde für die Herren und Diamanten-Tiaren für die Damen. Der damals 23 Jahre alte König war tief beeindruckt. Und zutiefst verärgert! Eine solche Verschwendungssucht fand er – zumal von seiten eines Ministers, dem derartige Kapriolen nicht zustanden – anmaßend und unverschämt. Er ließ den luxusliebenden Fouquet lebenslang hinter Gitter sperren.

Essen als Gesamtkunstwerk

Dabei war der Finanzminister keineswegs der Erfinder maßloser Prachtentfaltung. Zu allen Zeiten verführte das Feiern zu grandiosen Inszenierungen, und manche Fürsten legten ihren ganzen Ehrgeiz darein, ihre Feste als Gesamtkunstwerke zu inszenieren. So ist ein Cinquecento-Fest aus dem Jahre 1476 überliefert, das der Italiener Salutati dem Herzog von Kalabrien gab: der Bankettsaal geschmückt mit kostbaren Tapisserien, an den Kronleuchtern 2000 Wachskerzen, auf der Tafel das feinste Linnen, auf dem Kredenztisch das silberne Tischgerät, 300 Teller, Näpfe, Becher, Kannen, Schüsseln. Als Festmenu gab es vergoldete Pinienkerne zur Milchspeise in Majolika-Näpfen, Gelatine von Kapaunenbrust, Leckerbissen von Fisch, Wild, Kalb, Huhn und Fasan. Fünfzehn verschiedene Weine wurden in getriebenen Silberkannen kredenzt. Zum Schluß hob der Herzog den Deckel von einer ziselierten Silberschüssel, und ein Geschwader lebender Vögel erhob sich zwitschernd in die Lüfte …

Feiern für den Frieden

Ähnliches hatte es zuletzt im alten Rom gegeben, das den Renaissance-Fürsten als Vorbild diente. Noch üppiger trieben es dann die Herrscher des Barock. Selbst die seriösen Herren, die sich 1649 in Nürnberg versammelten, um nach Beendigung des Dreißigjährigen Krieges die Durchführung der westfälischen Friedensbestimmungen zu diskutieren, sorgten in allererster Linie für ihr leibliches Wohl. Das berühmte Friedensmahl von Nürnberg begann nach zwölf Uhr in sechs verschiedenen Zimmern. Handwasser wurde in silbernen Kannen herumgereicht, und Musiker stimmten das Te Deum an, danach wurden Psalmen und religiöse Lieder gespielt. Auf jeder Tafel – je 40 Fuß lang – sprudelte ein Springbrunnen mit duftendem Rosenwasser. Beim ersten Gang gab es Suppen, Ollapodriden (spanische Eintopfgerichte) und weitere Vorspeisen. Der zweite Gang bestand aus Gemüse und Wildbret, der dritte aus allerlei Fischen, der vierte aus Pasteten. Beim fünften Gang wurden Gartenfrüchte hereingetragen, beim sechsten Zuckerwerk, Konfekt und große Marzipane. Bei jedem Hauptgang handelte es sich um etwa 150 Speisen!

Doch wer wollte von Verschwendung reden, wenn es um den Frieden geht?

Traditionelles Jagdessen in Versailles, nachgestellt zur 250-Jahr-Feier von Moët & Chandon

19

Teilen und feiern – die Entwicklung der Gastlichkeit

Immer schon haben die besten Feste der Versöhnung der Völker gegolten. Oder mindestens dem Ansehen des eigenen Landes. So gelang es der Fürstin Pauline Metternich, Frau des österreichischen Botschafters, die Scharte der Königsgrätzer Niederlage durch einen einzigen Ball wieder wettzumachen: Das Fest, das sie anläßlich der Weltausstellung am 28. Mai 1867 in Paris gab, stellte Österreichs angeschlagenen Ruf als Großmacht wieder her. Aber die kunstsinnige Gastgeberin hatte sich auch einiges einfallen lassen: Den Tanzsaal in der Rue de Grenelle hatte sie in den Garten hinein erweitern und dort mit Spiegelglas abschließen lassen. Auf diese Weise wirkte der Rest des Gartens wie eine Traumkulisse mit glitzernden Bäumen und Grotten, in denen Wasser wie Edelsteine über Tropfsteinfelsen funkelte, mit Lampions, blühenden Blumenbouquets, Palmen, Rosenbüschen – und das alles in immer wechselndes elektrisches Licht getaucht. Eine

Vorwegnahme psychedelischer Farbeffekte. Und zu all dem spielte das Wiener Orchester unter Leitung des Dirigenten Johann Strauss.

65 000 Francs hat das Fest der Fürstin Pauline gekostet, aus der Staatsschatulle natürlich. Aber besser hätte Österreich das Geld nicht anlegen können. Vielleicht sollte der Etat für Feste in jedem Staat größer sein als der für Rüstung.

Die Grenze zwischen fröhlichem Feiern und maßloser Prasserei ist nicht immer leicht zu ziehen. Aber es gibt ein Kriterium: Solange auch Untergebene, Abhängige und Bedürftige von einem Fest direkt oder indirekt profitieren, ist der Sinn noch nicht verlorengegangen. Denn der Ursprung und die Zukunft aller Feste ist das Teilen.

Auch wenn der Mensch Bedingungen daran knüpft. Natürlich erhandelt sich ein Gastgeber Vorteile, »erkauft« sich Freundschaften. Bis heute werden geschäftliche, politische und private Verträge mit einem Festmahl besiegelt. Ob Auftragsabschluß, Friedensabkommen oder Eheversprechen, alles Wichtige wird zelebriert. Dabei steht das Essen oft scheinbar im Vordergrund, in Wirklichkeit jedoch geht es um Dinge, die

weit über den Tag hinaus wirksam sein sollen.

So kann es kaum verwundern, daß Speisen allein selten genügten, um Gäste anzulocken. Die alten Griechen gewannen sicher nicht nur deswegen als vorzügliche Gastgeber Nachruhm, weil wir ihnen die ersten schriftlichen Aufzeichnungen zum Thema verdanken, sondern vor allem weil sie jede Einladung zum Gesamtkunstwerk gestalteten. Sie führten die musikalische Untermalung ein (live von zartgliedrigen Flötenspielerinnen dargeboten), und auch die geistvolle Konversation zwischen den Gängen ist ihre Erfindung. Selbst die altgriechische Menu-Folge hat heute noch Bestand: zunächst Vorspeisen, dann Fisch, gefolgt vom großen Fleischgang, zuletzt Käse und Dessert.

Im Liegen essen Auch Servietten waren bei ihnen schon gang und gäbe, meistens sogar zwei pro Gast: ein Tuch für den Mund und eines für die Hände. Das hatte seinen Grund darin, daß Besteck damals noch nicht üblich war. Die Athener aßen mit den Fingern – und im Liegen. Üblich waren drei Klinen (Tagesruhebetten), auf denen jeweils drei Gäste Platz finden konnten. Denn den Griechen galt eine ungerade Gästezahl als ideal: Nicht weniger sollten es sein, als es Grazien gibt, und nicht mehr, als wir zu den Musen zählen – also nicht weniger als drei und nicht mehr als neun. Wobei es überrascht, daß man sich an weiblichen Vorbildern orientierte, denn Frauen waren als Gäste beim griechischen Gastmahl nicht zugelassen. Sie durften nur zur Unterhaltung auftreten, insbesondere nach Beendigung des eigentlichen Mahles.

Dann nämlich, wenn das sogenannte Symposion begann. Auch dieser griechische Brauch ist nicht in Vergessenheit geraten. Allerdings wird er sehr oft falsch zitiert. Nicht um ein Trinkgelage ging es dabei und erst recht nicht um ein Besäufnis, sondern um ein sehr reglementiertes und gesittetes Trinken, das auf keinen Fall im Delirium enden durfte. Meistens wurde nur mit Wasser verdünnter Wein gereicht. Denn es galt, die verschiedensten künstlerischen Darbietungen zu genießen oder gar selber als Komponist, Sänger oder Poet aufzutreten. Und auch für die hochgebildeten Hetären, die den Herren nach Tisch das Leben zu versüßen versuchten, blieb man tunlichst in Form.

Trinkgefäß in Form eines steigenden Bockes aus vergoldetem Silber (1614)

Die Griechen wußten eben einfach, daß es keinen Genuß ohne Manieren geben kann. Kein Wunder, daß ihr Lebensstil bis heute nachgeahmt wird. Nur fehlt es den Adapten oft am rechten Maß. Die Römer zum Beispiel schluckten 146 v. Chr. das Land der Griechen – aber sie verschluckten sich an seiner Kultur. Nicht nur, daß sie das Trankopfer für die Götter, das jedem Mahl vorauszugehen hatte, oft nicht richtig zu zelebrieren wußten, sie verwechselten häufig auch Großzügigkeit und Raffinesse mit Verschwendungssucht und Prunk. Ein bissiges Portrait des typischen römischen Emporkömmlings zeichnete Petronius im »Gastmahl des Trimalchio«. Kaiser Nero soll über die satirische Kunstfigur sehr gelacht haben – bis ihm jemand steckte, daß mit Trimalchio niemand anders gemeint sei als er selber …

Zu Übertreibungen verführten Speis und Trank immer. Insbesondere der Alkohol zeichnet eine Spur der Verwü-

Ohne Maß …

Teilen und feiern – die Entwicklung der Gastlichkeit

stung in die Kulturgeschichte. Die germanische Sitte des Zutrinkens, durch die man einen Gast zum Trinken zwingen konnte, öffnete dem Mißbrauch Tür und Tor. Weigerte sich jemand, den Toast zu erwidern, so hatte das blutige Händel zur Folge. Machte er dagegen mit, so konnte er ebenso leicht Schaden an Leib und Seele nehmen. Denn ein Trunk, der »ex«, also ohne abzusetzen, gekippt werden mußte, reichte leicht für einen mehrtägigen Rausch. Man muß sich nur die germanischen Pokale in den Museen anschauen …

Kein Wunder, daß Venantius Fortunatus schon um 600 gegen die Barbaren am Rhein wetterte, die sich wie Rasende um die Wette zutranken. Karl der Große sah sich zum Erlaß eines Armeebefehls genötigt, der seinen Kriegern verbot, sich gegenseitig zuzutrinken. Auch die Kirche nahm Stellung gegen diese Unsitte, zumal es sich eingebürgert hatte, auf die Gesundheit der Heiligen zu trinken, deren große Zahl einen Mangel an Gelegenheit zum Trinken

Wie Bürger sich bei Tisch benehmen sollen, zeigt »Die schöne Tischzucht« von Abraham Bach, 1618

ausschloß. Ende des 15. Jahrhunderts regte sich Widerstand auf breiter Ebene; Obrigkeit und Geistlichkeit erließen Verbote, und es erschienen sogar Bücher »wider den Saufteufel«.

Ein Laster kommt selten allein. Wer zuviel trinkt, der praßt auch gern beim Essen und nimmt es mit der ehelichen Treue und anderen Geboten nicht so genau. So jedenfalls muß es gegen Ende des Mittelalters gewesen sein. Nicht umsonst kamen plötzlich gedruckte »Tischzuchten« in Mode, die ein zivilisiertes Benehmen bei Tisch und andernorts forderten. Ob sie viel bewirkt haben, sei dahingestellt. Wahrscheinlich nicht, sonst wären nicht Anfang des 16. Jahrhunderts »grobianische Tischzuchten« veröffentlicht worden, sozusagen als Steigerung. Nach dem Motto »Auf einen groben Klotz gehört ein grober Keil« beschrieben sie in derb-anschaulicher Sprache, was man bei Tisch tun und lassen solle. Das heißt, eigentlich schilderten sie die wahren Zustände so überspitzt, daß auch dem größten Flegel klar werden mußte, daß es so nicht geht. Denn »grobianisch« bedeutet nichts anderes als »satirisch«, und wer über die schockierenden Scherze eines Friedrich Dedekind (von ihm stammt der namengebende »Grobianus«), eines Sebastian Brant (Narrenschiff) oder eines Hans Sachs (Tischzucht im Rosenton) lauthals gelacht hatte, der versuchte danach vielleicht zu vermeiden, selber zum Gespött zu werden. Mit anderen Worten: Er rülpste und furzte nicht mehr bei Tisch, schneuzte sich nicht in die Serviette, bohrte nicht mit dem Messer zwischen den Zähnen und warf nichts Angebissenes zurück in die gemeinschaftliche

Zucht und Ordnung

Schüssel. Dieser Art nämlich waren die häufigsten Tischsünden.

Wer sie unterdrückte, wäre dennoch lange nicht reif gewesen für eine höfische Tafel. Dort nämlich gab es gar vieles zu beachten, was nicht unbedingt mit praktischen, hygienischen und ästhetischen Gesichtspunkten zu tun hatte. Ja, manche Sitten waren gerade deswegen so beliebt, weil sie jeder vernünftigen Grundlage entbehrten und deswegen von Außenstehenden nicht nachzuvollziehen waren. Und genau darum ging es: Die Höflinge wollten sich so weit wie möglich vom Volke distanzieren.

Wie bei Hofe Doch da hatten sie die Rechnung ohne die »social climbers« gemacht. Der Klein- und Landadel nämlich und bald darauf auch das Großbürgertum wollte wissen, wie's bei Hofe zugeht und sich dann durch detailgetreue Nachahmung »dazugehörig« fühlen. Hilfestellung boten die neu aufkommenden »Manierenschriften«, die eigentlich für den aristokratischen Nachwuchs und eventuell auch noch für die adligen Verwandten aus der Provinz gedacht waren – bald aber »von Hinz und Kunz« gekauft wurden.

Der Drang nach Höherem wohnt dem Menschen ebenso inne wie die Lust am Laster. Und beides war Moralisten schon immer ein Dorn im Auge. So tadelte Geiler von Kaisersberg Anfang des 16. Jahrhunderts von der Kanzel herab: »… es begehrt ein jeder, höher zu steigen: der Bauersmann will ein Bürger sein, der Bürger ein Edelmann, der Edelmann ein Freiherr, der Freiherr ein Graf … und also fort anhin!«

Da konnten manchmal nur Gesetze Einhalt gebieten. So war der Besitz von Edelmetall genauestens geregelt: Gold durfte nur in Herrscherhäusern für Tafelgeschirr verwendet werden, Silber war dem hohen Adel vorbehalten, und der Bürger mußte sich mit Zinn begnügen, während der Bauer noch lange bei den ursprünglichen Holztellern blieb. Erst Anfang des 18. Jahrhunderts gab es Porzellan, das den Vorteil hatte, vom Besteck nicht zerkratzt zu werden. Andererseits schien Silbergeschirr unentbehrlich, da es die Wärme von allen Materialien am besten hielt. Was besonders bei Hofe wichtig war. Deshalb deckte man die Terrinen und Platten auf dem langen Weg von der Küche bis

Mit Zinn wurde die bürgerliche Tafel gedeckt; Silber und Gold waren dem Adel vorbehalten

Teilen und feiern – die Entwicklung der Gastlichkeit

zum Speisesaal auch mit silbernen Hauben ab. Und darüber wurde dann noch eine Serviette gebunden.

Aber das hatte weniger mit Warmhaltung zu tun als mit der Furcht vor Vergiftung. Gift nämlich war an Europas Höfen besonders im Mittelalter ein beliebtes Mittel, um eine Erbfolge zu verändern, und nirgendwo ließ es sich unauffälliger unterbringen als in den meist heftig überwürzten Speisen. Das begehrte Salz zum Beispiel versetzte man besonders gern mit Arsen. Deshalb wurden an allen Herrscherhäusern offizielle Giftproben durchgeführt, und wenn Steinbockhorn, Serpentinit und Silber nicht zuverlässig anzeigten, dann mußte eben der Vorkoster dran glauben. Daher hatte auch er ein berechtigtes Interesse daran, daß kein Unbefugter an den Utensilienschrank kam, der nach dem lateinischen Wort *credere* (glauben) Kredenz genannt wurde. Später diente dieses Möbel nur noch der Zurschaustellung von Prunkgeschirr.

Porzellan, 1710 in Meissen entwickelt, galt als größter Luxus. Hier ein Service vom Konkurrenten Du Paquier

Alles Eßgeschirr und Gewürz für den Souverän wurde in einer Art verschließbarer Wanne aufgetragen, die im Laufe des 15. Jahrhunderts allmählich die Form eines prächtigen Segelschiffes (»Nef«) bekam, was wohl daran erinnern sollte, daß die kostbaren Gewürze einen weiten Seeweg hinter sich hatten. Am Hofe Ludwigs XIV. mußte dem Schiff, das im Vorraum zum Speisesaal stand und von der königlichen Garde bewacht wurde, von allen Besuchern mit einer tiefen Verbeugung Reverenz erwiesen werden. Das Schiff war ein Prestigeobjekt, wie es heute etwa die gepanzerte Limousine ist – nur das Leben wichtiger Menschen wird auf diese Weise geschützt. Kein Wunder, daß sich so manche Majestät gleich eine ganze Flotte anschaffte: Karl V. von Frankreich besaß sieben Schiffe aus Gold, 21 aus Silber, zwei aus Kristall und eines aus rotem Jaspis. Heute dienen Schiffe noch als Tischdekoration, aber ihre Bedeutung haben sie verloren.

Früher war nur der Herrscher Herr über die teuren Gewürze, und so wurde das Salzgefäß zum Symbol für gesellschaftliche Stellung. Bedeutende Gäste saßen neben dem Fürsten, konnten das Salz also leicht erreichen. Wer »unter dem Salz« saß, saß sozusagen im gesellschaftlichen Aus – am Ende der Tafel, wo er weder mitreden noch mitwürzen konnte.

Das Placement war immer schon das Wichtigste an einem Essen. Nach europäischem Tafelbrauch saß die ranghöchste Person in der Mitte der Längsseite, und ihr gegenüber war das ranghöchste Paar plaziert. Die anderen Gäste gruppierten sich dann rechts und links

Das Gewürzschiff

Ordnung nach Rang

davon, je weiter entfernt von der Mitte der Tafel, umso niedriger der Rang. Für die streng hierarchisch geordnete Gesellschaft war die hierarchische Ordnung der Tafel ein vollkommener Ausdruck der Gemeinschaft. Am Ende des Mittelalters fing man an, das unerträglich zu finden. Es wurden mehrere Salzgefäße aufgestellt, häufig vier Stück diagonal zueinander. Auch kamen andere Tischformen auf, die keinen sozialen Rang erkennbar deutlich machen sollten. Zum Beispiel der quadratische Tisch für kleine Gesellschaften und der große runde Tische, den die Fabel von König Arthus' Tischrunde berühmt gemacht hat.

Formen des
Servierens

Im 16. Jahrhundert bildete sich der »service à la française« heraus, der in leicht abgewandelter Form bis weit ins 19. Jahrhundert vorherrschte. Das

Grundprinzip war eine Folge von drei Trachten, die als Schaugerichte reich garniert in symmetrischer Ordnung auf der Tafel niedergesetzt wurden. Dort hatten sie einen festen Platz und wurden beim nächsten Gang durch eine andere Schüssel oder Platte ausgewechselt. Die Gäste bedienten einander, indem sie nicht die Platten, sondern die Teller herumreichten. Die Diener hielten sich nur bereit, um besonderen Wünschen nachzukommen. Vor 1800 war es nicht üblich, Flaschen und Gläser auf dem Tisch zu haben. Wer Wein wollte, ließ sich von seinem Lakaien ein gefülltes Glas von hinten anreichen, leerte es auf einen Zug und gab es an den Diener zurück.

Ende des 18. Jahrhunderts kam dann der »service à la russe« auf, der sich bald mehr und mehr durchsetzte. Da-

Das Hildesheimer
Tafelservice
(1761 – 1763),
gedeckt für einen
»service à la
française«

25

Teilen und feiern – die Entwicklung der Gastlichkeit

bei wird den Gästen eine Folge von Speisen hintereinander auf vorgewärmten Porzellantellern mit vorgeschnittenem Fleisch und arrangierten Beilagen gereicht. Da die Schauplatten nicht mehr gebraucht wurden, war die Tischmitte plötzlich frei, und die Tradition der Tischdekoration mit sogenanntem Centerpiece konnte sich entwickeln. In jener Zeit kamen zum erstenmal große Blumenvasen in die Mitte des Tisches, flankiert von Konfektetageren, Kandelabern und Leuchtern, Kompottschalen und weiteren kleinen Blumenvasen. Das alles reflektierte sich in den verspiegelten Standflächen, den Surtouts. Besonders bei Diplomaten setzte sich der »service à la russe« sehr schnell durch, denn da die Gäste sich nun nicht mehr gegenseitig beim Bedienen helfen mußten, konnten sie sich ganz auf ihre Gespräche konzentrieren und geschickt auch heikle politische Themen ansprechen. Die Kunst der geistreichen Tischkonversation konnte sich nur dank des »service à la russe« entwickeln.

Insgesamt dauerte es Jahrhunderte, bis sich die heutige Form, den Tisch zu decken, durchgesetzt hatte. Bevor es

Teller gab, nahm man große Brotscheiben als »Unterlage«, und als es bereits viereckige oder auch runde Platten aus Holz gab, legte man dennoch zunächst Brot darauf. Nur so konnte man Bratensaft und Saucen auffangen, denn Besteck kannte man noch nicht. Das erste Eßgerät, das sich durchsetzte, war der Löffel. Er war aus Holz geformt, und bis in unser Jahrhundert hinein blieb er in armen ländlichen Gegenden das einzige Hilfsmittel, ansonsten aß man wie eh und je mit den Fingern.

Messer hatten zunächst nur eine Funktion als Werkzeug, auf den Tisch kamen sie erst Ende des 17. Jahrhunderts. Bis dahin trugen stolze Männer sie stets bei sich – als Waffe, aber auch, um Fleischstücke aufzuspießen. Bei Hofe kamen im Mittelalter kostbare Messer zum Tranchieren in Gebrauch. Gehandhabt wurden sie von Tranchierkünstlern, die aus dem Zerlegen gebratener Tiere einen akrobatischen Akt machten. So wurde etwa ein Kapaun mit der Gabel in der Hand gehalten und mit 18 Schnitten freihändig zerlegt. Beherrscht wurde diese Kunst nur von hochbezahlten Spezialisten, die meistens aus Italien

Messer zum »Aufschneiden«

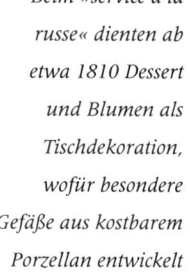

Beim »service à la russe« dienten ab etwa 1810 Dessert und Blumen als Tischdekoration, wofür besondere Gefäße aus kostbarem Porzellan entwickelt wurden

kamen und es liebten, sich mit tänzeln-
den Bewegungen in Szene zu setzen.
Auf sie geht der schöne Ausdruck »Der
ist ein Aufschneider« zurück.

Werkzeug Am längsten brauchte die Gabel, um
des Teufels sich durchzusetzen. Zwar beschrieb Pe-
trus Damianus schon 1050, wie sich die
byzanthinische Gemahlin eines Dogen
in Venedig von ihrem Eunuchen mit einem goldenen zweizinkigen Gäbelchen
füttern ließ, aber dann wird die Gabel
erst im 16. Jahrhundert wieder in der
Literatur erwähnt. Die Italiener benutzten sie vermutlich zum Verspeisen von
Obst und klebrigem Konfekt. Sicher ist
nur, daß Maria von Medici sie am französischen Hof einführte, wo die Gabel
allerdings auf heftigen Widerstand stieß.
Der Geistlichkeit galt sie als Teufels-
werkzeug (Dreizack), und Ludwig XIV.
lehnte sie für sich und seine Söhne ab,
weil sie seiner Meinung nach zur Ver-
weichlichung führte. Erst Anfang des
18. Jahrhunderts konnte die Gabel sich
endgültig neben Löffel und Messer behaupten, und zu der Zeit erhielt sie
auch ihre heute noch gültige Form mit
drei oder vier gebogenen Zinken.

Wenn wir uns heute zu einem Mahl
niederlassen, sitzt sozusagen die Geschichte der Menschheit mit zu Tisch.
Nichts ist zufällig oder willkürlich, jede
Anordnung und jede Handreichung ist
das Ergebnis jahrhundertelanger Übung
und Erfahrung. Selbst wenn man wollte
– und die sogenannten 68er haben es ja
versucht –, man könnte die Tradition
nicht spurlos über Bord werfen. Die Erinnerung an das Bewährte läßt sich
nicht verdrängen. Nehmen wir nur den
Geschmack: Wer wird je vergessen, wie
das Lieblingsgericht seiner Kindheit

schmeckte? Diesen Geschmack nach
Jahrzehnten der Abstinenz wiederzufin-
den, ist wie heimkommen – ein großes
emotionales Erlebnis. Jeder, der lange
Zeit in der Fremde zubringen mußte,
kann das bestätigen. Nicht umsonst gibt
es Leibspeisen, traditionelle Familienes-
sen, regionale Spezialitäten und Natio-
nalgerichte: Sie alle dienen der Identifi-
kation. Daraus entwickeln sich manchmal Schimpfwörter, wie »Krauts« und
»Maccaroni-Fresser«, aber selbst solch
negative Umkehrungen können das Zu-
gehörigkeitsgefühl nur verstärken. Ein
weiterer Beweis dafür, daß Essen mehr
bedeutet als Nahrungsaufnahme. Nur
das gemeinsame Mahl kann Individuen
zu einer Gemeinschaft zusammen-
schweißen. Dazu gehören auch Rituale,
die wie eine geheime Sprache eine
Gruppe verbinden.

Und jeder kann sich glücklich schätzen,
der seinen Platz an einer liebevoll gedeckten Tafel findet. Denn der hat auch
seinen Platz im Leben gefunden.

Surtout aus Bronze,
feuervergoldet als
Tafelaufsatz beim
»service à la russe«,
um 1830

Einfach und gut

Es gibt Einladungen, die so einfach sind, daß man sich am besten gar keine Gedanken macht, sondern sofort »loslegt«. Der Tee zum Beispiel. Ob ich nun eine Freundin oder gleich mehrere Gäste auf eine Tasse bitte, macht kaum einen Unterschied. Genauso ist es mit dem Drink: Ob nur zwei Freunde oder ein ganzes Dutzend auf ein Glas Wein kommen, der Arbeitsaufwand ist in etwa der gleiche. Oder der Brunch: Wer hätte noch nicht an einem Sonntag spät ein ausgiebiges Frühstück genossen, am liebsten wenn sowieso (Familien-)Besuch da war? Diese Art der Bewirtung ergibt sich zwanglos, man muß sie nicht erlernen.

Dennoch widmen wir den sogenannten einfachen Einladungen ein ausführliches Kapitel. Weil sie Mut und Lust auf mehr machen. Und weil sie die Grundlage für die hohe Kunst der Gastlichkeit bilden: Die einfache Tasse Tee zum Beispiel kann sich zu einem hochoffiziellen Empfang entwickeln und der simple Drink für ein paar Freunde zu einem raffinierten Cocktail für eine Hundert-

schaft. Mit Phantasie und Improvisationstalent kommt man fast von allein dahin.

Warum dann überhaupt Anleitungen? Bauen sie nicht Hemmschwellen auf, wo es gar keine gab? Das könnte passieren, wenn Sie die folgenden Seiten wie eine strikte Gebrauchsanweisung lesen. Aber dies ist kein Benimmbuch mit Vorschriften, die Sie befolgen sollen. Wir beschreiben nur, wie und aus welchen Anlässen heute international bewirtet wird. Wahrscheinlich werden Sie überrascht sein, wieviel Sie ganz »automatisch« schon immer so gemacht haben, weil es ganz einfach logisch und praktisch erscheint. Und genau so soll es am besten sein.

Manche Regeln dagegen finden Sie überholt, überflüssig und zu kompliziert? Ignorieren Sie sie! Oder passen Sie sie Ihren Bedürfnissen an. Wer sagt zum Beispiel, daß der Tee für mehrere Personen auf zwei Beistelltischen serviert werden muß? Diese Sitte hat sich in den großen Landhäusern Englands entwickelt. Heute sind die Wohnungen

oft sehr klein, und da ist es selbstverständlich »korrekt«, den Couch- oder Eßtisch als Teebuffet zu benutzen. Das ist der Grund, warum wir so oft wie möglich erklären, wie und warum gewisse Regeln entstanden sind: So können Sie leichter beurteilen, ob sie auch für Sie ihre Gültigkeit haben oder ob Sie die Erläuterung nur als amüsanten Lesestoff betrachten wollen. Zu einem sind die Anekdoten und Histörchen auf jeden Fall nutze: Sie dienen als Gesprächsthemen. Und die zu finden, ist bei einer Einladung oft das schwierigste …

*Reich geschmückt wird das Buffet
für den Adventstee: Von Zimtsternen für die
Kinder bis zum Punsch für die Erwachsenen
darf es an nichts fehlen*

Einladung zum Tee

Einfach und gut

Jeder, der schon einmal zu einer Tasse Tee gebeten hat, kann als Gastgeber oder Gastgeberin gelten. So einfach ist das! Wem das erst einmal klar geworden ist, der wird alle Hemmungen vor weiteren Einladungen verlieren. Und wer intelligent ist, der bleibt zunächst beim Tee. Weil man dabei nicht viel falsch machen kann, weil man weder viel Zeit noch viel Geld oder Platz braucht und weil man sich langsam, aber sicher vom Amateur zum versierten Gastgeber entwickeln kann. Denn eine Tee-Einladung darf man so simpel oder so raffiniert, so schlicht oder so elegant, so intim oder so offiziell gestalten, wie man möchte.

»Nichts ist zeitgemäßer als die Tee-Einladung«, sagt Gastgeberin Heidi Schoeller, »weil man mit geringem Aufwand sehr viel erreichen kann. Ideal auch für Berufstätige und Singles.« Nicht umsonst galt die Tee-Einladung früher als einzig schickliche Gelegenheit, zu der auch ein lediges Fräulein zu sich nach Hause einladen durfte …

Aus welchem Anlaß?

Die Anlässe, eine Einladung zum Tee auszusprechen, sind zahlreich und vielfältig:

✳ Sie sind umgezogen und wollen sich den neuen Nachbarn vorstellen?
✳ Sie wollen durchreisenden Besuch empfangen oder einen Geburtstag feiern?
✳ Sie wollen eine schüchterne Freundin der Vereinsamung entreißen?
✳ Sie möchten den entfernt wohnenden Verlobten der Tochter einem größeren Kreis vorstellen?
✳ Sie haben ein Haus gebaut und wollen es einweihen?

✳ Sie wollen Ihre Arbeitskollegen privat treffen?
✳ Sie möchten einer älteren Dame eine Freude machen?
✳ Sie haben eine Diplomarbeit oder eine Beförderung (es muß nicht unbedingt Ihre eigene sein!) zu feiern?
✳ Sie wollen unterschiedliche Freunde miteinander bekanntmachen?

Wie einladen?

Regeln gibt es dabei kaum zu beachten. Die Einladung können Sie persönlich oder am Telefon aussprechen, möglichst einige Tage vorher. Aber nicht schon Wochen vorher, sonst könnte sie vergessen werden – oder Sie erinnern noch einmal mit einem Anruf kurz zuvor daran. Üblich ist es, die Dauer einer solchen Einladung genau einzugrenzen, also von 16 bis 17.30 Uhr oder von 17 bis 18.30 Uhr zu sich zu bitten. Sogar spontane Einladungen für den selben Tag sind möglich, gerade weil der Aufwand so gering ist.

Die Grundausstattung

Um eine formvollendete Tee-Einladung zu bestreiten, brauchen Sie folgende Ausstattung:

✳ für jeden Gast ein Gedeck, das aus Tasse mit Untertasse und Dessertteller besteht,
✳ pro Person einen Teelöffel, eine Kuchengabel und eine kleine Serviette,
✳ eine Zuckerdose und einen Süßstoffbehälter, dazu Zuckerlöffel oder -zange,
✳ ein Milchkännchen und eine Schale mit Sahne,
✳ einen Teller mit Zitronenscheiben, dazu eine kleine Vorlegegabel mit zwei Zinken,
✳ ein Teesieb,
✳ ein Kännchen mit heißem Wasser,

Einladung zum Tee

✳ einen Rechaud (Teelicht), um den Tee warmzuhalten.

Dies alles können Sie auf einem Tablett bereithalten, wenn Sie nicht mehr als vier Personen erwarten. Auch Kekse und Kuchen oder andere Kleinigkeiten gehören aufs Tablett.

Was gibt's zum Tee?

Zum Tee passen keine schweren, aufwendigen Sahne- oder Cremetorten. Trockene Kuchen sind gerade richtig. Natürlich können sie, ebenso wie die Kekse, vom Konditor stammen. Andererseits ist es eine besondere Aufmerksamkeit, wenn die Gastgeberin sich die Zeit nimmt, selber zu backen. Heidi Schoeller zum Beispiel macht den Gugelhupf meistens selber (ihr Rezept finden Sie auf Seite 184). Dazu kauft sie noch einen Bienenstich und/oder eine Linzer Torte. »Der Trick ist«, erklärt sie, »daß diese Kuchen vom Blech in mundgerechte kleine Quadrate geschnitten werden.«

Der Tee wird erst dann zubereitet, wenn die Gäste bereits eingetroffen sind. Und das sind auch die einzigen Punkte, die Kopfzerbrechen verursachen können: Welchen Tee wählt man, welche Kanne ist die richtige, und wie wird der Tee wirklich korrekt aufgebrüht?

Welcher Tee?

Was die Teesorte angeht, so bleibt die Wahl ganz und gar Ihrem Geschmack überlassen – oder dem Ihrer Gäste, wenn Sie ihn kennen. Im Zweifelsfalle gehen Sie auf Nummer sicher: Ein Earl Grey, ein Darjeeling Orange Pekoe oder ein Ceylon Broken Orange Pekoe können sich auch bei hartem und gechlortem Wasser entfalten und entsprechen den Erwartungen der meisten Menschen.

Welche Kanne?

Für die Kanne gilt nur eine unumstößliche Bedingung: Sie wird ausschließlich für Tee genutzt – und niemals mit Spülmitteln gereinigt, sondern nach Gebrauch grundsätzlich nur mit heißem Wasser ausgespült. Der dunkle Belag, der sich an den Innenwänden bildet, das sogenannte Teemoos, ist erwünscht. Ob Sie eine Steingut- oder Porzellankanne nehmen, eine aus Gußeisen oder aus Silber, das ist ganz egal. Kenner brühen in einer neuen Kanne erst einmal einen kräftigen Tee auf, den sie 24 Stunden stehenlassen. Dadurch nimmt die Kanne Geschmack und Patina an.

Das Aufbrühen

Über das richtige Aufbrühen streiten sich die Gelehrten. Einig sind sie sich nur darin, daß die Kanne mit heißem Wasser vorgewärmt werden soll. Auch bei der Teemenge besteht noch weitgehend Übereinstimmung: pro Tasse ein Teelöffel voll und für die Kanne einen zusätzlich, so lautet das traditionelle Rezept für einen starken Tee. Die Russen haben immer schon mehr Tee und weniger Wasser genommen, um ein

Der russische Samowar kommt bei westlichen Teeliebhabern zu neuen Ehren

Einfach und gut

dunkles Konzentrat zu brühen – verdünnt wurde dann nach Bedarf und Geschmack mit heißem Wasser aus dem Samowar.

Aber dann: Wird mit sprudelnd kochendem Wasser aufgegossen? Oder mit gerade sprudelndem, aber noch nicht kochendem Wasser? Oder mit Wasser, das nach dem Aufkochen wieder drei bis vier Minuten »ruhen« durfte (wie es speziell für den grünen Tee empfohlen wird)? Fragen über Fragen, auf die es keine eindeutigen Antworten gibt. Probieren Sie aus, wie Ihnen der Tee am besten gelingt.

Anregend oder beruhigend?

Wie lange der Tee ziehen soll? Da herrscht wieder Einigkeit: zwischen zwei und fünf Minuten. Als Faustregel gilt: Bei unter drei Minuten wirkt der Tee anregend, darüber eher beruhigend. Wenn Sie einen kräftigen Tee mit belebender Wirkung wünschen, nützt es also nichts, ihn so lange ziehen zu lassen, bis er ganz dunkel ist. Dadurch wird er nur bitter. Nehmen Sie statt dessen mehr Blätter, und lassen Sie den Tee aber nur etwa zweieinhalb Minuten ziehen.

Bitte kein Tee-Ei!

Wenn der Tee lange genug gezogen hat, muß er in eine andere, vorgewärmte Kanne umgegossen werden. Diese Prozedur können Sie sich aber ersparen, wenn die Teeblätter nicht lose, sondern in einem breiten Sieb oder einer sogenannten Socke überbrüht wurden. Dann werden die Blätter einfach herausgenommen, und der Tee ist bereit zum Servieren (insofern ist ein Teesieb auf dem Tablett überflüssig; es ist eher ein Relikt aus alten Zeiten). Wichtig ist bei der Zubereitung, daß die Teeblätter

sich ungehindert ausbreiten und ihr Aroma entfalten können – deshalb sind altmodische Tee-Eier ungeeignet; sie pressen den Tee nur zu einem unansehnlichen Klumpen zusammen.

Damit ist eigentlich alles gesagt. Und doch ist es nur der Anfang, sozusagen das Grundrezept. Jetzt können Sie an die Verfeinerungen gehen. Manche Kenner schütteln sich bei dem Gedanken, daß Zucker, Milch oder gar Sahne in die Tasse kommt – Engländer hingegen lieben einen Schuß Milch in ihrem kräftigen Tee, und die Ostfriesen aromatisieren ihren robusten Tee recht deutlich mit Rum. Die Franzosen führten die Zitronenscheibe ein, weil ihnen der englische Tee zu stark schien – was Asiaten wiederum barbarisch finden. Wenn schon »Aufheller«, dann plädieren sie für Orange, deren süßliches Aroma sich viel besser mit dem des Tees verträgt.

Warum nicht Orangen und Zitronen?

Die begabte Gastgeberin hält sich zunächst an das Althergebrachte, um die Erwartungen der Gäste zu erfüllen – gleichzeitig aber könnte sie dazu animieren, neue Variationen auszuprobieren: also Zitronen *und* Orangen, aber auch heißes Wasser *und* Milch für alle, die aufhellen oder verdünnen möchten. Und statt mit Zucker kann man sehr gut auch mit Honig süßen.

Das alles sind bereits Feinheiten für Fortgeschrittene. Doch auch der Anfänger sollte eines auf jeden Fall zusätzlich anbieten: Kaffee. Obwohl er in diesem Kapitel noch nicht erwähnt wurde, gehört er dazu, weil viele ihn dem Tee einfach vorziehen. Könnte man dann nicht ebensogut zum Kaffee einladen?

Und was ist mit Kaffee?

Einladung zum Tee

Nein! Die Kaffeetafel ist eine eher familiäre Angelegenheit – denken wir nur an die Sonntagnachmittage im engsten Kreise. Natürlich ist das eine wunderbare Angelegenheit, und niemand hindert uns, dieser Tradition weiterhin zu frönen. Aber eben »en famille«, was ja auch die besten Freunde einschließt. Für eine formelle Einladung dagegen ist das Kaffeekränzchen nicht geeignet.

Wie der Tee hoffähig wurde

Tee gilt als leichter, feiner und eleganter als Kaffee; mit ihm läßt sich mehr Staat machen. Nicht umsonst wurde er in Europa zuallererst bei Hofe hoch geschätzt – in England natürlich, das nach wie vor als *die* Teenation gilt, obwohl es die Niederländer waren, die 1606 die erste Teeladung aus Macao, ihrer ehemaligen Kolonie vor der südchinesischen Küste, mitbrachten. So richtig in Mode gebracht allerdings wurde das exotische Getränk erst 50 Jahre später und von einer englischen Königin: Katharina von Braganza, der Gemahlin von Charles II. Sie pflegte zu jeder Tageszeit Tee zu trinken und löste damit einen wahren Boom aus. Vergessen waren die (angeblich aus Deutschland stammenden) Gerüchte, daß die Chinesen ihre gelbe Hautfarbe ihrem Lieblingsgetränk zu verdanken hätten. Statt dessen glaubte man nun eher dem Bericht des Pater Maffei, der die fremdartige Essenz als Heilmittel sah: »Man trinkt es heiß, und es ist sehr gesund, bewahrt vor Gicht, Kopf- und Augenschmerzen und ermöglicht ein langes, beschwerdefreies Leben.«

… und gesund ist er auch noch

Moderne Mediziner sind in diesem Punkt etwas zurückhaltender, bestätigen aber, daß Tee den Intellekt schärft (dank Tein), die Verdauung fördert (dank Tannin) und die Zähne vor Karies schützt (dank Fluor). Auch dem Herzinfarkt kann er, ähnlich wie Rotwein, vorbeugen (dank der Flavone). Ein weiterer Pluspunkt ist außerdem, daß eine Tasse Tee höchstens zwei Kalorien hat. Vorausgesetzt, es kommt weder Milch noch Zucker hinzu.

Wie aus einer Tasse Tee eine ganze Mahlzeit wurde

Genau das aber führten die Engländer ein, ganz abgesehen davon, daß sie auch noch Süßigkeiten und Sandwiches zum Tee servieren. Diese Tradition wurde aus der Not geboren. War es vordem üblich, gegen halb zehn Uhr morgens zu frühstücken, zwischen vier und fünf Uhr nachmittags die Hauptmahlzeit einzunehmen und abends um zehn ein leichtes Souper zu servieren, so änderten sich die Eßgewohnheiten Anfang des 19. Jahrhunderts dramatisch. Der schnelle Mittagsimbiß wurde eingeführt und das Abendessen bereits zwischen 18.30 und 19 Uhr gereicht. Vielen war das zu früh, und sie zögerten die letzte Mahlzeit immer weiter hinaus – mit dem Ergebnis, daß sie am Nachmittag von nagendem Hunger gequält wurden. Der Legende zufolge war es die Herzogin von Bedford, die auf die Idee kam, die nachmittägliche Lücke mit Tee und Kuchen zu füllen. Sie begann, ihre Freunde gegen 17 Uhr zu sich zu bitten: Der »five o'clock tea« war geboren. Und was zunächst eine intime Angelegenheit im Boudoir der Herzogin war, wurde bald zu einem offiziellen und immer eleganteren Ereignis.

Vor allem in der Neuen Welt fand die britische Erfindung begeisterte Nachahmung. So notierte ein pikierter Engländer nach seinem Aufenthalt in Boston: »Die hiesigen Ladies besuchen einan-

Einfach und gut

alkoholischen Drink. Ansonsten aber bleibt alles wie beim traditionellen Fünf-Uhr-Tee. Und dessen Regeln stehen seit fast 200 Jahren unumstößlich fest:

Auf einem großen Silbertablett, bedeckt mit einem weißen Damastdeckchen, wird das Teeset aufgebaut – natürlich aus schwerstem Sterling-Silber. Tassen und Teller sind aus feinstem, hauchdünnem Porzellan, und die weißen Servietten haben klein und zart zu sein, womöglich spitzenumrandet. Zum Essen werden hauchdünne Sandwiches angeboten, Kekse, Früchte- und Sandkuchen und im Sommer auch Erdbeeren und Sorbets. Der Tee (oder Kaffee) wird jedem Gast einzeln von der Dame des Hauses eingeschenkt, begleitet von den Standardfragen: »Milch oder Zitrone? Ein oder zwei Stückchen Zucker?« Um die Sandwiches und Kuchen dagegen kümmern sich die Gäste; meistens ist es eine Freundin des Hauses, die die Platten herumreicht.

Der ganz korrekte Five o'clock tea

Immer nur um 17 Uhr?

Natürlich war der Nachmittagstee in erster Linie Frauensache. Besonders in Amerika, wo er bereits zwischen 15.30 und 17 Uhr stattfand. In England beginnt man erst um 16 oder 17 Uhr. Aber auch das ist mit dem Alltag einer modernen berufstätigen Frau nicht zu vereinbaren. Deshalb werden Tee-Einladungen heute meistens am Wochenende abgehalten, und dann sind sie eine Angelegenheit für Frauen *und* Männer – was das Ganze natürlich interessanter machen kann (nicht muß, denn ein »Damen-Tee« hat auch heute noch seine Reize). Andererseits: Wer sagt, daß man einen Tee nicht noch später ansetzen kann? Um 18 Uhr zum Beispiel. Dann dürfen die Tees jedoch nicht mehr so anregend sein (länger ziehen lassen, bis zu zehn Minuten!), und zum Abschluß gibt es vielleicht noch einen

der, trinken dabei Tee und sind überhaupt mit allen Feinheiten der Mode vertraut: Sie vernachlässigen ihre Familien ebenso selbstverständlich wie die elegantesten Londoner Damen.«

Das alles kann heute natürlich nicht mehr als Vorschrift gelten – aber es kann noch als Vorbild dienen. Wer die entsprechende Ausstattung und die Lust dazu hat, holt das alte Silber hervor und deckt mit Damast und feinstem Leinen. So bekommt der informelle Rahmen etwas Elegantes, was besonders dann erwünscht ist, wenn mit der Tee-Einladung gesellschaftliche Verpflichtungen »abgedient« werden sollen.

Dann allerdings besteht die Runde sicher auch aus mehr als vier Personen. Und dafür haben sich die Engländer ebenso schon vor zwei Jahrhunderten etwas einfallen lassen: Sie stellen im

Niemals am Eßtisch

Einladung zum Tee

Salon in einiger Entfernung voneinander zwei Klapptische auf; der eine trägt das Teetablett, der andere die Platten mit Gebäck und Sandwiches. Denn eine Teerunde versammelt sich nie um den Eßtisch herum, sondern macht es sich auf Sofas und Sesseln gemütlich – in England am liebsten vor dem Kamin. Ideal sind Klappuntersetzer, sogenannte Böcke, auf die man je nach Belieben Tabletts setzen und so auf die schnelle Zusatztische schaffen kann. Diese zusammenklappbaren Gestelle können aus einfachem Holz, aus Acryl oder Silber bestehen, genauso wie die Tabletts (die ohnehin immer eine kleine Decke bekommen!) schlicht oder edel sein dürfen.

Die Gastgeberin schenkt persönlich ein

Der Beistelltisch mit dem Tee steht neben dem Platz der Hausfrau, denn das Ritual verlangt auch heute noch, daß sie persönlich einschenkt. Eine Ausnahme macht nur der große Tee-Empfang (zum Beispiel aus Anlaß einer Verlobung), bei dem so viele Personen anwesend sind, daß die Gastgeberin vor lauter Teeausschenken gar nicht mehr zur Konversation käme. In diesem Fall können Töchter oder enge Freundinnen diese Aufgabe übernehmen – niemals jedoch Personal, falls man in der glücklichen Lage ist, über solches zu verfügen! Gerade das macht diese Art der Einladung so besonders. Immer schon konnte man, selbst in den größten Häusern, den Tee unbeobachtet (und ungehört!) von Dienstboten einnehmen. Das gab der Atmosphäre etwas Intimes und Entspanntes, gleichzeitig aber auch sehr Anspruchsvolles – welche Ehre, von der Dame des Hauses höchstpersönlich bedient zu werden! Heute laden wir gerade deswegen zum Tee, weil wir

kein Personal haben und alles allein bewältigen *müssen*.

Was bietet man außer Kuchen zum Tee an? Ganz traditionell sind die berühmten Gurkensandwiches. Aber auch »einfaches Butterbrot« oder mit Tomaten, Lachs, kaltem Truthahn oder ähnlichem belegtes Brot wird serviert. Wichtig ist, daß die Scheiben hauchdünn geschnitten sind und keine Rinde mehr haben. Außerdem müssen die Happen so klein sein, daß der Gast sie ohne Besteck bewältigen kann. Dazu wird zum Beispiel Toastbrot diagonal durchgeschnitten, und wenn es dann immer noch zu groß ist, lieber noch einmal auf die gleiche Weise schräg teilen, so daß schließlich kleine Dreiecke entstehen; ein Grundrezept finden Sie auf Seite 184. Auf keinen Fall sollten sie mit Mayonnaise, Cocktailsoße oder anderen flüssigen und klebrigen Zutaten üppig verziert sein. Die goldene Regel ist einfach: Sie können alles anbieten, was ohne Gefahr für die Kleidung Ihrer Gäste und Ihre Polstermöbel verzehrt werden kann.

… auf dem anderen warten Tee, Kaffee und alles, was dazugehört

Einfach und gut

Das Teebuffet

Bei einem Empfang für viele Personen baut man ein Teebuffet auf. Am besten eignet sich dazu ein schmaler Tisch, der mit einer bodenlangen weißen Decke »verkleidet« wird. An beiden Enden können Teekannen auf Rechauds stehen, die eine Hälfte des Tisches ist den süßen Sachen, die andere den pikanten Happen vorbehalten. Während eine Tee-Einladung normalerweise nicht länger als eineinhalb Stunden dauert, wird sich ein Empfang länger hinziehen, und deswegen bietet man auch etwas gehaltvollere Snacks an, zum Beispiel Fleischbällchen, Schinkenröllchen, Nüsse, Oliven, Käsewürfel. Und in diesem Fall wird auch Alkohol ausgeschenkt. Noch eine Besonderheit: Im Gegensatz zu der einfachen Tee-Einladung wird zu einem solchen Empfang schriftlich eingeladen, und der Gast bedankt sich hinterher mit ein paar Zeilen.

Als die stilvollste Einladung darf bei uns der Adventstee gelten, der mit seinem Duft nach Tannen, Äpfeln, Nüssen, Zimt und Vanille die schönsten Kindheitserinnerungen weckt. Er bietet die beste Gelegenheit, Familien mit Kindern zu sich einzuladen – und die strengen Teerituale zu brechen. Ausnahmsweise darf die Dekoration so üppig sein, wie es der Gastgeberin gefällt, es können auch parfümierte Tees gereicht werden (zum Beispiel indischer Tee, mit Milch und Kardamom gekocht), und das Buffet sollte von Bratäpfeln bis zu Plätzchen, von Weihnachtsstollen bis zu Lebkuchen alles bieten, was in die Vorweihnachtszeit paßt. Den Punsch für die Erwachsenen nicht vergessen!

Der Adventstee ist der schönste

Selbst die simpelste Tee-Einladung kann elegant und beinahe festlich wirken

Einladung zum Tee

EINLADUNG: Kurzfristig telefonisch oder mündlich, schriftlich nur bei einem großen Tee-Empfang.

UHRZEIT: Jede Uhrzeit zwischen 15 und 18 Uhr.

DAUER: Auf eineinhalb Stunden begrenzt, zum Beispiel von 16 bis 17.30 Uhr. Ausnahme: Thé prolongé, der bis zu drei Stunden dauern kann.

GESCHIRR: Pro Person eine Tasse mit Untertasse und Dessertteller, eine Kuchengabel, eventuell ein Dessertmesser, eine kleine Serviette. Dann eine Teekanne, eine Kaffeekanne, ein Milchkännchen, eine Zuckerdose mit Löffel, ein Teller mit Zitronenscheiben, dazu eine zweizinkige Gabel, ein Süßstoffbehälter, eine Schale mit Sahne, ein Kännchen mit heißem Wasser, ein oder zwei Rechauds (Teelichter), eventuell ein Teesieb. Bei einem Empfang oder Thé prolongé auch Gläser für alkoholische Getränke.

GETRÄNKE: Tee, eventuell verschiedene Sorten, zusätzlich Kaffee. Je nach Anlaß auch Champagner oder Sekt, Dessertwein, Punsch.

ESSEN: Kekse, trockene Kuchen, dünne Sandwiches – alles, was auf einen Sitz und ohne Gefahr des »Kleckerns« verzehrt werden kann.

UND DER GAST?

KANN eine Kleinigkeit (etwa ein Buch) mitbringen; beim Herumreichen der Platten helfen, eventuell auch beim Ausschenken des Tees (falls befreundet mit der Gastgeberin); sich mündlich oder telefonisch bedanken; bei Gelegenheit eine Gegeneinladung aussprechen.

MUSS nach eineinhalb Stunden gehen, außer beim Empfang mit Buffet oder beim Thé prolongé.

Der Adventstee wird, selbst wenn Fremde dazu geladen sind, familiär gestaltet. Deshalb zögert sich das Ende, wie beim französischen Thé prolongé – was ja nichts anderes heißt als »verlängerter Tee« – wahrscheinlich hinaus. Für diesen Fall sollte die Gastgeberin einen warmen Imbiß bereithalten, eine kräftigende Suppe oder ein Gulasch.

Auf die Konversation kommt's an

Die berühmten »ästhetischen« oder »literarischen« Tees der Biedermeierzeit waren immer »prolongiert«, schließlich konnte und wollte man ein geistreiches Gespräch nicht nach Uhrzeit abbrechen. Andererseits gibt es in der Geschichte des Tees auch genügend Beispiele für gähnende Langeweile. Alles kommt auf die Konversation an, und die wird entscheidend von der Gastgeberin gelenkt. Als Beispiel kann uns da die berühmte Berliner Salondame Rahel Varnhagen dienen, über die ihr Mann schrieb: »Sie klärte die schwülen Lüfte durch rasche Blitze eines leichten Humors, der ihr so eigen war und dessen Überraschendes ich nicht besser bezeichnen kann, als daß ich es einen angenehmen Schreck nenne, aus Staunen und Behagen gemischt.«

»Schwüle Lüfte« entstehen immer dann, wenn das Ritual zum Selbstzweck erstarrt und die Zurschaustellung des Silbers wichtiger wird als die Bewirtung der Gäste und das angeregte Gespräch.

Frühstück und Mittagessen

verschmelzen beim Brunch

zum idealen Gastmahl, bei dem Familien

und Freunde am liebsten sonntags –

und am besten auf dem Lande –

zusammenfinden

Brunch und andere Vormittagsvergnügen

Einfach und gut

»Sonntags nie«, lautet die Losung der modernen Hausfrau. Sonntags bleibt ihre Küche kalt, weil sie wie alle anderen einen freien Tag genießen möchte. »Sonntags immer«, sagt dagegen die intelligente Gastgeberin. Gerade sonntags wünscht sie sich ein volles Haus, weil sie endlich Zeit und Muße für Familie und Freunde hat.

Ein unüberbrückbarer Widerspruch? Keineswegs! Die Lösung heißt Brunch. Das Wort stammt aus dem Englischen; dabei wurden die beiden Begriffe »breakfast« und »lunch« einfach zusammengezogen – genauso wie die beiden damit bezeichneten Mahlzeiten. Dabei entfielen eine Reihe von Buchstaben – und viele Vorbereitungen. Gewonnen wurde ein unkompliziertes Vergnügen.

Neu ist das Wort, das Ritual dagegen weniger. Immer schon haben Genießer am Sonntag das Frühstück verschlafen, und wenn sie gleichzeitig auch noch Feinschmecker waren, dann versuchten sie natürlich, sich für die entgangene Mahlzeit zu entschädigen – indem sie später umso besser aßen und oft genug auch umso mehr. Womit bereits das Wichtigste zum Thema Brunch gesagt wäre: Üppig soll er sein und köstlich. Und viel Arbeit darf er auch nicht machen. Denn dies ist eine Angelegenheit für ganz Ausgeschlafene, die den Genuß ohne Reue suchen. Und so bleibt die Küche sonntags (fast) kalt – aber gegessen wird königlich.

Ein königliches Frühstück …

… wie es schon Ludwig XIV. liebte. Der Sonnenkönig frühstückte grundsätzlich im Bett, und mit Kleinigkeiten gab er sich nie zufrieden. Es mußte schon feinstes Geflügel aufgetragen werden, am liebsten Fasane und Wachteln, wenn er das Frühstück als vollkommen akzeptieren sollte. Und ausgerechnet er, der als erster an seinem Hofe das Essen mit Besteck vorschrieb, machte sich ein Vergnügen daraus, sein morgendliches Federvieh ganz ungeniert mit den Fingern zu verzehren. Offensichtlich zählte er zu den ersten Brunch-Anhängern. Auch heute noch mögen es die meisten ungezwungen, wenn nicht gar deftig.

Die Revolution fegte die Feudalherrschaft und ihren privilegierten Lebensstil hinweg. Damit wurden Frankreichs beste Köche arbeitslos, sie mußten sich neue Wirkungsstätten suchen. Das war die Geburtsstunde der Restaurants. Nun konnte auch der wohlhabende Bürger – der ja immer schon danach gestrebt hatte, es dem Adel gleichzutun – in den Genuß höfischer Kochkünste gelangen. Um genau zu sein: Er mußte sogar. Denn die zunehmende Berufstätigkeit der Männer veränderte die Eßgewohnheiten im 19. Jahrhundert grundlegend. Das ausgiebige Mittagessen (das damals »dîner« hieß) im Kreise der Familie konnten sich nur noch Provinzler leisten. In den Großstädten, zuallererst natürlich in Paris, wurde das Diner auf den Abend verlegt. Mittags mußten die berufstätigen Männer, zu denen zunehmend auch so mancher Edelmann zählte, fern der Familie einen Imbiß zu sich nehmen – in einem der neuen Restaurants. Diese schnelle Mahlzeit wurde »déjeuner« genannt.

Da das »petit déjeuner« direkt nach dem Aufstehen in Frankreich immer schon karg war (eine Tasse Kaffee mit Baguette oder Croissant), mochten sich die gestreßten Großstädter gegen elf,

… und ein Genuß für Bürger

zwölf Uhr am Vormittag nicht mehr mit einer mageren Mahlzeit begnügen. Angeblich war es die Wirtin Madame Hardy, die in ihrem Restaurant an einem der großen Boulevards ein »supplement au déjeuner« einführte: allerlei Fleischgerichte, die aus dem zweiten Frühstück ein »déjeuner dinatoire« machten – was nichts anderes als das Zusammenlegen von Frühstück und Mittagessen war. Hätten die Franzosen damals auch die beiden Bezeichnungen zusammengezogen, so würden wir heute vielleicht »Dédi« statt »Brunch« sagen …

Gabelfrühstück

So aber setzte sich in Deutschland zunächst der Ausdruck »Gabelfrühstück« durch, der sich als Einladung zu einem unkonventionellen, meist leichten Mittagessen etablierte. Auch dies war eine reine Männerangelegenheit, bei der oft Geschäfte besprochen wurden – wenn nicht gar von hoher Politik die Rede war wie bei den berühmt gewordenen »Déjeuners à la Bismarck«. Der Kanzler des deutschen Kaiserreiches hatte sich Parlamentsfrühstücke mit Selbstbedienung am kalten Buffet einfallen lassen, was von einem Zeitgenossen ungnädig kommentiert wurde: »… sehr bezeichnend für die Unruhe unserer Zeit, in der man sich nicht einmal Muße nimmt, gemächlich zu speisen.«

Dennoch müssen wir nicht befürchten, daß bei den neumodischen »déjeuners« die berufstätigen Männer zum Darben verurteilt gewesen wären. Johann Rottenhöfers »Anweisung in der feinern Kochkunst«, 1858 in München erschienen, entnehmen wir, daß ein typisches Gabelfrühstück aus Austern mit Zitronen, Kaviar mit frischer Butter, gegrillten Kalbskoteletten, Hammelnierchen und gebackenen Seezungen bestand. Und der französische Historiker und Romancier Hippolyte Taine läßt seinen Helden Graindorge im Paris von 1860 gegen elf Uhr stets ein kaltes Huhn oder Rebhuhn zu sich zu nehmen, »hinuntergespült« mit einer Flasche Bordeaux.

Üppige Auswahl

Was beim Diner die Weinauswahl ist, das sind beim Brunch viele verschiedene Säfte

Einfach und gut

Ähnlich üppig fiel einmal wöchentlich der Imbiß im Hause des französischen Schriftstellers Marcel Proust aus. Da Köchin Françoise jeden Samstagnachmittag zum Markt ging, mußte das »déjeuner« eine Stunde früher serviert werden. »Dieses vorzeitige Mittagessen gab übrigens dem Samstag in unser aller Augen etwas Besonderes, Gelockertes und eigentlich Sympathisches«, schreibt Proust in »Swanns Welt«. »In dem Augenblick, da wir normalerweise noch eine Stunde vor uns hatten bis zur beschaulichen Stunde des Mahls, wußte man, daß bereits in wenigen Sekunden vorzeitige Endivien, ein Extraomelett, ein unverdientes Beefsteak vor uns erscheinen würden.«

Ein ähnliches Gefühl vermag der Brunch heute noch vielen zu vermitteln. Es ist, als würde man sich zu »verbotener Stunde« einen Extra-Genuß erlauben. Und so ist es ja auch. Brunch ist eine Art Luxus, den die meisten sich nur am Wochenende leisten können. Dann aber gern mit der ganzen Familie. Deshalb sind die sonntäglichen Brunch-Buffets zum Einheitspreis auch ein so großer Erfolg in Restaurants und Hotels. Sich ausnahmsweise zu ungewohnter Zeit eine üppige Stärkung zu gönnen, bei der man außerdem angeblich auch noch eine Mahlzeit »einspart«, das entspricht offenbar einem universellen Bedürfnis. Es brauchte nur die Mobilität moderner Menschen, um dafür den einheitlichen Begriff »Brunch« zu verbreiten. Und auch die Regeln sind jetzt in allen Ländern einheitlich.

Eingeladen wird eher beiläufig. Sie haben sich mit Freunden für den Sonntagnachmittag zum Kino- oder Museumsbesuch verabredet? Oder Sie wollen mit Bekannten am Samstag ein Tennisturnier besuchen? Das sind die richtigen Anlässe, um vorher zum Brunch zu bitten. Dazu genügt eine mündliche oder telefonische Einladung. Nur zu einem großen Brunch, der schon eher einem Empfang ähnelt – was vielerorts zum Beispiel am Neujahrsmorgen üblich ist –, bittet man schriftlich. Wenn man eine Einladung per Post bekommt, kann man davon ausgehen, daß der Brunch eher einem Mittagessen ähnelt. Das heißt aber nicht, daß er eine offizielle Festlichkeit darstellt. Das Wort Brunch wählt man absichtlich, um kundzutun, daß es sich um eine sehr legere Veranstaltung handelt.

Möglich ist auch eine Einladung, die erst am Abend zuvor ausgesprochen wird. Einer Ihrer Freunde hat ein großes Essen oder gar ein Fest ausgerichtet? Dann können Sie noch während dieser Feier Ihnen genehme Besucher für den nächsten Vormittag zum Brunch bitten. Das wird eine große Erleichterung sein für den gerade gastgebenden Freund, der sich sonst verpflichtet sähe, zumindest für angereiste Gäste auch am nächsten Tag noch zu sorgen. Deshalb ist es eine nette Geste, die Gäste eines guten Freundes sozusagen »zu übernehmen« – natürlich nach vorheriger Absprache. Nur für die Gäste soll die Einladung ganz spontan scheinen; das macht ihren Charme aus. In Wirklichkeit jedoch haben Sie das Unternehmen rechtzeitig ins Auge gefaßt. Gerade weil das Ganze ohne viel Mühe reibungslos ablaufen soll, bedarf es einer gewissen Planung – wobei es allerdings unerheblich ist, ob einige Gäste mehr oder weniger zusagen. Und pünktlich wie zu einem gesetzten Essen müssen sie auch nicht erscheinen.

Wann? Ein Brunch wird für 11 oder 12 Uhr vormittags angesetzt und dauert etwa zwei bis drei Stunden. Innerhalb dieser Zeit können die Gäste zwanglos kommen und gehen. Allerdings wird als »Gegenleistung« zur Bewirtung erwartet, daß sie zur Unterhaltung beitragen, selbst falls sie aufgrund eines vorhergehenden Festes an einem »Kater« leiden sollten. Merke: Wer nicht witzig sein kann, sollte wenigstens höflich sein. Mit großen Komplimenten und kleinen Handreichungen kann man fehlende Geistesblitze durchaus wettmachen …

Wie und was? Zum Brunch wird allgemein ein Buffet aufgebaut. Wenn Sie nur eine Handvoll Freunde einladen, genügt ein ganz normaler Tisch, auf dem Sie alles Eß- und Trinkbare bereitstellen. Kaffee und Tee sind wichtig – und außerdem wenigstens ein Fruchtsaft, meist Orange oder Grapefruit, sowie Mineralwasser. Vergessen Sie Milch, Zucker und Süßstoff nicht. Denken Sie einfach an ein normales Frühstück, dann bieten Sie schon das Richtige an: Toast, Brot und Brötchen verschiedener Sorten, Butter und (für Gesundheitsbewußte) Margarine, außerdem Marmelade, Honig, Schinken, Wurst- und Käseaufschnitt. Ein richtiger Brunch wird daraus natürlich erst durch ein erweitertes Angebot: ein oder zwei warme Speisen (etwa Rührei, Bauernomelett, Ham & Eggs), etwas Süßes (zum Beispiel Apfelkuchen), Obst und alkoholische Getränke (Prosecco oder Sekt, in Bayern auch Weißbier) machen das Buffet komplett.

Tassen und Gläser, Teller, Besteck und Servietten müssen in ausreichender Anzahl auf dem Tisch bereitliegen – voraussichtlich wird jeder Gast wenigstens zwei Teller benutzen (sozusagen einen fürs Frühstück und einen fürs Mittagessen) und drei verschiedene Gläser benötigen (für Saft, für Mineralwasser, für Prosecco oder Bier). Der eine begnügt sich vielleicht mit weniger, dafür nimmt der andere mehr – deshalb ist es besser, Sie leihen sich im Zweifelsfall bei Freunden oder Familienmitgliedern Geschirr, Besteck und Gläser, damit Sie nicht zwischendrin spülen müssen. Wenn Sie nach dem Brunch mit Ihren Freunden ins Kino oder auf den Sportplatz verschwinden, sollten Sie einfach sagen können: »Nach mir die Spülmaschine …« – es sei denn, Sie haben eine freundliche Spülhilfe gefunden.

Knackiges Gemüse und frisches Obst bereichern das Brunchbuffet

Einfach und gut

Das rustikale Buffet

Wie gesagt: Viel Arbeit darf ein Brunch nicht machen. Jedenfalls nicht, während die Gäste da sind. Die Hausfrau soll frei sein für Genuß und Gespräche, denn von ihr hängt die Atmosphäre eines Festes ab, und nur wenn sie entspannt und locker ist, können es auch alle anderen sein. Deshalb gibt es ja auch das Buffet. Wenn Sie viele Freunde und Bekannte einladen möchten – was bei einem Brunch selbst für eine noch ungeübte Gastgeberin durchaus möglich ist –, dann reicht Ihr normaler Eßtisch vielleicht nicht aus. In diesem Fall können Sie einen Tapeziertisch oder eine lange Holzplatte auf zwei Böcken aufstellen. Und dann inszenieren Sie einen »Brunch auf dem Lande«, selbst wenn Sie mitten in der Stadt wohnen, weil ein rustikales Buffet weniger Aufwand bedeutet.

Normalerweise sind weder Tischdecken noch Dekorationen nötig. Körbe, Holzbretter, irdene Schalen und Becher sind bereits Schmuck genug, zumal Gemüse und Früchte schon für Farbe und Abwechslung sorgen. Aber wenn das improvisierte Buffet gar zu unansehnlich ist (wie etwa ein Tapeziertisch), verstecken Sie es besser unter farbigen Decken oder Tüchern. Buntkarierte bäuerliche Decken passen immer. Besonders farbenprächtig und exotisch sind indische Stoffe, es können ruhig verschiedene sein, wenn sie miteinander harmonieren. Auch ein leichter Teppich, etwa ein Kelim, macht sich gut als Untergrund auf dem Buffet.

Natürliche Dekorationen

Andererseits können Sie beim Brunch Ihrer Phantasie freien Lauf lassen. Wenn Sie Spaß am Gestalten haben, bedecken Sie das ganze Buffet je nach Jahreszeit und Laune mit Blüten, bunten Blättern, Zweigen, Kieselsteinen oder Moos. Gekochte Eier, besonders die von Möven und Wachteln, sind nicht nur schmückend, sondern auch schmackhaft. Das gleiche gilt für Radieschen, Rettiche und knackige Paprikaschoten – überhaupt für alle zarten jungen Gemüse, wie Kohlrabi, Zuckererbsen, Bundmöhren, Stangensellerie usw. Mit auf den Kopf gestellten Tontöpfen und Körben oder mit Ziegelsteinen können Sie Aufbauten schaffen, um besondere Speisen (zum Beispiel Suppen, Omeletts oder Desserts) hervorzuheben.

Wohin mit Besteck und Servietten? Das ist bei Buffets häufig die Frage. Eine hübsche Lösung sind Tontöpfe, Körbe oder andere offene Vorratsbehälter, in denen Messer, Gabeln und eventuell Löffel gebündelt stecken, möglichst mit dem Griff nach oben, damit der Gast sich ohne Verletzungsgefahr bedienen kann. Auch Servietten, schlicht zusammengerollt, können aufrecht in einem Tontopf stecken. Oder Sie wickeln jeweils ein Besteck in eine Serviette ein, wie es in vielen Lokalen gemacht wird. Sehr dekorativ ist ein hölzernes Geschirrbord, wie man es früher zum Abtropfen nach dem Spülen brauchte, um die Teller übersichtlich und leicht zugänglich auf dem Buffet zu plazieren. Bei dieser Art von bäuerlichem Brunch müssen auch die Blumen bescheiden sein, kleine Sträuße aus Wiesenblumen sind perfekt.

Griffbereites Besteck

Zweckmäßig ist es, ein Buffet, an dem sich viele Personen bedienen, in zwei Bereiche aufzuteilen. Auf die eine Seite gehört alles, was man von einem reich-

Hier Frühstück …

haltigen Frühstück erwartet. Je mehr Gäste, umso vielfältiger sollte das Angebot sein, also zum Beispiel Joghurt, Milch, Müsli, mehrere Säfte und eventuell sogar Kräutertees für alle Gesundheitsapostel – natürlich *zusätzlich* zur normalen Frühstücksauswahl.

... dort Mittagessen

Auf die andere Seite des Buffets gehört alles, was in Richtung Mittagessen geht. Also zum Beispiel Rührei, Omelett mit Schinken, Spiegelei mit Speck, Lachs, Grapefruitsalat mit Crevetten, Roastbeef mit Remouladensauce, warmer Schinken mit frischem Meerrettich, Käseplatte mit Salat. Großen Anklang findet nach Heidi Schoellers Erfahrung immer die Tortilla, ein spanisches Omelett, das in Tortenstücke aufgeschnitten wird und auch kalt ausgezeichnet schmeckt.

Bei den gehaltvolleren Speisen werden auch die »anderen« Getränke aufgestellt: Weißwein, Bier, Prosecco – und jede Menge Mineralwasser. Durch diese Zweiteilung, der übrigens auch Gläser, Geschirr und Besteck folgen – also Tassen auf die eine, Weingläser auf die andere Seite –, wird das Buffet übersichtlicher für die Gäste. Und auch für die Gastgeber, die jederzeit erkennen können, was eventuell ergänzt werden muß.

Findet der Brunch am Tag nach einem rauschenden Fest statt, sollten bewährte Mittel gegen Brummschädel bereitstehen: Rollmöpse, Matjes, saure Gurken, Bloody Mary (Wodka in Tomatensaft, gewürzt mit Zitronensaft, Worcestershire- und Tabascosoße, Salz, Pfeffer

Für Gäste mit »Kater«

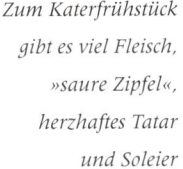

Zum Katerfrühstück gibt es viel Fleisch, »saure Zipfel«, herzhaftes Tatar und Soleier

Einfach und gut

und Selleriesalz), Bullshot (wie Bloody Mary, aber kräftige Rinderbrühe statt Tomatensaft). Und zur Not einige Alka Seltzer. Daß viel Wasser gegen den »Nachdurst« bereitsteht, versteht sich von selbst.

Jeder Gast bedient sich selber am Buffet. Schön ist es, wenn er irgendwo ein Plätzchen findet, wo er sich mit seinem Teller in Ruhe niederlassen kann – und sei es eine Sofalehne. Da nicht alle Gäste zur gleichen Zeit essen, muß auch nicht für jeden Besucher ein Eßplatz vorgesehen sein. Aber je mehr Bistro- oder Beistelltische Sie aufstellen können, umso besser. Gerade ältere Gäste balancieren nicht gern ihre Teller auf den Knien, für sie sind höhere Tische besser.

Nachschub an Geschirr … Es ist entscheidend, daß ausreichend viel Geschirr und Besteck zur Verfügung steht. Bedenken Sie, daß die meisten Gäste mehrmals ans Buffet wandern – und keinesfalls immer wieder denselben Teller benutzen können. Wer will schon den Rollmops auf den Rest der Erdbeermarmelade legen? Da hilft nur eines: schmutziges Geschirr und benutzte Gläser zwischendrin waschen. Die Spülmaschine ist dafür zu langsam. Sie brauchen einen guten Geist, der regelmäßig alles Benutzte diskret einsammelt und gespült wieder bereitstellt.

… und an Speisen Und manchmal ist Nachschub am Buffet vonnöten. Später eintreffende Gäste sollen ja nicht das Gefühl haben, daß auf sie nur noch die schäbigen Reste warten. Und wenn es so wäre – dann würde die aufmerksame Gastgeberin die Überbleibsel in der Küche schnell neu arrangieren, so daß sie wieder so appetitlich aussehen, wie sie ja auch sind.

Wenn die Gastgeber Glück haben, verabschieden sich die Gäste zu gegebener Zeit – weil sie einen kleinen Mittagsschlaf halten wollen. Es ist aber durchaus erlaubt, den Aufbruch in die Wege zu leiten: Ein als Krönung aufgetragenes Dessert oder ein frisch gebackener Kuchen können das Schlußsignal setzen. Ansonsten gibt es ja noch den für solche Fälle vorher festgelegten Museums- oder Kinobesuch. Denn das einzig Schwierige am beliebten Brunch ist, die Gäste wieder loszuwerden …

Manchmal allerdings möchte man sie auch gern länger bei sich behalten. Besonders wenn man auf dem Land wohnt, wo man während der Woche wegen der weiten Wege so gut wie nie Besuch bekommt. Da wird der Brunch manchmal bis zum Einbruch der Dunkelheit ausgedehnt. In diesem Fall wird die »Frühstücksabteilung« auf dem Buffet ziemlich knapp ausfallen oder sogar ganz weglassen, weil man davon ausgehen kann, daß sich niemand nüchtern ans Steuer gesetzt hat, um hinauszufahren. Statt dessen gibt es vielleicht eine große Auswahl an Spezialitäten der Region, zum Beispiel geräucherte Forellen, Renken und Saiblinge – eben alles, was der »Räucheronkel« im Ort frisch anbietet. Da jedoch nicht jeder ein Fischliebhaber ist, sollte der gute Gastgeber immer auch ein Fleischgericht offerieren. Genauso wie ein vegetarisches Gericht; beim Brunchbuffet könnte das ein Nudelsalat sein. Und der Kaffee wird statt zu Beginn von den meisten wahrscheinlich lieber zum Abschluß genommen, gerne auch mit Kuchen und Sahne. Weil so ein Brunch auf dem Lande wie ein Ausflug ist, bei dem man sich darauf freut, den ganzen

Ausflug aufs Land

Brunch und andere Vormittagsvergnügen

Nachmittag im Garten der Gastgeber verbringen zu können – oder anschließend noch einen langen Spaziergang zu machen.

Das festliche Buffet

Selbstverständlich läßt sich ein Brunch auch hochelegant inszenieren. Dann wird das Buffet mit bodenlangem weißen Damast gedeckt, und feinstes Porzellan und Silber kommen zum Einsatz. Das Angebot sollte entsprechend sein: Champagner, Hummer, Kaviar mit Wodka, Gänseleber, Austern, Lachs, Krebse im Sud … Da diese Leckerbissen nicht immer einfach zu essen sind, müssen in diesem Fall eingedeckte Tische vorbereitet sein, an denen *alle* Gäste einen Platz finden. Die Sitzordnung ist zwar nicht vorgeschrieben, aber jeder Gast sollte einen Platzteller vorfinden, eine Serviette, eine Fingerschale und das nötige Besteck, zum Beispiel für Fisch, aber auch Austern- oder Hummergabel. Näheres zur Anordnung des Bestecks finden Sie im Kapitel »Gesetztes Essen« auf Seite 172.

Der wahre Luxus

Diese Art von Brunch ist ohne Personal allenfalls bei sechs Personen zu bewältigen. Ist der Kreis größer, brauchen Sie unbedingt Hilfe, nicht nur zum Abtragen von benutztem Geschirr und zum eventuellen Nachlegen von frischem Besteck – bei soviel Luxus darf der Luxus des Bedientwerdens einfach nicht fehlen. Zwar stellen sich die Gäste ihr Essen wie üblich nach eigenem Belieben am Buffet zusammen, aber sie genießen es, wenn aufmerksames Personal ihnen Nachschub besorgt und stets frischen Champagner (oder Wasser) nachschenkt. So wird aus einer eigentlich einfachen Einladung zu besonderen Anlässen ein aufwendiges Ereignis.

Der Schlemmer-Brunch hat sich in den chicen Ski-Orten von Kitzbühel über Gstaad bis St. Moritz als Neujahrsempfang eingebürgert. Manche sind davon überzeugt, daß ein Jahr, das so festlich beginnt, nur gut werden kann.

Elegant am Vormittag?

Egal, wie stilvoll ein Brunch ausgerichtet wird, die Gäste müssen sich nicht in »große Garderobe« werfen. Selbst im stilvollen Großstadt-Apartment wäre elegante Kleidung zu diesem Anlaß fehl am Platz. Der Brunch ist, ganz gleich in welchem Rahmen er stattfindet, grundsätzlich eine zwanglose Einladung, bei der legere Kleidung erwartet wird.

Nur beim Sektempfang

Anders ist das beim Sektempfang. Der findet zwar auch häufig an einem (Sonntag-)Vormittag statt, und die Auswahl an Speisen und Getränken kann ähnlich wie bei einem festlichen Brunch sein, aber hier wird auf einen gewissen Stil Wert gelegt. Der dunkle Anzug und das elegante Kostüm sind angemessen.

Einen Empfang gibt man meistens, wenn es etwas zu feiern gibt: ein Jubiläum, einen Geburtstag, eine Hauseinweihung, eine Taufe, eine Goldene Hochzeit … also immer dann, wenn man mit möglichst vielen Menschen anstoßen möchte. Dennoch stehen außer Sekt oder Champagner natürlich auch nichtalkoholische Getränke bereit: Orangensaft, den man mit Sekt mixen kann, Mineralwasser und Limonaden. Die Getränke werden, genau wie die Speisen, grundsätzlich auf Tabletts herumgereicht. Die Gastgeber müssen also kein Buffet aufbauen und kein Geschirr bereithalten. Aber dafür sollten Lachs, Tatar und ähnliche Köstlichkeiten auf

Einfach und gut

Canapés mundgerechter Größe angeboten werden, so daß sie ohne Schwierigkeiten mit einem Bissen zu verzehren sind. (Weitere Anregungen für Appetithappen finden Sie im Kapitel »Vom Drink zur Cocktailparty« auf Seite 75).

Für alles ist gesorgt

Den Sektempfang kann man, ebenso wie einen Cocktail, von einem Partyservice ausrichten lassen. Dann zahlt man einen Pauschalpreis und muß sich um nichts mehr kümmern: Planung, Beschaffung von Speisen und Getränken, Gläser, Geschirr, Bedienung und Aufräumen – alles ist inbegriffen. Wem die Räume für eine große Feier fehlen, der läßt seinen Empfang am besten in einem Restaurant oder Clubhaus stattfinden, wo ebenfalls für alles gesorgt wird.

Andererseits: Schwierig ist es nicht, einen Sektempfang auszurichten. Ein großes Zimmer oder zwei ineinander übergehende Räume genügen. Die Planung ähnelt der einer Cocktailparty (siehe Seite 66ff.), nur die Getränkeauswahl ist geringer. Und fast immer steht ein Ehrengast im Mittelpunkt, dem auch ein Ehrenplatz gebührt. Da es sich

dabei oft um betagte Personen handelt, liegt es nahe, einen »Mittelpunkt« mit einem bequemen Sessel zu schaffen. Die Fürsorge gebietet es, daß für alle älteren Gäste ausreichend Sitzgelegenheiten zur Verfügung stehen. Ebenso wie der Brunch ist der Sektempfang eine Einladung, die sich besonders fürs Land eignet, und die Zeit ist auch die gleiche: idealerweise von 11 bis 13 Uhr.

Es muß nicht immer ein legerer Brunch oder ein festlicher Sektempfang sein – denn es gibt noch eine Menge weiterer und sehr origineller Vormittagsvergnügen.

Lange vor der Erfindung des Brunch kannten die Bayern bereits den genußvollen Imbiß am Vormittag: das Weißwurstessen. Auch das beginnt gegen 11 Uhr und dauert etwa zwei Stunden – wobei nach traditioneller Regel die Weißwürst' vor dem Mittagsläuten, also vor 12 Uhr, gegessen sein müssen.

Alles steht von Anfang an auf dem Tisch: Rettich, Radieschen und Schnittlauchbrot, die sozusagen die Vorspeise darstellen. Gleichzeitig aber steht auch schon der Hauptgang bereit: Weißwürste, in einer mit heißem Wasser gefüllten Terrine schwimmend.

Vielleicht genügt es ja, wenn sie mit dem Glockenschlag 12 Uhr *serviert* werden. Wer sie für eine Delikatesse hält, wird sie ohnehin so schnell verspeisen, daß sie keine Chance haben, in der Mittagshitze zu verderben. Und wer sie nicht mag – was ein Bayer sowieso nicht verstehen kann –, der wird froh sein, wenn die »korrekte« Zeit zum Weißwurstessen überschritten ist, und

ANDERE VORMITTAGS-VERGNÜGEN

Bayerisches Weißwurstessen

Wasser, Weißwein, Sekt und Saft gehören bei Cocktailparty und Sektempfang zum üblichen Getränkeangebot

Brunch und andere Vormittagsvergnügen

Beim Frühschoppen ist das Angebot deftig und herzhaft – dazu paßt frisches Bier

hält sich an die »Vorspeisen« oder den ebenfalls zur gleichen Zeit wie alles andere auf dem Tisch bereitstehenden »Nachtisch«, der allerdings auch nicht üblichen Erwartungen entspricht: Es gibt »Obatzten«, eine gut verrührte Mischung aus Camembert und Frischkäse, gewürzt mit Kräutern, Zwiebeln und viel Paprika. Ein Weißwurstessen ist eben immer eine sehr herzhafte und deftige Angelegenheit.

In Bayern immer Bier

Zu diesem »Menu auf einen Streich« gehören als Beilage Salzbrezen, Laugensemmeln und deftiges Bauernbrot. Süßer Senf, Salz und Pfeffer dürfen nicht fehlen. Und da wir in Bayern sind, ist das Getränk sowieso klar: Bier, Bier und nochmals Bier … wobei verschiedene Sorten nicht schlecht wären; ein Weißbier muß auf jeden Fall dabei sein. Sollten sich unter den Gästen Preußen befinden – ja, dann ist ihnen wahrscheinlich auch mit einem Mineralwasser nicht zu helfen.

In diesem Fall sollte ein umsichtiger Gastgeber lieber gleich zum Frühschoppen laden. Die Uhrzeit ist die gleiche (11 Uhr), das Angebot ist ähnlich deftig wie das des Weißwurstfrühstücks, bietet aber mehr Ausweichmöglichkeiten. Ursprünglich war der Frühschoppen eine reine Männerangelegenheit. Die Hausfrau durfte Weißwein und Salzgebäck bereitstellen und sich für eineinhalb Stunden zurückziehen. Wenn sie um 12.30 Uhr wieder auftauchte, konnte sie sicher sein, daß die Herren sich höflich verabschiedeten, egal wie »berauschend« die Stimmung war, denn um 13 Uhr wurden sie zum Mittagessen zu Hause erwartet.

Aber heute ist auf nichts mehr Verlaß. Nicht nur, daß Frauen wie selbstverständlich am Frühschoppen teilnehmen, manchmal will die fröhliche Runde sich auch einfach nicht auflösen. Dann kann mit Kaffee und Kuchen ein deutlicher Schlußpunkt gesetzt werden.

Vielseitiger Frühschoppen

Ein Ende finden

Einfach und gut

Das entspricht zwar nicht der offiziellen Regel, aber so hat sich eine Münchnerin bei ihrer Einladung aus der zu erwartenden Klemme gezogen. Um ihren 50. Geburtstag zu begehen, bat sie viele, viele Freunde zum Frühschoppen, und da sie ein »Profi« im Organisieren von Festen ist – sie arbeitet bei Käfer, Münchens einfallsreichem Party-Ausrichter –, wollen wir uns ihren Plan einmal anschauen:

Einen Frühschoppen planen

Einladung ab 11 Uhr

❊ Zum Essen:
Gebackener Leberkäs'
Weißwürste
Schinken im Brotteig
Kartoffelsalat
Weißer Rettich
Senf – süß und scharf
Sahnemeerrettich
Käse zur Auswahl (schön dekoriert auf einem großen Brett, mit Trauben und Radieschen)
Brezen (mit Butter)
Gemischte Semmeln (Sesam, Mohn, Vollkorn usw.)

❊ Zum Trinken:
Bier vom Faß
Weißbier
Pils aus der Flasche
Sekt
Campari-Orange
Apfelsaft
Mineralwasser

❊ Und später eventuell noch:
Kaffee und Kuchen

❊ Planung:
Den Leberkäs' zum Backen, die Weißwürste und den Schinken im Brotteig einige Tage vorher bei einem guten Metzger bestellen. Eventuell auch beim Bäcker Brezen und Semmeln vorbestellen. Zwei Stunden vor Eintreffen der Gäste den Leberkäs' in den Backofen schieben. Während er gart, das Buffet aufbauen.

Der Frühschoppen war ein großer Erfolg. Was beweist: Auch mit einem einfachen Plan kann man ein großes Fest gestalten. Man darf sich nur nicht zuviel zumuten. Je weniger Stress die Gastgeber haben, umso wohler fühlen sich die Gäste. Deshalb sind die zwanglosen und spontanen Einladungen bei allen so beliebt. Die Anlässe dafür ergeben sich wie von selbst:

❊ Ostern
❊ Der erste Spargel
❊ Matjes-Saison
❊ Erntedankfest
❊ Pilz- und Beeren-Schwemme

Das alles kann willkommener Vorwand für eine Einladung sein. Und solange man sich an das Buffet-Prinzip hält, wird kaum etwas schiefgehen.

Beim »klassischen« Frühschoppen wird Wein und Salzgebäck gereicht

EINLADUNG: Kurzfristig mündlich oder telefonisch. Bei einem großen Brunch, zu dem nicht nur Freunde kommen oder der aus einem bestimmten Anlaß gegeben wird (zum Beispiel zum Auftakt eines Sommerfestivals), wird auch schriftlich eingeladen.

UHRZEIT: Beginn ab 11 oder 12 Uhr vormittags.

DAUER: Zwei bis drei Stunden. Kann im Sommer auf dem Lande auch ausgedehnt werden.

GESCHIRR: Pro Person mindestens zwei Gläser – eines für nichtalkoholische Getränke (Wasser, Saft), eines für alkoholische (Prosecco, Wein, Bier). Pro Gast eine Kaffeetasse mit Unterteller und Kaffeelöffel; einen Dessert- und einen großen Teller, Messer und Gabel, Serviette – die gerade bei einem Buffet im Freien gern auch aus Papier sein darf.

GETRÄNKE: Kaffee, Wasser, Fruchtsaft, Prosecco oder Sekt (Champagner). Zur Weißwurst und zum Frühschoppen auf jeden Fall Bier.

ESSEN: Beim Brunch alles, was zum Frühstück gehört (Brot, Brötchen, Konfitüre etc.) plus leichte warme Speisen (Omelett, Pizza) und Dessert. Zu Weißwürsten gibt's Brezen, süßen Senf, Rettich und Radieschen, außerdem Obatzten (angemachter Käse). Beim Frühschoppen wird alles angeboten, was deftig und kräftig ist: Bauernbrot, Leberkäs', Schinken im Brotteig, Wurst, Käse und eventuell Kartoffelsalat.

SEKTEMPFANG: Auch eine unkomplizierte Vormittagseinladung, die allerdings immer einen festlich-eleganten Rahmen hat. Meist gibt es einen Anlaß (zum Beispiel ein Jubiläum oder eine Hochzeit), und aus diesem Grund lädt man zwei bis vier Wochen vorher schriftlich ein. Ein Buffet wird nicht aufgebaut, statt dessen werden Getränke und delikate Appetithappen auf Tabletts herumgereicht. Da manch einer keine Kohlensäure verträgt, bieten aufmerksame Gastgeber außer Sekt und Champagner wenigstens einen leichten Weißwein an – und natürlich verschiedene nichtalkoholische Getränke. Dauer: etwa zwei Stunden.

UND DER GAST?

MUSS nicht pünktlich kommen und KANN früher gehen. Erwartet wird, daß er zur Unterhaltung beiträgt und jederzeit zu Handreichungen bereit ist.

GASTGESCHENK: Besser keine Blumen mitbringen, da die Gastgeber schon alle Hände voll zu tun haben und nicht auch noch Sträuße versorgen können. Wenn Blumen, dann werden sie vorher mit einem Ausdruck der Vorfreude oder danach geschickt, zusammen mit ein paar Dankeszeilen. Enge Freunde können nach Absprache Dessert oder Kuchen mitbringen. Ansonsten sind kleine Gaben immer willkommen, vorausgesetzt sie entsprechen dem Anlaß oder den Neigungen der Gastgeber (ein Plakat, ein Buch, eine Schallplatte oder CD, ein Glücksbringer fürs Neue Jahr). Beim Sektempfang, der meist einen konkreten Anlaß hat, bringt man ein Geschenk für den Jubilar, das Hochzeitspaar, das Taufkind usw. Fast immer ist in der Nähe des Eingangs ein Tisch zu finden, auf dem man die Gaben, hübsch verpackt und mit einer persönlichen Karte des Spenders versehen, deponieren kann.

*Eine Brotzeit beendete früher den
Arbeitstag – und war deswegen auch bei
einfachen Genüssen immer ein Höhepunkt.
Heute ist sie ideal für ein heiteres Essen
unter Freunden*

Zwanglos am Abend

Einfach und gut

ie Franzosen haben für den Sonntagabend etwas erfunden, das eine gewisse Parallele zum mittäglichen Brunch aufweist: das »goûter-dîner«. Auch dies ist wieder das Zusammenziehen von zwei Mahlzeiten, diesmal vom Nachmittagskaffee und dem Abendbrot. Dahinter steckt ebenfalls die Idee, der Hausfrau Arbeit zu ersparen. Und für die Gäste ist es auch angenehm, weil sie sicher sein können, früh zu Bett zu kommen, so daß sie Montagmorgen wieder fit sind für die Arbeitswoche. Beim »goûter-dîner« können Kuchen, Kaffee, Tee und heiße Schokolade zur gleichen Zeit wie Quiche, Pizza, Salate, Käse und Wein auf den Tisch kommen. Hauptsache, die Gastgeberin muß sich, sobald erst einmal alles aufgetragen ist, nicht mehr vom Platz erheben. Das Ganze ist eher eine familiäre Angelegenheit.

Brotzeit Ähnlich der deutschen Brotzeit, die als eine Art frühes Abendessen gedacht ist. Auch dabei geht es sehr unkompliziert zu: ein großes Brett mit verschiedenen Würsten und Schinken zum Abschneiden (scharfes Messer nicht vergessen) und ein anderes Brett mit verschiedenen Käsesorten, dazu Essiggurken, Perlzwiebeln, Radieschen, Brot und Butter. Als Getränke Bier und Wein. Natürlich paßt zu einem so simplen Essen keine schriftliche Einladung, man sagt den Gästen kurzfristig mündlich oder telefonisch Bescheid.

Eigentlich gilt das Fernsehen als Feind jeder Kommunikation und damit auch jeder Gastlichkeit. Aber wie immer dauert es nur eine gewisse Weile, bis sich aus neuen »Unsitten« neue »Sitten« entwickeln. So hat sich der unkompli-

zierte Tele-Abend bei mobilen Menschen schnell etablieren können. Ein Anruf genügt, um Freunde oder Gleichgesinnte zu einem besonderen Anlaß vor den Bildschirm zu bitten, zum Beispiel zu einem Tennis- oder Fußball-Endspiel, zu einem packenden Krimi – oder auch zur Wahlnacht. Rechnen Sie mit Nervosität, Spannung und heißen Diskussionen. Das verführt viele Menschen dazu, mehr zu essen und zu trinken als üblicherweise. Dafür achten sie allerdings auch weniger auf das, was sie zu sich nehmen. Was bedeutet das? Die Gastgeber werden die Speisen und Getränke so auswählen, daß die Gäste sie »ohne hinzusehen« (die Augen hängen ja am Fernsehschirm) zu sich nehmen können.

Tele-Abend Ist der Kreis klein, lohnt es sich, für jeden einzelnen ein Tablett mit Teller, Serviette, Glas und Besteck oder Spießchen (Zahnstocher) vorzubereiten. Dazu eine Platte mit Mini-Sandwiches, Bonsai-Hamburgern, Käsewürfeln, Gurken, Karotten, Käsegebäck und Nüßchen – je mehr es zu knabbern gibt, umso besser für die Nervösen.

Hinterher Buffet Bei einer größeren Runde sollte man auf einem schmalen Tisch oder Sideboard eine Art Buffet aufbauen. Dort kann sich jeder Gast selber seine Knabbereien, Sandwiches oder Hamburger holen. Ein willkommener »Pausenfüller« oder auch Abschluß wäre eine große Terrine mit Gulasch, gefolgt von einer Käseplatte. Natürlich stehen auch die Getränke (Bier, Mineralwasser, Wein) zur Selbstbedienung bereit, nach Möglichkeit in Eiskübeln, denn so eine Fernsehnacht kann lang und heiß werden.

Zwanglos am Abend

Das Tele-Tablett hält mundgerechte Happen für den spannenden Fernsehabend bereit

Kartenabend

Der Vorläufer des Tele-Abends war übrigens der Kartenabend. Manchmal trifft man sich auch heute noch an einem »jour fixe« zu Karten- oder anderen Gesellschaftsspielen. In diesem Fall ist es wichtig, den Tisch für die Spiele korrekt auszustatten, daß heißt unbeschädigte Spiele, Schreibblöcke und Stifte liegen bereit. Ganz wichtig ist auch das Licht: Nicht romantisch soll es sein, sondern hell genug, um alles zu erkennen. Und wichtiger denn je ist die Zusammensetzung der Gäste: Plazieren Sie niemals zwei cholerische Spieler nebeneinander. Vielleicht ist es sogar nötig, die Teilnehmer auf mehrere Tische aufzuteilen.

Und was ist mit Essen und Trinken? Begeisterte Spieler legen darauf erfahrungsgemäß keinen sehr großen Wert. Aber Wasser, Bier und Wein (bei Bridgespielern ein Longdrink wie Whisky oder Gin Tonic) sind immer gefragt. Während einer Pause oder aber zum Abschluß kann es einen kräftigen Imbiß geben: kaltes Fleisch, Schinken, Käse und würziges Brot, womit sich jeder selbst sein Sandwich zusammenstellt.

Grillparty

Als Gesellschaftsspiel kann man auch die Grillparty auffassen, weil sich die Rollen im Laufe eines Abends mehrmals ändern können. Zwar ist es mei-

Einfach und gut

stens der Hausherr, der für die nötige Glut im Grill sorgt und die ersten Fleischstücke brät – aber dann kann jeder begabte Gast diese Rolle übernehmen, wenn er Lust dazu hat oder dazu aufgefordert wird. Hauptsache, keiner muß den ganzen Abend am Grill stehen und die anderen versorgen. Bei der Grillparty ist es sozusagen Ehrensache, daß jeder mithilft. Und gerade darin liegt für viele der Reiz: Zwar gibt es keine Regeln und Vorschriften, aber dennoch packt jeder mit an, damit das Ganze gelingt. Wobei es gar nicht darauf ankommt, ob die Würstchen, Koteletts oder Spießchen perfekt gebraten sind – nicht das Essen ist wichtig, sondern das Gemeinschaftserlebnis und das Gefühl, daß jeder freiwillig dazu beigetragen hat.

Beim Barbecue läßt sich die Kunst des Improvisierens erlernen. Selten ist ein großer Tisch mit Sitzgelegenheiten für alle Gäste vorhanden. Das ist auch nicht

nötig, da es keine feste Speisenfolge gibt. Das Essen kommt etappenweise vom Grill, und so wird dann auch gegessen. Auf diese Weise werden sich die Gäste immer wieder zu neuen Gruppen zusammenfinden, was sich günstig auf die Kommunikation auswirkt. Oft wird sich die Unterhaltung darum drehen, wie man neue Sitzgelegenheiten improvisieren oder weitere Lichtquellen organisieren kann.

Bier vom Faß

Besonders urig ist es, statt Flaschenbier ein kleines Faß Bier (25 l) zu besorgen. Zumal damit das Ritual des Anzapfens und somit viel Spaß verbunden ist: Einer ist der Auserwählte. Beim Oktoberfest immer der Oberbürgermeister, bei einer privaten Grillparty kann es der Ehrengast oder jemand mit Erfahrung sein, der das Bierfaß ansticht. Was ihm hoffentlich mit wenigen gezielten Schlägen gelingt – wenn nicht, dann ist zwar das Gelächter groß, aber vielleicht auch das Bier unwiederbringlich dahin …

Gegrilltes muß nicht deftig sein: Forelle mit Ysop

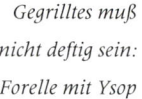

EINLADUNG: Kurzfristig mündlich oder telefonisch.

UHRZEIT: Früher Abend, meistens 18 Uhr.

DAUER: Nach drei Stunden sollten die Gäste sich verabschieden.

GESCHIRR: Für jeden Gast mindestens ein Besteck, ein Teller, zwei Gläser (Wasser und Alkohol), Serviette. Bei der Grillparty im Freien kann man auch verschiedene Gläser und »zusammengewürfeltes« Geschirr nehmen oder – besonders bei großen Gruppen – ein Partyservice aus Pappe zum Wegwerfen.

GETRÄNKE: Wasser, Wein, Bier. Beim »goûter-dîner« auch Tee oder im Winter heiße Schokolade. Bei der Grillparty, wenn irgend möglich, Bier vom Faß, das frisch angestochen wird.

ESSEN: Beim »goûter-dîner«, das mehr zum Nachmittag neigt, sollte es noch Kuchen geben, zusätzlich naürlich ein oder zwei herzhafte Imbisse. Bei der Brotzeit ist alles deftig – Schinken, Wurst, Käse. Für den Tele-Abend ist es am besten, jedem Gast ein Tablett mit mundgerechten Happen vorzubereiten; nur bei einer größeren Runde empfiehlt sich ein Buffet zur Selbstbedienung. Bei der Grillparty kann das Angebot von kleinen Bratwürstchen über Fisch bis zum Spanferkel am Spieß variieren. Wichtig sind würzige Soßen – und gehaltvolle Salate und viel Brot, weil es manchmal Wartezeiten zu überbrücken gilt.

UND DER GAST?

MUSS bei allen zwanglosen Abendeinladungen ein guter Mitspieler sein. Das heißt: Er erwartet nicht, daß er von vorne bis hinten bedient wird, daß alles immer perfekt läuft, und er fährt nicht aus der Haut, wenn er mal im Nachteil ist (für die anderen am Grill steht oder beim Kartenspiel verliert).

An dieser Bar können sich die Gäste
selber bedienen: Von Mehrzweckgläsern über
verschiedene Alkoholika, Säfte und Wasser
bis zu Zitronen und Eis ist alles übersichtlich
und griffbereit aufgebaut

Vom Drink zur Cocktailparty

Einfach und gut

Jeder hat sicher schon einmal »auf ein Glas« eingeladen – vielleicht ohne zu wissen, daß dies einer offiziellen Einladungsform entspricht. Traditionell ist damit gemeint, sich nach dem Essen »auf ein Glas« zu treffen, um den Tag gemeinsam ausklingen zu lassen oder aber um nach einem Theater- oder Konzertbesuch noch über das gemeinsam Erlebte zu diskutieren. Schon bei den alten Griechen war es üblich, nach dem Essen – zu dem nicht getrunken wurde, allenfalls konnte man ab und zu einen Schluck Wasser oder Wein nehmen, um einen Bissen hinunterzuspülen –, zum sogenannten Symposion zu bitten. Das war nichts anderes als ein »Trinkgelage«, allerdings in sehr abgemilderter und ritualisierter Form.

Die Runden waren klein und privilegiert, und die Gäste (nur Männer natürlich) kehrten lorbeerbekränzt und frisch parfümiert zurück an die Tafel, die in der Zwischenzeit abgeräumt worden war. Es kamen Trinkbecher auf den Tisch und ein großer Krug zum Mischen von Wasser und Wein. Den Vorsitz führte der Symposiarch, der durch Los bestimmt wurde. Ihm oblag es, die Mischung des Getränkes zu bestimmen; oft wurde der Wein mit dreimal soviel Wasser verdünnt, denn die Gäste sollten sich nicht betrinken.

Sinn des gemeinsamen Trinkens war es, den Zusammenhalt zu stärken. Manchmal ging es dabei um Politik, aber längst nicht immer. Da im alten Griechenland Familienbande nicht sehr ausgeprägt waren, suchte jeder die Zugehörigkeit zu einer Gemeinschaft. Die Geselligkeit diente dazu, sich mit anderen zu messen und seine Stellung zu behaupten, wobei jede Form der Aggression vermieden werden mußte – daher auch das »kontrollierte Trinken«.

Bei den tibetischen Sherpas im Himalaya hingegen ist es üblich, vor dem Essen zu trinken. Während mindestens zwei Stunden, oft sogar länger, wird nur dem Bier zugesprochen. Vielleicht weil Sherpas länger brauchen, um aufzutauen; normalerweise nämlich sollen sie sich selbstgenügsam zeigen, sich nur um ihre eigenen Familien und Angelegenheiten kümmern. Angesehen ist der Mann, der autark leben und über lange Strecken hinweg schweigen und fasten kann. Wird jedoch eine der seltenen Parties angesetzt, dann muß er erscheinen – und wahrscheinlich braucht er erst einige Becher Bier, bis er zu Gesprächen bereit ist. Nicht selten kommt es bei Sherpa-Parties zu lautstarken Auseinandersetzungen. Aber wenn endlich das Essen serviert wird, kehrt Frieden und Ruhe ein. Auch bei den Chinesen und Persern gilt: Erst reden, dann essen.

Bei uns kann immer geredet und immer getrunken werden, gerade während der Mahlzeit. Aber es gibt auch Einladungen, die dem griechischen Symposion ähneln, also eigentlich dem Gespräch gewidmet sind, wobei der Alkohol als »Zungenlöser« dient. Das kann, wie bereits erwähnt, am späteren Abend auf ein Glas sein. Heute bittet man aber auch gern Freunde *vor* einem gemeinsamen Kino- oder Theaterbesuch oder einem Essen im Restaurant »zu einem Drink«. Die Art der Bewirtung ist sehr ähnlich: Auf einem kleinen Tisch oder einem Tablett wird eine »Bar« aufgebaut: mit verschiedenen Gläsern, einem

Welche Drinks?

Vom Drink zur Cocktailparty

Eisbehälter, einem Krug Wasser, einem kleinen Teller mit dünnen Zitronenscheiben für Mixdrinks und einem Sektkübel mit Prosecco, Weißwein oder Champagner. Wer möchte, kann auch einen Hauscocktail in einem Bowlengefäß offerieren. Wenn unter den Freunden Wodka- oder Whiskyliebhaber sind, wird man diese Getränke bereithalten, zusammen mit Soda oder Tonic – je nach den bekannten Vorlieben. Und für Abstinenzler gibt es außer Wasser wenigstens eine Sorte Fruchtsaft.

Welcher Imbiß? Als Imbiß kann man mit Paprika und Schnittlauch gewürzten Frischkäse bereitstellen, umlegt mit Crackern, die als »Löffel« und Unterlage gleichzeitig dienen. In Streifen geschnittene »Crudités« (zum Beispiel Möhren, Paprika, Stangensellerie und Gurken) werden aufrecht in einem Glas serviert, dazu eine Cocktailsauce und ein Dip aus Kräuterquark. Kleine Canapés mit Salami, Tatar oder Matjes sind bei den meisten Gästen sehr beliebt – übertroffen werden sie nur noch von winzigen warmen »Wienerle« mit scharfem Senf. Und wo Getränke sind, dürfen Nüßchen, Mandeln und Oliven nicht weit sein …

Für lange Diskussionen Das hört sich nach viel an, ist aber nur als Anregung gedacht. Sie selbst wählen aus, was Sie Ihren Gästen bieten wollen. Häufig beschränkt man sich auf ein einziges Getränk, für »vorher«, also zum Auftakt des Abends, kann das etwa ein Prosecco oder ein leichter Wein sein, begleitet von Frischkäse mit Crackern und dazu ein paar Nüßchen. »Hinterher« sieht die Sache etwas anders aus, denn wenn man sich erst nach dem Essen oder einer Veranstaltung zu-

sammensetzt, dann tut man dies, um genüßlich zu diskutieren – und das kann natürlich länger dauern. Deswegen ist für die späte Einladung möglicherweise ein größeres Sortiment angebracht. Andererseits ist es in diskutierfreudigen Runden durchaus üblich, sich in der Tat »auf ein Glas« – sprich: ein Getränk – zu beschränken. Wein und ein paar Käsewürfel, mehr braucht es nicht für einen gelungenen Abend.

Vor allem in Intellektuellenkreisen wird diese Art von Gastlichkeit gern geübt. So bittet Fürst Schwarzenberg in Prag, wo er als »möblierter Herr« wohnt, sonntags um 20 Uhr »auf ein Glas«. Allerdings serviert Kari, wie der Fürst von seinen Freunden genannt wird, zuerst Tee oder Kaffee, »um den Geist zu wecken«. Erst eine Stunde später gibt es

Wenn Gäste »auf ein Glas« kommen: verschiedene Drinks, knackiges Gemüse und würzige Dips

63

Einfach und gut

dann Wein, dazu Brot, Käsewürfel und Salami. Und natürlich darf der »Klobaß« nicht fehlen, eine osteuropäische Wurstspezialität. »Wo die Weißwurst endet, beginnt der Klobaß«, erklärt der Fürst, der Vaclav Havels erster Kanzler war. Zu seinem »jour fixe« in Prag kommen Politiker aus aller Welt, führende Wirtschaftsleute, Wissenschaftler und Journalisten, um bei Wein und Wurst oft weltbewegende Fragen zu diskutieren.

Es gibt viele Menschen, die diese Art der Geselligkeit allen anderen vorziehen, weil sie intensive Gespräche und damit richtiges Kennenlernen möglich macht. Dagegen lehnen sie die flüchtigen Begegnungen auf Cocktailparties ab. Andere wiederum schätzen gerade die Unverbindlichkeit der Cocktail-Kontakte. Sie wollen sehen und gesehen werden, möglichst viele neue Bekanntschaften machen und bei dieser Gelegenheit vielleicht sondieren, mit wem sie in Zukunft die Freundschaft vertiefen könnten.

Für kürzere Kontakte

Der Cocktail ist eine uramerikanische Erfindung. Zwar sind Mischgetränke wahrscheinlich so alt wie die Menschheit – so haben die alten Griechen zum Beispiel den Retsina kreiert, indem sie ihrem Wein aus Geschmacks- und Konservierungsgründen Harz zusetzten –, aber erst die Amerikaner kamen auf die Idee, verschiedene »harte« Getränke miteinander zu mixen. Zumindest waren sie die ersten, die den Namen Cocktail dafür einführten – wofür es übrigens bis heute keine überzeugende Erklärung gibt. Als »Cocktail« bezeichnete man zunächst bestimmte Halbblut-Pferde mit aufrecht getragenem, ge-

stutztem Schweif. Die Vermutung liegt nahe, daß einige erfindungsreiche Mitglieder der amerikanischen Gesellschaft die von England übernommenen Nachmittagstees auf die Dauer etwas zu »trocken« fanden. Bunte Mixgetränke konnten schnell Farbe in eine erstarrte Veranstaltung bringen – wie das Halbblut die langweilig gewordenen Pferderennen interessanter gemacht hatte.

Offenbar war der Erfolg durchschlagend. Jedenfalls fühlten sich die Puritaner darin bestärkt, umso hartnäckiger nach staatlich verordneter Enthaltsamkeit zu rufen. 1919 konnten sie ihre Forderungen durchsetzen, und bis 1933 herrschte in Amerika allgemeines Alkoholverbot. Was natürlich nur den Boden bereitete für einen anschließenden Siegeszug der gewagtesten Drinks. Gleich nach der Prohibition erlebte die Cocktailparty ihren absoluten Höhepunkt. Sie war die Nachmittagseinladung schlechthin und löste den feinen Five o'clock tea ab.

Prohibition und ihre Folgen

Allerdings merkte man sehr schnell, daß es mit phantasievollen Mixgetränken allein nicht getan war. Damit die Gäste wenigstens die meist vorgesehenen zwei Stunden durchhalten konnten, mußte man ihnen zu einer gewissen »Grundlage« verhelfen. Sehr bald entwickelte sich eine phantasievolle Palette von mundgerechten Imbißhappen, meist auf der Grundlage von zurechtgeschnittenem Toast, belegt mit Lachs, Eiern, Gurken, Roastbeef, Hähnchen und allem, was sich leicht zerkleinern und mit einem Bissen verzehren läßt. So wurde die Cocktailparty zum Inbegriff amerikanischer Gastlichkeit: unkompliziert und praktisch, ein Fest für viele.

Ohne »Grundlage« geht es nicht

Vom Drink zur Cocktailparty

Amerikanische Soldaten brachten sie nach dem Krieg nach Deutschland. Und ganz hoch im Kurs stand sie in den fünfziger Jahren, als das Wirtschaftswunder seinen Lauf nahm und wir das Image der »steifen« Deutschen ablegen und uns als Kosmopoliten zeigen wollten. Es war eine Zeit, in der hemmungslos getrunken wurde – diesseits wie jenseits des Atlantiks. Aber wenn es auch »modern« war, so war es doch nicht neu. Immer schon haben Künstler und Bohemiens allen möglichen Drogen zugesprochen, vor allem dem leicht zugänglichen Alkohol. Und daß kreative Menschen sich nicht damit begnügen mochten, ein Getränk so zu genießen, wie es aus der Flasche kommt, liegt auf der Hand. Also wurde es verändert und ergänzt – »gemixt« mit anderen Zutaten.

»Umwerfende« Mixgetränke

Ein Meister darin war Toulouse-Lautrec. Der zwergwüchsige Maler der Belle Epoque war wahrscheinlich der teuflischste aller Barmixer. Und mit Sicherheit einer der ersten Europäer, der sich für die bunten Drinks aus Amerika begeisterte, lange schon vor der Prohibition. Frisch aus der Provinz zum Studium der Kunst nach Paris gekommen, stürzte er sich vor der letzten Jahrhundertwende ins großstädtische Nachtleben. Und was hätte chicer sein können als die neuen anglo-amerikanischen Bars? Dort lernte Toulouse-Lautrec als 20jähriger bereits alle berühmten Cocktails kennen, und sehr schnell entwickelte er selber ein ungewöhnliches Talent zum Mixen. Jeden Freitag, wenn er sein Atelier für alle öffnete, gab es zunächst einen »Rainbow« (Regenbogen) oder ein »Tremblement« (Erdbeben) – ein Einführungsritus, der viele bereits umwarf. Toulouse-Lautrec rech-

nete es sich zur Ehre an, auch die Standfesten im Laufe des Abends mit seinen Mixgetränken, die oft himmlisch aussahen, aber höllisch wirkten, ins Delirium zu befördern. Jeder Abend bei ihm endete mit Alkoholleichen.

Seit wir um die Gefahren des Alkoholismus wissen, kann das nicht mehr als chic gelten. Und Toulouse-Lautrec, der 1901 mit knapp 37 Jahren das Zeitliche segnete, würde heute über seine Cocktails vielleicht anders denken – was allerdings nicht heißen muß, daß er keine Cocktailparties mehr geben würde. Der Name ist geblieben, aber die Mixgetränke sind fast ausgestorben. Jetzt gibt es meistens Wein und Wasser pur – wobei das Mineralwasser allmählich jedem alkoholischen Getränk, von Champagner bis Bier, den Rang abläuft. Cocktail? Fehlanzeige!

Beim Sektempfang wie beim großen Cocktail werden frische Hors d'Oeuvres auf Tabletts angereicht

Einfach und gut

Hauptsache, es kommt zu möglichst vielen Begegnungen. Das macht diese Einladung mit dem etwas überholten Namen wieder brandaktuell. Immer mehr Menschen leben in großen Städten – und immer mehr leben allein. Da der Cocktail stets eine großstädtische Angelegenheit war, die besonders von Junggesellen geschätzt wurde, paßt er bestens in unsere Zeit. Er ist ideal für Singles, egal, ob als Gastgeber oder als Gast – wobei das Ganze heute bestimmt nicht mehr als »Eheanbahnungs-Unternehmen« betrachtet wird. Gerade das absichtslose Zusammentreffen mit dem anderen Gechlecht, aber auch mit Verheirateten und Personen aus anderen Berufen, anderen Städten, anderen Ländern, mit anderen Erfahrungen und anderen Meinungen löst Singles – und oft genug auch Paare! – aus ihrer Isolation.

Offizieller Empfang

Offiziell bittet man nicht zu einem Cocktail; Konsulate und Botschaften, aber auch Firmen, laden zum Empfang. Wenn es etwas zu begehen gilt – wie einen Jahrestag etwa – oder wenn ein neues Produkt vorgestellt werden soll, dann wird ein Cocktailempfang angesetzt. Sehr häufig findet er in einem großen Hotel statt, das spezielle Räumlichkeiten dafür bietet und die komplette Organisation der Feierlichkeit übernimmt.

Wenn man bei offiziellen Anlässen einem steifen Abendessen entgehen möchte, weicht man auf einen Empfang um 20 Uhr aus; dieser beinhaltet auf jeden Fall ein üppiges Buffet. An Bistrotischen oder aufgestellten runden Tischen mit Stühlen können sich die Gäste nach eigenem Gusto gruppieren, so locker, wie es beim Cocktail üblich ist.

Im Unterschied dazu lädt man privat »zu Cocktails« ein – auch wenn es gar keine typischen Mixgetränke geben sollte. Aber ganz sicher gibt es Gelegenheit, Kontakte zu knüpfen. Das macht die Cocktailparty interessant für Gastgeber und Gäste, die sich (wieder) ins Gespräch bringen wollen. Dies ist keine Einladung für einen »intimen«, sondern für einen »externen« Kreis. Natürlich können Familienangehörige und Freunde kommen, aber eigentlich ist die Cocktailparty dazu da, auch all jene einmal einzuladen, die man (noch) nicht an seinen privaten Eßtisch bitten kann oder will. Je bunter die Mischung, umso interessanter kann der Abend werden. Wen sollte man auf seine Gästeliste setzen?

✳ Da sind zunächst einmal die »Vertrauten« aus Familie und engem Freundeskreis, die man immer sehen möchte.
✳ Dann gibt es »Verpflichtungen«: Gegeneinladungen, die man aussprechen muß; Gefälligkeiten, für die man sich bedanken möchte.
✳ Jemand hat Ihnen irgendwann etwas Gutes getan? Jetzt ist die Gelegenheit, sich erkenntlich zu zeigen.
✳ Oder wollen Sie jemandem etwas Gutes tun? Vielleicht einem Freund, der kürzlich geschieden wurde, seinen Arbeitsplatz verloren hat, eine Krankheit überstehen mußte?
✳ Gibt es jemanden, den Sie immer schon aus seiner Einsamkeit, egal, ob freiwillig gewählt oder nicht, locken wollten?
✳ Oder einen Bekannten, der eigentlich nie so recht »paßt«, wenn es darum geht, eine homogene Tischrunde zusammenzustellen, der Ihnen aber dennoch am Herzen liegt?

Wer wird geladen?

Pflicht und Vergnügen

Vom Drink zur Cocktailparty

Zum Cocktail können sie alle kommen!

Und auch
* alte Schulfreunde,
* alte und neue Geschäftsfreunde,
* Arbeitskollegen,
* flüchtige Bekannte,
* neue und alte Nachbarn,
* Ihr Arzt, Ihr Anwalt, Ihr Steuerberater,
* Lehrer, Dozenten, Professoren, mit denen Sie oder Ihre Kinder zu tun haben,
* Künstler und Kunstinteressierte,
* Journalisten, deren Bekanntschaft Sie gemacht haben oder suchen,
* Personen aus der Politik, der Verwaltung, der Kirche – sofern Sie ab und zu persönlichen Kontakt mit ihnen haben,
* Freunde von Freunden,
* Durchreisende.

Blickfang

Die Liste ließe sich endlos fortsetzen. Und gerade dies ist ja das Interessante am Cocktail: Man kann hemmungslos »mixen«, man muß sogar. Es sollten Junge und Alte vertreten sein, Verheiratete und Ledige, Würdenträger und »Namenlose«. Es spielt auch überhaupt keine Rolle, ob mehr Frauen oder mehr Männer erscheinen werden, schließlich muß niemand mit einer »Tischdame« versorgt werden. Manche erfahrene Gastgeber schwören allerdings auf »Lockvögel«, auf besonders attraktive Partygäste beiderlei Geschlechts. Ein New Yorker Junggeselle postiert stets zwei, drei auffallend schöne oder interessant aussehende Besucher in der Nähe des Eingangs: »Sie ziehen alle Blicke auf sich«, erklärt er, »das erspart mir aufwendige Dekorationen ...« Das ist ironisch gemeint, trifft aber ins Schwarze: Es sind die Menschen, die eine Party erfolgreich machen, und am besten ist eine Mischung von Reichen und Schönen, Intelligenten und Geistreichen, Eleganten und Stilvollen. Aber es gibt auch einige, vor denen man sich hüten sollte.

Nicht einladen sollten Sie
* Stars oder führende Persönlichkeiten aus Politik oder Wirtschaft, die Sie erst kürzlich zufällig kennengelernt haben,
* soeben geschiedene Paare,
* verfeindete Personen,
* alle, die Ihre Party »sprengen« könnten: Fanatiker, die jeden von ihrer Meinung überzeugen wollen, aggressive Alkoholiker, Selbstdarsteller, die niemanden sonst zu Wort kommen lassen.

Wie viele Gäste?

Eine Cocktailparty gibt man immer dann, wenn man viele Gäste bewirten möchte, wobei das bei jedem etwas anderes bedeuten kann. In einem Ein-Zimmer-Apartment sind 20 Personen viel, in einem geräumigen Haus hingegen kann man leicht 120 Menschen empfangen. Bei zuwenig Gästen allerdings kommt keine Stimmung auf; sie neigen dazu, sich in kleinen Gruppen in irgendwelche Ecken zurückzuziehen. In einem solchen Fall wäre es besser, »auf ein Glas« einzuladen, was bedeutet, daß jeder einen Sitzplatz findet und sich in eine allgemeine Unterhaltung einfädeln kann.

Andererseits sind zu viele Gäste genauso gefährlich. Ein ständiges Geschiebe und Gedränge wirkt wie eine Beleidigung: »Aha, der Gastgeber will mal wieder alles in einem Aufwasch erledigen ...«. Dieser Eindruck darf auf keinen Fall entstehen, auch wenn niemand erwartet, Gelegenheit zu tiefsinnigen Diskussionen zu finden. Aber die Möglichkeit zu entspannten Begeg-

Einfach und gut

nungen, die zu neuen Verabredungen führen können, sollte es schon geben.

Regie führen

Am besten ist es natürlich, wenn man mit dem Platz variieren kann. Dann öffnet man zu Beginn nur einen Raum und wartet ab, wie sich die Stimmung entwickelt. Erst wenn zuviel Andrang herrscht, gibt man den Zugang zu anderen Zimmern frei. Oft ist dazu ein kleiner Regie-Einfall nötig, damit sich nicht plötzlich alle in Bewegung setzen und jedes Gespräch abgebrochen wird. Gute Gastgeber bereiten den Übergang vor, indem sie zum Beispiel mit einer Gruppe von Neuankömmlingen unauffällig die »Dépendance« eröffnen. Wie ganz zu Beginn der Party müssen Sie vielleicht auch hier wieder helfen, eine Konversation in Gang zu bringen. Am leichtesten ist das immer durch ausführliches Vorstellen möglich. Machen Sie also nicht nur »Herrn X« mit »Frau Y« bekannt, sondern erzählen Sie etwas über Beruf, Interessen und Aktivitäten der Betroffenen. Zum Beispiel: »Herr X kommt gerade aus Marokko zurück – da haben Sie doch auch schon Urlaub gemacht, Frau Y?« Die besten Brücken baut man durch Hervorheben von Gemeinsamkeiten. Bei einer großen Party jedoch kann der Gastgeber nicht jeden einzeln vorstellen. Nur zu Beginn hält er sich in der Nähe des Eingangs auf, um Eintreffende zu begrüßen und die ersten Kontakte herzustellen.

Anzahl der Gäste

Wie viele Gäste also laden Sie ein? Ein Drittel mehr, als Sie tatsächlich unterbringen können, weil erfahrungsgemäß nie alle erscheinen werden. Bedenken Sie auch, daß zu einer Cocktailparty nicht alle gleichzeitig kommen, es wird vielmehr ein ständiges Kommen und Gehen herrschen. Natürlich werden einige ältere oder erschöpfte Gäste Sitzgelegenheiten suchen, aber im allgemeinen stehen und gehen Ihre Gäste herum. Und deswegen lohnt sich eine Cocktailparty erst ab mindestens 12 Personen. Die nämlich bringt man selbst in einem Apartment noch unter.

Ansonsten gilt: Platz schaffen. Möbel so weit wie möglich an die Wände rücken oder sogar ausräumen. Alle wertvollen und zerbrechlichen Dinge, Nippes und Kunstgegenstände sollten ohnehin in Sicherheit gebracht werden. Aber auch Einrichtungsgegenstände, insbesondere flache Tische, an denen man sich leicht stößt, sollten entfernt werden. Vielleicht können Sie alles im Gäste- oder Kinderzimmer verstauen (Kinder sind bei dieser Gelegenheit ohnehin besser bei Verwandten oder Freunden untergebracht). Wenn das nicht möglich ist und auch Keller oder Garage nicht genügend Stauraum bieten, gibt es nur eine Möglichkeit: Mieten Sie einen Umzugswagen, der Ihr überzähliges Mobiliar für eine Nacht beherbergt.

Platz für die Party

Haben Sie an eine Garderobe gedacht? In der kalten Jahreszeit können Jacken und Mäntel zu einem echten Problem werden. Viele behelfen sich, indem sie einfach alle Mäntel übereinander aufs Ehebett werfen. Das führt nicht selten zu einem undurchschaubaren Chaos, da die Gäste beim Cocktail ja zu den unterschiedlichsten Zeiten kommen und gehen, und jedesmal muß sich wieder jemand durch den Berg auf dem Bett wühlen … Praktischer ist eine zerlegbare Kleiderstange auf Rollen, wie es sie in jedem Kaufhaus gibt. Wenn sie nicht ins Schlafzimmer oder einen anderen

Wohin mit der Garderobe?

durchgangsfreien Raum paßt, kann man sie notfalls sogar im Flur vor der Wohnungstür aufbauen, vorausgesetzt, jemand hat ständig ein Auge darauf oder das Haus ist durch andere Vorsichtsmaßnahmen gesichert. Ein Tip für Regenwetter: Nasse Mäntel hängt man am besten in die Dusche oder über die Badewanne – auch eine Art von Garderobe.

Apropos Badezimmer: Sind Handtücher und Seifen für Gäste da? Vielleicht auch ein neutrales Toilettenwasser? Kleenex und Watte? Vor allem aber: genügend Toilettenpapier? An solchen Kleinigkeiten zeigt sich, ob ein Gastgeber wirklich perfekt ist.

Richtig einladen …

Ihre Einladungskarten versenden Sie zwei bis vier Wochen vorher. In jedem Papierwarenladen finden Sie eine Auswahl an vorgedruckten Karten, in die Sie nur noch Datum und Uhrzeit einsetzen müssen (siehe auch Kapitel »Einladen: wen, wie, wann und wozu?« Seite 109). Im allgemeinen wird ein Cocktail für zwei Stunden angesetzt, früher war das meistens von 18 bis 20 Uhr. Da das für viele Berufstätige heute aber zu früh ist, können Sie den Beginn auf später, etwa 19 oder 19.30 Uhr legen.

In Benimmbüchern älteren Datums ist oft zu lesen, daß man sich bei einer Einladung zum Cocktail bis zum letzten Moment vorbehalten kann, ob man vorbeischauen will oder nicht. Diese Regel kann man getrost vergessen. Natürlich möchte jeder Gastgeber wissen, mit wie vielen Besuchern er zu rechnen hat. Schließlich muß er kalkulieren können, ob er eher 20 oder etwa 100 Gäste zu bewirten hat. Deshalb ist es ratsam, auf der Einladungskarte um Antwort zu bitten.

Voraussichtlich wird bei privaten Einladungen während der ersten zwanzig Minuten niemand auftauchen. Wer möchte schon als Erster eine leere Bühne betreten? Bitten Sie enge Freunde oder Familienmitglieder frühzeitig zu kommen, um die Wohnung zu »bevölkern«. Auch die Kinder oder der Hund des Hauses, die eigentlich zur Party nicht zugelassen sind, können helfen, die erste bange halbe Stunde zu überbrücken. Sie bieten willkommenen Gesprächsstoff und lieben es meistens, im Mittelpunkt zu stehen. Gerade deswegen aber müssen sie nach einer gewissen Zeit auch wieder gehen. Denn wenn erst einmal genug Publikum da ist, werden Gäste kommen, die ihren großen Auftritt haben wollen. Schließlich haben sie sich nicht ohne Grund herausgeputzt.

Zur Cocktailparty hat man sich immer schon chic angezogen. Nicht umsonst wurde das Cocktailkleid erfunden, das früher oft genauso elegant und auch so tiefdekolletiert war wie die große Abendrobe, von der es sich in erster Linie dadurch unterscheidet, daß es kurz ist. Heute sind schlichtere Kleider oder Hosenanzüge mehr in Mode, zumal viele direkt vom Büro zur Party kommen werden. Aber selbst diese versuchen wahrscheinlich, ihren Tages-Outfit »herauszuputzen«: mit zusätzlichem Schmuck, mit eleganteren Schuhen oder einem festlichen Jackett. Wer die Zeit findet, wird sich zum Cocktail umziehen – wobei allerdings kaum noch jemand einen Hut aufsetzt, außer es findet eine Gartenparty statt.

… und angemessen kleiden

Aber es gab eine Zeit, in der Hüte fast das Wichtigste bei einer Cocktailparty

69

Einfach und gut

waren. Laut einer Ausgabe der Modezeitschrift VOGUE vom Dezember 1935 eilten die eleganten Londoner Damen kurz vor sechs nach Hause, um »den Hut zu wechseln«. Es gab ganz spezielle Kreationen, die ausschließlich für die Cocktailstunde gedacht waren: kleine, das Gesicht weich umrahmende Glocken, die gut zum damals vorherrschenden schlichten, aber eleganten Nachmittagskleid paßten und die auch in geschlossenen Räumen aufbehalten wurden. Übrigens war es in den dreißiger Jahren schon nicht mehr angesagt, möglichst viele verschiedene und immer ausgefallenere Mixgetränke anzubieten. Statt dessen trug es zum Ruhm der Gastgeber bei, wenn sie sich neue und originelle Partyhappen einfallen ließen. Besonders »en vogue« waren damals kleine heiße Gerichte wie Fleischbällchen, Shrimps in Blätterteig, warme Schinkensandwiches oder Dorschrogen auf gebutterten Keksen – letzteres eine Erfindung des Prinzen von Wales.

»Hausdrink« statt Cocktail

Auch heute noch ist es lohnender, seine Phantasie auf das Essensangebot zu konzentrieren als auf Mixgetränke. Der Wandel in den Gewohnheiten wird mittlerweile bereits in der Namensgebung deutlich: In Amerika spricht man immer häufiger von »Hors d'oeuvres«- oder »Appetizer-Parties«. Allenfalls zum Auftakt reicht man noch einen klassischen Cocktail, sozusagen als »Eisbrecher«. Aber auch der ist heute meist sehr viel leichter als früher üblich. Mehr und mehr bürgert es sich ein, einen »Hausdrink« – zum Beispiel einen Bellini (frischgepreßter Pfirsichsaft mit Sekt oder Prosecco) oder Mimosa (Orangensaft mit Champagner) – anzubieten, der

die gleichen Dienste leistet, nämlich die Zungen der Schüchternen zu lockern. Um ein Gespräch in Gang zu bringen, ist es sicher besser, über die Zusammensetzung des Hausdrinks zu diskutieren als Gehemmte mit einem hochkonzentrierten Getränk zu traktieren – das kann nämlich auch schnell wie K.O.-Tropfen wirken. Nicht ohne Grund findet man in älteren amerikanischen Benimmbüchern seitenlange Kapitel darüber, wie man Betrunkene auf Cocktailparties zu behandeln habe.

Mehr und mehr versucht man, dieses Problem gar nicht erst aufkommen zu lassen. Selbst der trockene Martini, der geradezu als Synonym für die elegante Cocktailparty steht und der bereits 1860 in den Annalen von Kalifornien auftaucht, ist nahezu ausgestorben. In den fünfziger Jahren, als die »Cocktailmania« bei uns ihren Höhepunkt hatte, konnte der Martini noch so manchen ungeübten Partygänger in Verlegenheit bringen. Martin Walsers Romanhelden Hans zum Beispiel (aus »Ehen in Philippsburg«): »Hans nahm das Glas in Empfang, was aber sollte er mit der Frucht machen, die da im kristallenen Getränk schwamm? Sah aus wie eine Olive. Ob man sie aß? ... Einige ließen sie tatsächlich im Munde verschwinden, andere ließen sie auf dem Grunde des Glases zurück. Welche hatten es nun recht gemacht?«

Wohin mit der Olive?

Jeder nach seinem Geschmack, kann man da nur sagen. Da die Olive im Martini ohne Kern ist, kann man sie ohne Schwierigkeiten schlucken. Man kann sie aber auch zurücklassen, wenn man Oliven nicht mag. Der Martini war übrigens auch deshalb so beliebt, weil

Drinks vorbereiten

er sich gut vorbereiten läßt. Je länger er gut gekühlt bereitsteht, um so besser verbinden sich die Aromen von Gin, weißem Wermut und Zitronen- oder Limonensaft. Nur das Eis darf erst kurz vor dem Servieren hinzugefügt werden. Aber das gilt für leichtere Mixgetränke ebenso; je länger sie »ziehen« können, umso besser. Das erleichtert auch den Gastgebern die Arbeit.

Ohne Personal Besonders dann, wenn Sie ohne fremde Hilfe auskommen wollen. Bis zu 25 Personen kann ein gastgebendes Paar allein bewirten, wenn er sich zum Beispiel um die Getränke kümmert und sie für die Verpflegung sorgt (oder umgekehrt). In diesem Fall ist es besonders wichtig, daß Sie sich auf einige wenige Drinks beschränken. Fragen Sie als Barkeeper nie großzügig: »Was darf's denn sein?« – die Antwort könnte Sie in Verlegenheit bringen. Oder haben Sie die Kenntnisse und die Zutaten, um für den einen Gast mal eben einen Daiquiri oder eine Margarita zu mixen und für den anderen vielleicht einen Black Velvet oder Cardinal? Besser ist, Sie sagen gleich, welche Wahl der Gast hat: »Möchten Sie unseren Hauscocktail Bellini versuchen? Oder hätten Sie lieber ein Glas Wein?« Wenn jemand dann doch ein Bier oder Mineralwasser wünscht, wird er das schon sagen. Aber er wird im Rahmen der erfüllbaren Wünsche bleiben und nicht den Barkeeper auf die Probe zu stellen versuchen.

Selbst-bedienung Wer ohne professionelle Hilfe auskommen muß, tut gut daran, einen Bartisch zur Selbstbedienung aufzubauen. Dann hat der Gastgeber nur die Aufgabe, jeden Ankommenden zur Begrüßung mit einem Drink zu versorgen. Danach nimmt jeder Gast sein Schicksal selber in die Hand (unauffällig überwacht vom Hausherrn, der im Bedarfsfall immer mal wieder eingreift). Prosecco (oder Sekt oder Champagner), Weißwein und Mineralwasser, Bier, Saft und wenigstens ein alkoholfreies Erfrischungsgetränk wie Cola oder Limonade sollten im Angebot sein. Stehen auch noch Gin, Wodka oder Whisky bereit, kann sich jeder Gast selber etwas mixen. Wichtig sind genügend Eiswürfel und Zitronen. Heidi Schoeller hat eine ebenso preiswerte wie ideale Lösung gefunden, um die Getränke den ganzen Abend lang kalt zu halten: Zwei große Blumenübertöpfe aus weißer Keramik füllt sie mit kaltem Wasser und vielen Eiswürfeln – dahinein kommen die geöffneten Flaschen zur Selbstbedienung. Im Sommer stellt sie zusätzlich auch auf der Terrasse zwei Übertöpfe als Eiskübel auf; diese sind jedoch terracottafarben, um sich der Umgebung besser anzupassen. Geeignete Übertöpfe, früher Cache-pot genannt, findet man in großer Auswahl in allen Kaufhäusern und Gartencentern.

Essen vom Buffet Ähnliche Regeln gelten fürs Essen. Natürlich ist es besonders schön, von der Dame des Hauses persönlich etwas angeboten zu bekommen, aber das kann nicht für den ganzen Abend gelten. Wenn die Gastgeberin zum Auftakt Tabletts herumreicht und später immer mal wieder auf das Buffet aufmerksam macht, sobald sie frisch aufgefüllt hat, so genügt das. Allerdings gilt es, einen entscheidenden Unterschied zu beachten: Wenn die Partyhappen grundsätzlich nur auf Tabletts herumgereicht werden, braucht man keine Teller. Jeder nimmt sich einen Bissen, steckt ihn so-

Einfach und gut

fort in den Mund – und wartet auf die nächste Runde. Stehen die Happen dagegen auf einem Tisch zur Selbstbedienung bereit, so sind auch Teller nötig, weil die Gäste sich dann meistens mehrere Kleinigkeiten aussuchen, sich sozusagen ihr Partymenu auf einmal zusammenstellen.

Servietten – ein unabdingbares Utensil

So oder so sind kleine Servietten das wichtigste Requisit jeder Cocktailparty. Sie können aus Papier sein, müssen aber in ausreichender Menge stapelweise auf jedem Tablett und jedem Buffet liegen. In Amerika ist es üblich, zu jedem neuen Getränk und zu jedem »Appetizer« eine neue Serviette zu nehmen. Bei uns können Sie davon ausgehen, daß jeder Gast etwa fünf kleine Cocktailservietten verbrauchen wird – wofür dann auch die nötigen Abfallbehälter bereitstehen müssen!

Natürlich kann eine Party ohne fremde Hilfe ein voller Erfolg werden – besonders für die Gäste. Für die Gastgeber jedoch ergibt sich kaum die Gelegenheit zu einem Gespräch. Wer selber auch etwas von seiner Party haben möchte, heuert deshalb einen Barmann an, der bis zu 30 Personen ohne Schwierigkeiten mit Getränken versorgen kann. Hat man mehr Personen eingeladen, braucht man zwei Barkeeper. Und bei mehr als 100 Gästen sind drei Barmänner und zwei Serviermädchen vonnöten. In diesem Fall wird man wahrscheinlich einen Partydienst beauftragen, sich um alles Nötige zu kümmern. An gute Barkeeper kann man meistens über den Studentenservice kommen. Es ist durchaus üblich, nicht nur Personal, sondern auch Geschirr und Gläser zu mieten. Ganz abgesehen davon, daß jede Catering-Firma

Ihnen auch die Planung für Häppchen und Getränke abnehmen kann. Sie haben dann nur noch den Preis für das Gesamtunternehmen festzulegen. Das ist zu empfehlen, wenn Sie nicht öfter als einmal im Jahr empfangen wollen.

Wenn Sie häufiger einladen, lohnt es sich, mehr »Persönlichkeit« zu investieren. Dann wollen Sie sicher Ihren eigenen Stil entwickeln und variieren. Das kostet auf jeden Fall mehr Kreativität – nicht jedoch mehr Geld. Es lohnt sich dann, dutzendweise einfache Gläser anzuschaffen, die im Ausverkauf oft nicht mehr als eine Mark pro Stück kosten. Niemand erwartet bei einer Party feinstes Glas. Aber Plastikbecher sollten es auf keinen Fall sein! Die Partygläser können Sie bis zur nächsten Einladung in Kartons verstauen und zum Beispiel im Keller aufheben. Für Cocktails sind kleine Gläser ideal. Mehr als fünf Getränke wird wahrscheinlich niemand während einer Party nehmen, egal, ob das nun »harte« oder »weiche« Drinks sind, und zwischen großen und kleinen Gläsern macht dabei kaum jemand einen Unterschied. Das heißt, der psychologische Trick der kleinen Gläser kann Gäste und Gastgeber vor unliebsamen Überraschungen schützen.

Lohnende Anschaffungen

Jedenfalls ist das die Erfahrung von Heidi Schoeller. Wenn sie einen Cocktail gibt, dann lädt sie 100 bis 120 Personen ein. Sie postiert ein Mädchen am Eingang, das sich um die Garderobe kümmert und jeden Gast bittet, sich ins Gästebuch einzutragen: »Aber mehr als eine Unterschrift erwarte ich nicht«, sagt sie. Da ihre Wohnung weitläufig ist, installiert sie zwei Bars: eine in der Küche (im Sommer auch auf der Terrasse) und

Mit Personal

Robuste Gläser sind
für eine Cocktailparty
am besten geeignet.
Von links:
hohe Gläser für Bier,
Longdrinks und
Wasser;
flache »Tumbler«,
Cocktail- und
Henkelgläser für
Mixgetränke, Bowlen
und Punsch;
Wein- und Sektgläser;
kleines Glas für
Sherry, Port, Likör.

eine in dem Raum, der am weitesten von der Küche entfernt ist. Dort arbeitet ein Barkeeper, unterstützt von einer Serviererin. In der Küche (oder auf dem Balkon) befindet sich ein weiterer Barkeeper, der von ein bis zwei Mitarbeitern unterstützt wird, die Getränke und Cocktailhappen auf Tabletts herumreichen.

Wichtig ist, daß alle Hilfskräfte vor Partybeginn ausführlich eingewiesen werden, damit sie die Wohnung und ihre Aufgabe kennen. Und auch die Kleidung sollte vorher besprochen werden. Es sieht einfach schöner aus, wenn alle dienstbaren Geister einheitlich gekleidet sind (zum Beispiel schwarze Hose oder Rock mit weißem Hemd oder schwarzes Kleid mit weißer Schürze).

Einfacher ist es natürlich, wenn die »Uniform« von der Gastgeberin zur Verfügung gestellt wird. Außerdem kann sie dann sicher sein, daß die Ausstattung dem Stil ihres Hauses entspricht. Bei Heidi Schoeller zum Beispiel tragen alle Serviererinnen leuchtend gelbe Kleider mit weißen Pikee-Schürzen – und grundsätzlich dünne weiße Baumwollhandschuhe. »Das ist zwar kein absolutes Muß«, sagt sie, »aber ich finde es einfach appetitlicher. Garantieren kann man schließlich nie, daß die Finger nicht doch mit den Speisen in Berührung kommen.« Die Farbe Gelb hat Heidi Schoeller gewählt, weil sie Optimismus ausstrahlt – und außerdem gut in ihre Wohnung paßt.

Die klassische Ausstattung für eine Bar schreibt ein hohes gerades Glas für einen Longdrink (wie Gin-Tonic, aber auch Bier oder Saft) und ein kurzes breites Glas für »traditionelle« Drinks

Bar-
Ausstattung

Einfach und gut

(Whisky, Martinis und Manhattans on the rocks) vor. Auch Sherry oder Wein kann im kleineren Glas serviert werden. Da zur Zeit jedoch die Getränke leicht und pur bevorzugt werden, bürgert sich immer mehr ein einfaches Weinglas für alle Zwecke ein.

Alles für die Bar Je nach Größe der Wohnung werden ein oder zwei Bars aufgebaut. Zur Ausstattung einer Bar gehören

✳ Sekt (oder Prosecco oder Champagner),
✳ Weißwein,
✳ Bier,
✳ Mineralwasser,
✳ Whisky,
✳ Gin,
✳ Wodka,
✳ Cola,
✳ Tonic Water, Soda,
✳ Orangen- und Tomatensaft (auch zum Mischen),
✳ bereits vorbereitete Drinks wie Martinis oder Bloody Maries,
✳ Zitrone und/oder Limone,
✳ jede Menge Eiswürfel.

Wenn Sie keine Bar aufbauen wollen oder können, genügt es auch, vorbereitete Drinks (aus der Küche) auf einem Tablett herumzureichen. Vergessen Sie in diesem Fall nicht, immer nichtalkoholische Getränke mit anzubieten. Heidi Schoeller läßt im Sommer Prosecco, Weißwein, Wasser und Sekt-Orange herumreichen. Im Winter und bei besonders exklusiven Gesellschaften ersetzt sie den Prosecco durch Champagner. Und in der kalten Jahreszeit bietet sie außerdem einen wohltemperierten Rotwein an. Natürlich werden zögernde Gäste gefragt, ob sie lieber ein Bier

möchten – das wird dann jedesmal frisch aus der Küche besorgt. Bier kann man nicht in Gläsern oder geöffneten Flaschen bereithalten, da es zu schnell schal wird. Aber es sollte dennoch »im Angebot« sein. Ein zusätzlicher Bartisch mit Getränken und Zubehör, wo sich jeder selbst bedienen kann, hilft, Engpässe zu vermeiden. Wobei es natürlich gut ist, wenn einer der Gastgeber oder ein Helfer jederzeit bereitsteht, um dem Gast bei der Selbstbedienung zu assistieren.

In der Küche brauchen Sie jemanden, der die Gläser sofort wieder spült und anschließend neu füllt. Eine andere Hilfe wird die frischen Getränke den Gästen reihum anbieten. Eine dritte Person wird dafür zuständig sein, die vorbereiteten Cocktailhappen hübsch auf Tabletts zu arrangieren und dann zu offerieren. Da die Servierkräfte oft nicht geschult sind, sondern sich aus Töchtern und deren Freundinnen, Nichten oder jungen Mädchen vom Studenten-Schnelldienst rekrutieren, sollten Sie sie anweisen, nicht nur Frisches auszuteilen, sondern auf dem selben Weg auch alle leeren Gläser, benutzten Aschenbecher (bevor sie überquellen!) und Platten mit Essensresten in die Küche zurückzubringen. Wenn die Party sehr groß und die Küche sehr eng ist, brauchen Sie vielleicht sogar einen zusätzlichen kleinen Raum, wo die Getränketabletts neu bestückt werden. Dort können die Flaschen in einer Wanne mit Eisstücken gekühlt werden. Zusätzlich müssen auf einem Tisch bereitstehen: Korkenzieher, Flaschenöffner, Küchenhandtücher, Eisstückchen im Thermosbehälter, Zitronen und sonstige Würzzutaten – und natürlich ständig frische Gläser.

Perfekte Arbeitsaufteilung

Vom Drink zur Cocktailparty

Wie viele Getränke brauchen Sie für eine Cocktailparty? Im Zweifelsfall mehr, als Sie dachten. Deshalb sollten Sie im Überfluß bestellen, aber mit ihrem Lieferanten oder Catering-Service vereinbaren, daß Sie alle nicht angebrochenen Flaschen zurückgeben können; das ist durchaus üblich.

Anders sieht das beim Essen aus. Rechnen Sie damit, daß jeder Gast sich im Schnitt fünfmal bedient. Idealerweise wären damit drei kalte und zwei warme Happen gemeint. Da heutzutage jede(r) Zweite gerade Diät hält oder grundsätzlich gesundheitsbewußt lebt, sind kalorienarme oder vegetarische Stärkungen besonders beliebt. Mit originellen Kreationen auf diesem Gebiet kann sich jede(r) Gastgeber(in) einen Namen machen.

Regeln für Cocktailhappen

Aber nie darf die wichtigste Regel verletzt werden: Ein Cocktailhappen soll nicht größer als ein Fünfmarkstück sein, damit man ihn auf einen Sitz in den Mund stecken kann. Ideal sind runde Cracker und kleine runde Pumpernickel. Weißes oder braunes Brot muß man erst entrinden und dann ebenfalls in eine runde, fünfmarkstückgroße Form schneiden bzw. ausstechen. Klassisch ist es, diese Unterlagen mit Gurken- und Eischeiben, mit Käse oder Tatar, Puten- oder Hähnchenfleich, Krabben oder Lachs zu belegen. Nicht das Salatblatt zwischen Brot und Belag vergessen, da so ein Durchweichen verhindert wird. Kresse, Dill, Kapern und Kaviar können als Verzierung dienen und geben dem Happen außerdem eine pikante Würze. Grundsätzlich muß jede Dekoration auch eßbar sein. Besonders bewährt haben sich Tomaten, Radieschen, Paprika, Gurken, Oliven, Perlzwiebeln, Nüsse, Zitronenschnitze und alle Kräuter mit dekorativen Blättern wie Basilikum und Minze. Mayonnaise, Ketchup, selbst Butter sollten nur sparsam verwendet werden (Tropfgefahr!). Statt dessen lieber separat würzige Soßen (Dips) in Schüsselchen anbieten, damit jeder seinen Cracker, sein Würstchen oder sein Gemüse (zum Beispiel Gurken-, Möhren-, Paprikastreifen) erst kurz vor dem Zubeißen eintauchen kann. Im Zweifelsfalle in jeden Bissen einen Zahnstocher als Halterung hineinstecken – und jedesmal einen Stapel Cocktailservietten auf dem Tablett bereithalten. Denken Sie auch an eine Ablage für Abfälle.

Alles in Mini-Ausführung

Ideal für eine Party sind allgemein beliebte Gerichte, die in Mini-Ausführung angeboten werden, etwa Pizza, Hamburger, Brat- und andere Würstchen, Quiche, Frühlingsrollen, Blätterteigpasteten, Kartoffelpuffer. Oder man stellt seine Cocktailhappen nach dem Motto »around the world« zusammen: gefüllte Weinblätter aus Griechenland, Tortillas aus Mexiko, Tempura und Sushi aus Japan, Frühlingsrollen und Wan-Tans aus Asien, natürlich alles wieder im Bonsai-Format. Köstlich sind auch gefüllte Gemüse, zum Beispiel

✳ Artischockenböden mit Frischkäse und Kaviar,
✳ Chicoréeblätter mit Lachs-Tatar,
✳ Selleriestangen mit Roquefortfüllung,
✳ Gurken mit Entenleberpastete,
✳ Cocktailtomaten mit Taschenkrebs-Mousse.

Die Rezepte für diese und andere Happen finden Sie auf Seite 184.

Einfach und gut

Bei aller Phantasie und allem Ehrgeiz: Übertreiben Sie nicht mit dem Angebot. Schließlich wollen Sie Ihre Gäste nicht sättigen, sondern nur ihren Gaumen kitzeln. Für das Abendessen sind Sie nicht zuständig. Jede Cocktailparty endet nach zwei Stunden. Der großzügige Gastgeber hält die Bar dann noch etwa eine halbe Stunde lang geöffnet, bevor er endgültig keinen Drink mehr ausgibt. Als »Sicherheitsvorkehrung« hat es sich bewährt, wenn er sich für eine bestimmte Uhrzeit mit Freunden zu einem späten Essen verabredet hat, damit er ruhigen Gewissens zu gar zu anhänglichen Gästen sagen kann: »In ein paar Minuten muß ich gehen. Wie wäre es, wenn wir gemeinsam aufbrechen?«

Der Cocktail prolongé

Ganz anders sieht das bei einem Cocktail prolongé, einem »verlängerten« Cocktail aus. Der dauert meistens vier Stunden, und die Gäste können erwarten, daß sie voll verpflegt werden. Deshalb ist es wichtig, schon auf der Einladungskarte anzugeben, daß es sich um einen Cocktail prolongé (also einen verlängerten bzw. erweiterten Cocktail) handelt. Die Uhrzeit wird in diesem Fall nicht begrenzt – beispielsweise von 18 bis 20 Uhr –, sondern nur der Beginn wird festgelegt: etwa »ab 19 Uhr«. Daraus kann der Gast entnehmen, daß es sich um eine längere Abendveranstaltung handelt, und er kann wählen, wann er erscheinen möchte. Aber es gilt als stillschweigende Übereinkunft, daß der Cocktail prolongé gegen 23 Uhr beendet sein wird.

Hat jemand noch eine spätere Verpflichtung, wird er gleich zu Beginn erscheinen und wie bei jeder normalen Cocktailparty seine Drinks und einige Canapés nehmen, ein paar Worte mit den Gastgebern wechseln, mit möglichst vielen Gästen ins Gespäch kommen – und sich wieder verabschieden. Hat er dagegen vorher noch zu tun, kann der Gast ruhig auch erst zum warmen Buffet erscheinen, das etwa zwei Stunden nach Partybeginn eröffnet wird. Oder er bleibt die ganze Zeit über und nutzt die Gelegenheit, um neue Bekanntschaften zu schließen oder alte zu vertiefen. Es ist diese Freiheit der Wahl, die den Cocktail prolongé so interessant macht.

Mit Buffet

Für die Gastgeber macht der Cocktail prolongé natürlich mehr Arbeit. Zwar verläuft die erste Hälfte in etwa so wie der normale Cocktail (das Essensangebot kann allerdings etwas leichter und bescheidener sein), aber dann muß ein Buffet bestückt werden, das einem unkomplizierten Abendessen gleichkommt. Manche Gastgeber bieten zum Beispiel verschiedene kalte Fleischsorten (wie Roastbeef, Hähnchenkeulen, Tatar) und Salate an, dazu Käse und ein Dessert. Wird jedoch wenigstens ein warmes Gericht zusätzlich serviert, so fühlt man sich gleich viel verwöhnter – selbst wenn es noch so simpel ist. Zürcher Geschnetzeltes, Szegediner Gulasch, Spaghetti Bolognese oder eine kräftige Suppe werden immer »wärmstens« begrüßt.

Natürlich kann man das Buffet, das übrigens immer mit einem weißen Tischtuch bedeckt wird, auch mit ganz exquisiten Speisen ausstatten, von Gänseleberpastete bis hin zu Kaviar. Das hängt vom Anlaß und den finanziellen Möglichkeiten des Gastgebers ab. Unerläßlich sind jedoch einige Tische, an denen man essen kann. Sitzgelegenheiten sind nicht unbedingt erforderlich; Heidi Schoeller jedoch deckt immer zwei runde Tische ein, an denen ihre älteren Gäste auf Stühlen Platz nehmen können. Für junge Leute sind hohe Bistrotische gut geeignet, an denen man sich nur so lange aufhält, wie man ißt. Danach muß vom Personal schnell abgeräumt werden, damit die nächsten Gäste die Tische nutzen können.

Reicht der Platz für ein großes Buffet nicht aus, läßt man die Happen größer ausfallen und serviert sie auf kleinen Tellern oder in kleinen Schälchen; geeignet sind Steinpilze mit Semmelknödeln, Ragout oder Entenstückchen mit Kartoffelklößen. Wichtig ist, daß ein Abendessen nicht mehr nötig ist.

Gilt als »große« Einladung

Der Cocktail prolongé hat den Vorteil, daß er auch als Revanche für eine Essenseinladung durchgeht. Das ist ideal für alle, die ein gesetztes Diner nicht ausrichten können – weil die Räumlichkeiten nicht ausreichen für eine große Tafel, weil es an Geschirr, Besteck, Personal, Geld oder Mut fehlt. Für einen Cocktail ist es üblich, Geschirr, Gläser und alles, was sonst noch fehlt, bei einem Partyservice zu mieten; niemand wird einen kritischen Blick darauf werfen. Bei einer Essenseinladung bis zu zwölf Personen jedoch erwartet man im allgemeinen, daß die entsprechende Ausstattung bei jedermann vorhanden ist. Man sucht also nach dem persönlichen Stil der Gastgeber. Wer sich das nicht zumuten möchte, findet im Cocktail prolongé eine Alternative.

Das Buffet Dinner

Ein Cocktail prolongé ist Ihnen zu aufwendig? Und ein gesetztes Essen erst

recht? Andererseits wollen Sie einen größeren Kreis zufriedenstellend bewirten? Dann ist das sogenannte Buffet Dinner genau das Richtige. Es ist einfacher als der Cocktail prolongé, weil Sie keine große Getränkeauswahl und keine Canapés anbieten müssen. Wenn Sie wollen, offerieren Sie einen Hausdrink oder Prosecco zur Begrüßung, und für die Ausgehungerten stellen Sie Nüßchen und Käsegebäck bereit. Es ist aber genauso korrekt, alle »Ouvertüren« wegzulassen und gleich den Landwein anzubieten, der auch zu den Speisen vom Buffet getrunken wird. Die Wohnung muß fürs Buffet Dinner nicht ausgeräumt werden – Sie können ohnehin nicht mehr Personen einladen, als Sie Sitzgelegenheiten haben. Und auch alle Couch- und Beistelltische dürfen bleiben, da sie willkommene Abstellmöglichkeiten für Teller und Gläser bieten. Dadurch ist die Anzahl der Gäste limitierter als beim Cocktail.

Von Italien bis China

Andererseits können Sie mehr Personen einladen als für ein gesetztes Dinner, bei dem Ihnen der Eßtisch die Grenzen vorgibt. Auch müssen Sie sich nicht nach Ihrem eigenen Porzellan und Silber richten; einfacher ist es, alles von einem Partyservice kommen zu lassen – einschließlich der Speisen und Getränke. Heute sind selbst die meisten Restaurants darauf eingerichtet, warme Buffets in Privathäusern auszurichten. Der Italiener um die Ecke, der Chinese, der Thailänder, sie alle sind in der Lage, ebenso köstliche wie ungewöhnliche Buffets zu zaubern. Außerdem gewinnt man dadurch gleich ein Motto für den Abend, das man auf der Einladungskarte angeben kann. Dann weiß jeder Gast sofort, was ihn erwartet.

Einfach und gut

Heidi Schoeller hat in ihren Anfangsjahren als Gastgeberin mit Vorliebe »ethnische« Buffets gegeben. Da konnte sie zum Beispiel zur spanischen Paella gleich einen Gitarrenspieler mitbestellen oder zur indonesischen Reistafel Sumatra-Sänger auftreten lassen. »Meine Freunde waren schon immer neugierig, unter welchem Motto mein nächster Abend stehen würde«, sagt Heidi Schoeller. »Manchmal haben sie sich sogar passend gekleidet.«

Damals wohnte sie noch in einer Drei-Zimmer-Wohnung, und ihre Gäste saßen meist enggedrängt auf jeder verfügbaren Sitzgelegenheit. Die Eßteller wurden auf den Knien balanciert. Zu dieser Zeit machte Heidi Schoeller die Erfahrung, daß Speisen vom warmen Buffet einfach zu verzehren sein müssen. Also lieber drei verschiedene kurze Nudelsorten als einmal Spaghetti ... Sonst sind die Reinigungskosten nachher höher als die Aufwendungen für den ganzen Abend.

Aufbau eines warmen Buffets

Aus der Praxis weiß Heidi Schoeller auch, wie man ein warmes Buffet am besten aufbaut:

✳ Da die meisten Gäste erfahrungsgemäß nicht öfter als zweimal ans Buffet gehen mögen (aus Bequemlichkeit und weil sie anregende Gespräche nicht so häufig unterbrechen wollen), kommen bei ihr die Vorspeisen und Hauptgerichte gleichzeitig auf den Tisch, warmgehalten durch große Heizplatten. Rechauds wären in diesem Fall zu klein, außer zum Beispiel bei einem chinesischen Buffet, bei dem die Hauptgänge (Fisch, Fleisch, Geflügel) im typischen gußeisernen Deckeltopf zubereitet und

auch darin aufgetragen werden. Der Wok hat einen so kleinen Bodendurchmesser, daß er ohne weiteres von einem Rechaud beheizt werden kann.

✳ Auf beide Seiten des Buffets kommt ein Stapel Teller, damit sich nicht an einer Ecke eine Schlange bildet.

✳ Bestecke liegen ebenfalls auf beiden Seiten bereit, und zwar jeweils ein Paar (Messer und Gabel) griffbereit eingewickelt in eine Serviette. Sie können platzsparend aufrecht in Körben oder Krügen plaziert werden.

✳ Nach dem Hauptgang muß umgedeckt werden: Jetzt kommen Käse und Dessert aufs Buffet – das eine auf die linke, das andere auf die rechte Seite. Beim Käse beschränkt Heidi Schoeller sich meistens auf zwei Sorten. Im Sommer sind das ein Hartkäse und ein Frischkäse, überzogen mit Brunnenkresse oder Basilikumblättern; dazu stellt sie einen Salat aus Ruccola und Zwergtomaten. Im Winter wählt sie eine große Brie-Torte und einen löffelweichen Vacherin, der mit Kümmel angeboten wird wie in der Schweiz.

Einmal umdecken

Halten Sie lieber mehr als weniger Teller bereit! Beim Besteck dagegen, weiß Heidi Schoeller, genügt es meist, ein Drittel mehr parat zu haben, als Gäste geladen sind – bei 20 Personen demnach 30 Paar Besteck.

Die Getränke und Gläser sind besser auf einem Extra-Tisch aufgehoben. Angeboten wird guter Tafel- oder Landwein (weiß und rot), Bier und Wasser. Es bewährt sich, auch auf Couch- und größere Beistelltische jeweils einen roten und einen weißen Wein zu stellen, entweder in Karaffen oder auch in der Flasche.

Tisch für Getränke

Vom Drink zur Cocktailparty

Das Buffet Dinner ist viel einfacher in der Planung als ein gesetztes Essen, man braucht auch weniger Platz und nicht unbedingt Personal. Dafür müssen die Gastgeber am Abend selber ihre Augen überall haben: Wo fehlt es an Gläsern, Geschirr, Besteck, Aschenbechern und Getränken? Aber auch: Steht jemand verloren in einer Ecke und traut sich nicht, sich zu anderen Gästen aufs Sofa zu quetschen?

Gäste zusammenführen

Damit so etwas nicht passieren kann, hat Heidi Schoeller jedem Gast immer zu Beginn ein Kärtchen in die Hand gedrückt, auf dem der Name eines Partners für den Abend steht – sozusagen als Ersatz für einen Tischnachbarn. »Es ist einfacher, wenn man sich als Paar durch so einen Abend bewegt«, erklärt sie. »Man kann sich gegenseitig bei der Selbstbedienung helfen, und zu zweit findet man auch leichter Anschluß an größere Gruppen.« Außerdem ist es ein schönes Gefühl, jemanden zu haben, der sich um einen kümmert.

Selbst wenn sie heute in ihrer großen Wohnung, wo sie genügend Tische eindecken kann, ein Buffet Dinner gibt, verzichtet Heidi Schoeller auf eine Plazierung ihrer Gäste. Statt dessen hängt sie im Eingangsbereich in der Nähe des Gästebuches handgeschriebene Zettel mit den Nummern der Tische und den Namen der Gäste auf, die sich dort jeweils zusammenfinden sollen, zum Beispiel »Tisch 2: Katrin, Charlotte, Vera, Wolfgang, Manfred«. »Aber mehr als ein Vorschlag ist das nicht«, sagt Heidi Schoeller. »Wenn jemand sich lieber einer anderen Runde anschließen möchte, so ist das kein Problem, weil ja sowieso niemand einen festen Platz zugewiesen bekommt.« Diese Tischlisten sind eher als Hilfe für die Schüchternen und Zögernden gedacht – und für jene, die immer nur mit denselben Vertrauten zusammenglucken. »Schließlich möchte ich Menschen zusammenführen«, erklärt Heidi Schoeller. »Am schönsten ist es, wenn neue Freundschaften entstehen.«

EINLADUNG: Zum Drink oder auf ein Glas spontan mündlich oder telefonisch. Zur Cocktailparty und zum Buffet Dinner schriftlich, mindestens 14 Tage im voraus. Besser jedoch drei bis vier Wochen vorher, wenn man sichergehen will, daß möglichst alle Geladenen frei sind und noch nicht anderweitig zugesagt haben. Zusätzlich können jederzeit auch noch mündlich oder telefonisch Gäste gebeten werden, zum Beispiel weil man ihnen gerade zufällig begegnet.
UHRZEIT UND DAUER: Auf ein Glas bittet man meist zum späteren Abend hin, nach dem Essen, nach einem Konzert, nach einer Sportveranstaltung usw. Die Dauer ist unbegrenzt, es liegt am Gastgeber, ein Ende zu signalisieren. Vor einer gemeinsamen Unternehmung dagegen (etwa einem Restaurant-, Kino- oder Theaterbesuch) lädt man zu einem Drink; dafür ist eine halbe bis höchstens eine Stunde vorgesehen. Am frühen Abend schlägt die Stunde des Cocktails, traditionellerweise um 18 Uhr, und so ist es auch heute noch bei offiziellen Empfängen üblich, die in Konsulaten oder auch Hotels stattfinden. Privat dagegen lädt man

Einfach und gut

zu späterer Stunde »zu Cocktails« ein, um 19 Uhr etwa oder sogar noch eine halbe Stunde später, damit Berufstätige die Chance haben, sich in Ruhe frisch zu machen und umzuziehen. Wenn es um die Dauer geht, halten wir uns jedoch strikt an die Tradition: zwei Stunden und dann noch 30 Minuten »Duldung« für einen letzten Drink.

Der Cocktail prolongé ist eine richtige Abendeinladung: Meist beginnt er um 19 Uhr und endet vier Stunden später. Je früher er jedoch anfängt, um so mehr Menschen haben Gelegenheit, daran teilzunehmen – eben auch jene, die bereits für den späteren Abend eine Verpflichtung eingegangen sind. Das Buffet Dinner wird wie ein normales Abendessen meist für 20 Uhr angesetzt, 30 bis 45 Minuten danach wird das Buffet eröffnet. Nach vier bis fünf Stunden sollte auch diese zwanglose Abendveranstaltung beendet sein.

AUSSTATTUNG: Da man auf ein Glas oder zu einem Drink nur wenige Freunde einlädt, genügen einige Gläser, eventuell ein Sektkühler und Platten für Happen. Beim Cocktail, auch beim Cocktail prolongé und beim Buffet Dinner, ist es üblich, Gläser und Geschirr zu mieten und Personal anzuheuern.

GETRÄNKE: Bei allen Abendeinladungen ist ein Hausdrink, zum Beispiel ein Bellini oder Mimosa, angebracht. Speziell im Sommer ist Prosecco begehrt, im Winter eher trockener Sekt oder Champagner. Leichter Weiß- und Rotwein ist immer ein »Muß«. Mixgetränke dagegen sind selbst bei der Cocktailparty selten geworden. Aber um dem Namen die Ehre zu geben, sollte vielleicht wenigstens ein klassischer Cocktail im Angebot sein: etwa trockener Martini, Daiquiri, Margarita. Eine ordentliche Bar ist außerdem mit Wodka, Whisky, Gin und Brandy bestückt. Noch wichtiger aber sind in unseren gesundheitsbewußten Zeiten nichtalkoholische Getränke wie Fruchtsäfte, Softdrinks – und Mineralwasser.

ESSEN: Wer vor oder nach dem Essen oder einer Veranstaltung zu einem Drink bittet, muß nicht viel anbieten, aber ein bißchen Abwechslung in der üblichen Nüßchen- und Käseauswahl tut gut. Wie wär's mit Cashews und japanischem Knabbergebäck?

Beim Cocktail rechnet man pro Person mit etwa fünf verschiedenen Häppchen. Idealerweise sind drei davon kalt, zwei jedoch warm. Beim Cocktail prolongé können die Happen leichter und einfacher und auch nur kalt sein, da es nach der »Halbzeit« noch ein richtiges Buffet gibt – und auf dem steht mindestens ein warmes Gericht wie zum Beispiel Gulasch.

Beim Buffet Dinner hingegen muß es vorher gar nichts Eßbares geben, dafür findet man auf dem Buffet ein Angebot vor, das einem normalen Abendessen entspricht: Vorspeisen und warme Hauptgerichte, danach Käse und Dessert.

DER GASTGEBER: bemüht sich, seine Wohnung so weit wie möglich auszuräumen, damit die Gäste sich frei bewegen können (außer beim Buffet Dinner, bei dem alle Sitzgelegenheiten und flachen Tische gebraucht werden). Zu Beginn steht er am Eingang, um die Eintreffenden zu begrüßen, Fremde miteinander bekanntzumachen und vielleicht erste Gespräche in Gang zu bringen. Später mischt er sich unter die Gäste, verweilt bei niemandem zu lange und hat immer ein wachsames Auge auf den Service: Fehlt es an Getränken? Stehen volle Aschenbecher herum? Liegen irgendwo unansehnliche Reste auf Platten oder Tabletts? Er (sie) merkt aber auch, wenn irgendwo ein männliches oder weibliches Mauerblümchen verkümmert und nimmt es unter seine Fittiche.

UND DER GAST?

MUSS auf eine Einladung zu einem Drink oder auf ein Glas, die ja immer im kleinen Kreis stattfindet, höflicherweise zu- oder absagen. Beim Cocktail streiten sich die Geister. In den meisten Benimmbüchern ist zu lesen, daß man auf eine Cocktaileinladung nicht unbedingt antworten muß – aber man sollte es dennoch tun. Schließlich ist alles eine Kostenfrage, und der Gastgeber muß kalkulieren können, ob er nun für 50 oder 100 Gäste vorsorgen muß. Das gilt erst recht beim Buffet Dinner, wo es um warmes Essen geht. (Wie man auf eine Einladung antwortet, erfahren Sie auf Seite 126.)

SOLLTE nur nach vorheriger Anfrage einen Freund oder andere zusätzliche Gäste zum Cocktail mitbringen.

DARF die volle Zeit des Cocktails, also zwei Stunden, wahrnehmen. Normal jedoch ist es, nur etwa 30 Minuten zu bleiben und dann Platz für neue Gäste zu machen. Denn das Wesen des Cocktails ist das Kommen und Gehen. Wer länger als zwei Stunden bleibt (oder vier beim Cocktail prolongé), ist eine Last für den Gastgeber und verdient es, nie wieder eingeladen zu werden. Das gleiche gilt für den Gast, der zu früh kommt – ein Alptraum, denn die Gastgeber sind vielleicht noch mit Vorbereitungen beschäftigt. Auch gehört es sich nicht, erst fünf Minuten vor Ende einer Veranstaltung zu erscheinen – und dann maulend vor einem abgegrasten Buffet zu stehen.

BEGRÜSSEN muß der Gast auf jeden Fall den oder die Gastgeber. Ansonsten kann er sich zu jeder Runde gesellen und mithören oder –reden. In einem geeigneten Augenblick stellt er sich selber vor oder bittet einen Bekannten, das zu tun. Bei einem unverbindlichen Geplänkel kann er auch anonym bleiben. War die Begegnung interessant genug, kann man Namen und Visitenkarten austauschen.

GASTGESCHENKE sind nicht üblich. Blumen sind auf jeden Fall fehl am Platz, da die Gastgeber keine Zeit haben, sich um deren Versorgung zu kümmern. Elegant ist es, Blumen im voraus zu schicken, dann können sie gleich als Dekoration für den Abend dienen. Auch im nachhinein ist ein Blumengruß mit Dankeszeilen immer willkommen. Andere Kleinigkeiten können diskret auf einem Tisch im Eingangsbereich deponiert werden – eine beigelegte Karte sorgt dafür, daß der Spender nicht anonym bleibt.

DANK wird nicht erwartet – aber immer hocherfreut entgegengenommen. Ein paar Zeilen zeigen, daß man Gastfreundschaft nicht einfach für selbstverständlich hält. Anrufe dagegen bleiben engen Freunden vorbehalten, mit denen man den Abend gerne nochmal in allen Einzelheiten durchgeht (ein bißchen Klatsch ist natürlich immer dabei). Riefe jeder an, kämen die Gastgeber vielleicht eine volle Woche nicht mehr vom Telefon weg …

Das große Einmaleins

Sie haben es geschafft, einen Tee-Empfang, Brunch oder Cocktail auszurichten? Dann wollen Sie sich jetzt wahrscheinlich mehr zumuten. Weil Sie gemerkt haben, daß der Spaß größer ist als die Mühe. Außerdem erwacht der Ehrgeiz. Das ist wie bei der Köchin, die mit einem einfachen Pfannkuchen beginnt und nicht aufhört zu experimentieren, bis sie ein perfektes Soufflé zaubern kann. Das allerdings geht nicht »mit links«. Da müssen Zutaten, Temperatur und Timing ganz genau stimmen, damit das Ergebnis den Erwartungen entspricht. So ist das auch mit manchen Einladungen.

Ein gesetztes Abendessen für zwölf Personen zum Beispiel kann man mit einem Soufflé vergleichen: Es zählt zur hohen Kunst, bei der man dem Zufall so gut wie keine Chance geben darf – sonst fällt alles in sich zusammen. Weniger heikel ist ein Mittagessen unter Freundinnen, aber auch da geht es nicht ganz ohne Planung. Doch wer das kleine Einmaleins beherrscht, das wir im Teil »Einfach und gut« abgehandelt haben, für den wird das große Einmaleins nur eine willkommene Herausforderung sein. Allerdings: Ohne Hausaufgaben geht es nicht. Es müssen Gästelisten angelegt, Einladungen geschrieben, Checklisten aufgestellt, Menus geplant und kalkuliert werden.

Auch die Anforderungen an den Gast werden größer: Wann und wie sage ich zu oder ab? Was schenke ich? Wie kleide und verhalte ich mich? Wie kann ich zur Konversation beitragen? Wie danke ich?

82

Wenn man weiß, wie's geht, ist das alles nicht mehr schwer. Und dann kann man's auch anders machen. Aber Verstöße machen nur Spaß, wenn man die Regeln kennt. Unterläuft einem aus Unwissenheit ein Faux-pas, fühlt man sich bloßgestellt; handelt man dagegen in vollem Bewußtsein, dann genießt man die Überraschung der anderen. Das gilt für Gast wie Gastgeber.

So haßt eine Freundin von mir Tischdecken und Platzteller, dafür aber liebt sie übergroße Servietten. Nie würde sie die schöne Holzplatte ihres Bauerntisches verdecken; nur zum Schutz gegen Hitze und Nässe benutzt sie Sets. Und obwohl sie weiß, daß man mittags kleine und erst abends große Servietten bereitlegt, deckt sie stets mit riesigen Mundtüchern ein.

Vergessen Sie dieses Beispiel nicht, wenn Sie jetzt mit den internationalen Standards konfrontiert werden. Sie sind nicht mehr als Hilfestellungen. Die wahren Maßstäbe sind Ihr Geschmack und Ihre Gegebenheiten. Und sollte das dem einen oder anderen Gast nicht passen – sei's drum! Wahrscheinlich gehört er ohnehin nicht zu Ihren Freunden. Die nämlich kommen gerade deswegen so gern zu Ihnen, weil Sie Ihren eigenen Stil haben – sonst könnte man ja gleich ins Restaurant gehen …

»Inventur« sollte jeder halten,
der sich über seine Möglichkeiten
als Gastgeber klar werden will:
Welche Ausstattung besitze ich,
was kann ich kombinieren,
was muß ich ergänzen?

Bestands-
aufnahme

Das große Einmaleins

Bevor Sie nach Ihren ersten »gastgeberischen Gehversuchen« darangehen, Ihre Gastgeber-Talente weiterzuentwickeln, sollten Sie eine Bestandsaufnahme machen, um Ihre Wünsche und Möglichkeiten auszuloten. Dabei helfen Ihnen zwei Fragen:

✳ Was will ich?
✳ Was kann ich?

Dabei ist das, was Sie wollen, entscheidend. Sie wissen doch: Wo ein Wille ist, ist auch ein Weg. Einen langen Eßtisch kann man improvisieren, Geschirr, Gläser und Besteck kann man ausleihen. Wenn Ihnen also danach ist, ein gesetztes Abendessen zu geben, dann tun Sie's, auch wenn Sie nicht die passende Ausstattung dafür haben. Mit der Dekoration, der Tischordnung, der Speisenfolge usw. können Sie dem Abend immer noch eine ganz eigene Note geben. Denn gerade das ist es, was man bei einer privaten Einladung zum Essen erwartet: einen unverwechselbaren Stil. Normalerweise ist dieser durch die persönlichen Gegenstände wie Porzellan, Silber, Tischwäsche und ähnliches gegeben, denn auch das sind Zeugen der Persönlichkeit eines Gastgebers. Ist die eigene Ausstattung nicht vorhanden, kann sie durch Talent ersetzt werden: Wer besonders gut dekorieren oder kochen oder eine Konversation in Gang bringen kann, ist fein raus und sollte auf diese Stärken setzen.

Auf Nummer sicher

Wem das aber nicht liegt oder zu anstrengend ist, der geht besser auf Nummer sicher. Und das heißt: Ich unternehme nur das, was meine Mittel mir erlauben. Am Beginn meiner Überlegungen steht in diesem Fall also nicht die Frage, was ich will, sondern die Bestandsaufnahme dessen, was ich habe: Wie viele Personen finden an meinem Tisch Platz? Für wie viele reicht mein Geschirr, mein Besteck etc.? Kann ich mir eine Hilfe in der Küche und/oder zum Servieren leisten?

Beginnen wir mit dem Tisch. Normalerweise rechnet man, daß jede Person 60 Zentimeter braucht, um bequem essen zu können. Dieses Maß hat sich unter anderem daraus ergeben, wie wir unseren Tisch decken: mit Platztellern, zwei bis drei Bestecken, zwei bis drei Gläsern, Brotteller und eventuell Salatteller. Da unsere Wohnungen jedoch immer kleiner werden, müssen wir an Platz sparen. Und siehe da: Es geht auch mit 50 Zentimetern pro Person, gemessen von einer Tellermitte zur nächsten Tellermitte. Dann nämlich, wenn man den Brotteller wegläßt und das obligatorische Brötchen in der gefalteten Serviette »versteckt« (so macht es zum Beispiel Heidi Schoeller, siehe Seite 172). Auch den Salat kann es in diesem Fall nicht zusätzlich, sondern nur als gesonderten Gang geben – wie die Amerikaner reicht man ihn mit Käse nach dem Hauptgang oder, wie in Frankreich und Italien üblich, vor dem Hauptgang. So braucht der Salatteller keinen Extra-Platz, sondern kommt in die Mitte.

Welcher Eßtisch?

Messen Sie also als erstes Ihren Eßtisch aus, um zu wissen, wie viele Personen Sie zu einem gesetzten Essen einladen können. Wenn Sie jedem nur 50 Zentimeter zuweisen, wie es heute oft üblich ist, dürfen Sie allerdings auch keine breitlehnigen Stühle oder gar Sessel benutzen. Armlehnen sollten Eßzimmerstühle sowieso nicht haben; sie verführen zum Aufstützen der Ellenbogen, was als die schlimmste Verfehlung bei Tisch gilt. Erwünscht ist eine möglichst aufrechte Sitzhaltung, die dazu zwingt, den Löffel zum Mund zu führen und nicht umgekehrt, also tiefgebeugt über den Tellern zu hängen. Erstens verleitet das zum »Schlürfen« und »Schaufeln«, und zweitens kann man sich dann weder dem Tischnachbarn noch dem Gegenüber zur Konversation widmen.

Die richtigen Stühle Es gibt genügend schmale Stühle, die dennoch bequem sind. Am besten, Sie probieren Ihre eigenen Sitzgelegenheiten zusammen mit einem kompletten Gedeck aus. Wieviel Platz ist nötig, um ordentlich zu essen (die Ellenbogen liegen natürlich am Körper an, aber Sie brauchen soviel Spielraum, daß Sie beide Hände mit dem Besteck ungehindert heben können, ohne den Nachbarn zu berühren). Markieren Sie die »Ellenbogen-Spanne«, und messen Sie die Zentimeter aus. Und wenn Ihre Stühle so beschaffen sind, daß Sie 60 Zentimeter pro Person brauchen, dann können Sie eben nur weniger Gäste einladen.

Ein Glücksfall ist immer der runde Eßtisch. Er gestattet mehr Bewegungsfreiheit, und deswegen braucht man für den einzelnen Gast weniger Platz. Partydienste zum Beispiel liefern für acht Personen einen runden Tisch mit 140 Zentimeter Durchmesser und für zehn Personen einen mit 170 Zentimeter. Heidi Schoeller plaziert, wenn es sein muß, zehn Gäste um einen Tisch mit 150 Zentimeter Durchmesser und bringt bei einem Durchmesser von 170 Zentimetern im Notfall sogar zwölf Gäste unter. Allerdings muß man dazu sagen, daß sie für solche Fälle extrem platz-

sparende Sitzgelegenheiten hat: altmodische vergoldete Haute-Couture-Stühlchen, dazu entworfen, auf engem Raum möglichst vielen Damen von Welt Platz zu bieten, um ihnen die neueste und exklusivste Mode vorzuführen. Heidi Schoeller hat diese praktischen Exemplare bei einer Auktion erstanden. Gerade bei runden Tischen ermöglichen sie ihr, viele Gäste zu bewirten. Außerdem fällt die Festlegung der Tischordnung bei einer Runde sehr viel leichter (siehe auch Seite 118). Bedenken Sie das, wenn Sie vorhaben, sich einen neuen Eßtisch anzuschaffen. Und wenn der Kauf neuer Stühle zur Debatte steht: Schmal sollten sie sein und kurze Lehnen haben, damit beim Servieren Bewegungsfeiheit herrscht.

Das Material des Tisches dagegen spielt keine Rolle. Ob Holz-, Marmor- oder Glasplatte, alles ist möglich. Ihr Geschmack und Ihr Geldbeutel geben den Ausschlag. Und der Platz, der Ihnen zur Verfügung steht. Zur Not können Sie es wie unsere mittelalterlichen Vorfahren halten: Die baten ihre Gäste an rohe Holztafeln, die auf Gestelle gelegt und nach dem Essen wieder fortgenommen wurden. Daher auch der Ausdruck »die Tafel aufheben«.

Der improvisierte Tisch

Schöne Stücke für Sammler: altes Messerbänkchen und silbernes Tranchierbesteck

Das große Einmaleins

So blieb es lange Zeit Sitte. Bis ins 18. Jahrhundert wurden Tische nur zu den Mahlzeiten installiert, um unmittelbar danach wieder abgebaut zu werden. Und ein separates Eßzimmer mit feststehender Einrichtung fand erst um 1850 herum Einzug in die bürgerlichen Haushalte. Doch seine Blütezeit war kurz; nur knapp 100 Jahre konnte es sich halten, bevor es in den fünfziger Jahren der allgemeinen Raumnot zum Opfer fiel. Seither begnügen wir uns oft notgedrungen mit Eßecken in der Küche oder im Wohnzimmer. Oder mit »Tafeln« aus Spanholz, die samt den dazugehörigen Untergestellen in Kammern und Kellern platzsparend verstaut werden können, bis sie wieder einmal zum Einsatz kommen.

Im Bade tafeln

Was nicht heißt, daß sie zu weniger formeller Gastlichkeit verführen. Erinnern wir uns nur an ein Beispiel aus der Geschichte: Im 15. Jahrhundert war es in der blühenden Handelsstadt Augsburg üblich, in den öffentlichen Badehäusern zu »tafeln«. Dazu wurden lange Holzbretter über jeweils sechs hölzerne Bottiche geschoben, in denen jeweils ein unbekleidetes Pärchen saß. Aber lose Sitten wurden nicht geduldet. Ein langes Tafeltuch bedeckte den improvisierten Tisch, und auch sonst ging es sehr sittsam zu, getreu den Benimmregeln der Nonne Clara Hätzlerin, die eine 218 Verse lange bürgerliche Tischzucht verfaßt hatte. Die sogenannten Tischläufer übrigens sind Nachfahren jener Badehaus-Tischtücher und können heute noch aufgebockte Holzplatten in elegante Tafeln verwandeln. Was wirklich praktisch ist, bewährt sich eben über die Jahrhunderte. Das trifft auch für einige grundlegende Tischsitten zu.

Amerikanische Gastgeberinnen halten eine Tafelrunde von acht Personen für ideal. Deswegen findet man in den Vereinigten Staaten bei großen Essen meist mehrere Achter-Tische gedeckt, während lange Tafeln verpönt sind. In Europa dagegen gilt diese Anzahl als schwierig. »Irgendwie sind das Zwitter«, meint Heidi Schoeller. »Acht sind zuviel, um ein gemeinsames Gespräch zu entwickeln, und zu wenig, um verschiedene Gruppen zu bilden.« Sie liebt Runden von vier, höchstens sechs Personen, wenn es darum geht, intensive Gespräche zu führen. Handelt es sich um mehr Gäste, versucht sie, Zehner-Tische zusammenzustellen. Es können sich dabei zwei Gruppen herauskristallisieren, die sich jeweils einem Thema widmen, aber meistens unterhalten sich die Gäste mit ihrem Nachbarn, wobei man »abwechselt«, um nicht einen besonders interessanten Zeitgenossen für sich allein in Beschlag zu nehmen, sondern auch den anderen die Möglichkeit zu geben, sich mit ihm auszutauschen.

Wie viele Gäste pro Tisch?

Wer aus Platzgründen nur einen kleinen (oder gar keinen) Eßtisch besitzt, muß Geschick im Dekorieren entwickeln: Wie werden ausgeklappte, aneinandergereihte oder aus Böcken und großer Platte improvisierte Tische so »verkleidet«, daß sie eine festliche Tafel ergeben? Sehr praktisch ist eine Auswahl der verschiedensten Decken und Tücher, damit man je nach Anlaß und Stimmung variieren kann. Die Regel besagt, daß mittags helle Farben und einfache Materialien angebracht sind, abends hingegen aufwendigere Stoffe und dunklere Töne. Wichtig ist eine Unterlage aus Molton oder Filz.

Improvisierte Tafeln

Bestandsaufnahme

Das Decken

Früher galt zumindest für den offiziellen Abend nur eine Farbe als schicklich: Weiß. Heute erscheint uns das streng und eintönig. Außerdem gilt die bodenlange weiße Decke international als korrektes »Kleid« für das Buffet, und wer nicht in die Irre führen will, wird häßliche Tischbeine nicht ausgerechnet weiß verhüllen. Was außerdem unpraktisch ist, da alle Schuhe daran Spuren hinterlassen. Besser ist als »Untergrund« auf dem Eßtisch ein bodenlanges farbiges Tuch (zum Beispiel aus einfachem Dekorationsstoff oder -filz) geeignet, auf das dann eine weiße Decke gelegt werden kann. Überhängen sollte sie laut Bonner Protokoll an allen Seiten etwa 35 bis 40 Zentimeter. Anders ist das bei Tischen, deren Untergestell nicht unbedingt verborgen werden muß. Da kann die farbige Decke (meist passend zu den Servietten) der Norm entsprechend überhängen oder bis zum Boden reichen, während die Schmuckdecke – besonders beliebt aus durchbrochener Spitze oder zartem Batist – gerade die Tischplatte bedeckt. Mehr und mehr aber läßt man die weiße Decke auch ganz weg und deckt farbig auf farbig, zum Beispiel mit einem unifarbenem Tuch über einer dekorativen Decke im Paisley-Muster oder mit festlichen (aber preiswerten!) indischen Saris.

Ausgleichen

Kleine Unebenheiten bei aneinandergestellten oder ausgezogenen Tischen lassen sich durch eine Filzmatte ausgleichen, die unter die Tischdecke gelegt wird. Prinzipiell kommt unter das Tischtuch eine dicke Moltondecke, die zum einen die Tischplatte schützt und zum anderen dem Ganzen mehr Fülle verleiht – was früher sowieso üblich war, wenn man mit edlem Damast oder Batist deckte, damit die Tücher besser hafteten und nicht durch jede Bewegung eine »Rutschpartie« ausgelöst wurde.

Sets

Viele decken, besonders mittags, auch nur mit Sets, die vom feinsten Batist bis zum groben Stroh aus jedem beliebigen Material bestehen können. Allerdings beanspruchen diese Platzdecken meistens 60 Zentimeter, deshalb sind Tischtücher immer dann praktischer, wenn man möglichst viele Gedecke auf kleinem Raum unterbringen will. Platzsparender als rechteckige sind ovale Sets, und allmählich bürgern sich auch runde Sets ein, die kaum größer als ein Platzteller sind.

Platzteller

Natürlich kann man für jeden Gast auch nur einen Platzteller bereitstellen. Oder gar keine Unterlage. Als Begrenzung und Markierung genügen schließlich die Bestecke.

Oft ergeben die »ungehörigsten« Kombinationen die schönsten Tafeln. Unvergeßlich ist mir ein bäuerlicher Holztisch ohne Sets und Platzteller, der aber nicht rustikal gedeckt, sondern mit altem Silberbesteck, funkelnden Kristallgläsern und feinen Damastservietten ausstaffiert war. Die Wirkung war erstaunlich: festlich und gemütlich zugleich.

Platzteller schonen empfindliche Tischplatten. Wer Bestecke mit Wappen besitzt, deckt sie mit dem »Gesicht« nach unten

Das große Einmaleins

Heute gilt als Regel: Alles ist möglich. Vielleicht mit zwei Einschränkungen: Plastik-Sets und -Blumen und Papierservietten sind im Garten akzeptabel, aber nicht im Haus. Und Kerzen werden niemals zum Mittagessen entzündet, sondern nur am Abend. Aber das ist keine Frage der Mode oder des Geschmacks – Licht ist eben nur bei Dunkelheit nötig und entfaltet auch nur dann seine Wirkung.

Womit wir bei einem wichtigen Grundsatz wären: Alles, was eine Funktion hat, ist gut. Die Gefahr der »Entgleisung« besteht nur da, wo jemand vor lauter Dekorationsdrang die praktische Seite aus dem Auge verliert. Deshalb sind schöne Gebrauchsgegenstände besser als ausgefallener teurer Nippes.

Die Moden dagegen wechseln, und über Geschmack wird heute weniger denn je gestritten. Unsere Großmütter wären wahrscheinlich bei so mancher modernen Tischdekoration in Ohnmacht gefallen. Für sie kam außer gestärktem Blütenweiß und poliertem Silber nichts in Frage. Heute dagegen mixt man Farben und Muster miteinander, ergänzt eine karierte Decke zum Beispiel mit Blümchenservietten und deckt dazu vielleicht noch verschiedene Teller auf. Wen sollte das stören? Wir leben nicht mehr in überschaubaren Gemeinden, wo jeder seinen sicheren Platz hat, den er besser nicht durch Eskapaden gefährdet. In der modernen Massengesellschaft muß man sich meist mühsam einen Platz erkämpfen, und oft braucht es ungewöhnliche Ideen, um überhaupt wahrgenommen zu werden. Deshalb lautet die aktuelle Formel: originell statt formell.

Ungewöhnliche Dekorationen bieten immer willkommenen Anlaß zu zwangloser Konversation. Außerdem liefern sie den Gästen willkommene Anregung, womit man den Gastgebern eine Freude machen könnte. Heidi Schoeller zum Beispiel liebt den berühmten »Lenôtre-Garten«, der schon Ludwig XIV. als (Schreib-)Tischschmuck diente. Der Sonnenkönig war so begeistert von der Anlage, die sein Gärtner Lenôtre in Versailles geschaffen hatte, daß er das Pflanzenkunstwerk en miniature in kostbarem Sèvres-Porzellan nachbilden ließ. Die Manufaktur Nymphenburg bot als erste eine originalgetreue Replik davon an. Mittlerweile gibt es aus Italien auch weniger wertvolle und somit erschwinglichere Versionen des Lenôtre-Gartens. Das Schöne ist, daß man nicht sofort die Gesamtanlage kaufen muß, sondern Stück für Stück anschaffen kann – oder sich schenken läßt. So war es bei Heidi Schoeller. Ihre Freunde waren froh, eine Idee für Mitbringsel zu haben, und beteiligten sich am allmählichen »Wachsen« des Gartens. Wer sammelt, sollte nie Scheu haben, einen entsprechenden Hinweis zu geben. Er erleichtert seinen Freunden die Wahl des Gastgeschenkes.

Muster lassen sich am besten mixen, wenn sie einer Farbpalette angehören

Weißes Geschirr wirkt immer elegant und gehört deshalb zur Grundausstattung

Auch die Vielfalt braucht Regeln

Allerdings muß man wissen, was man sammeln will. Die grundsätzliche Frage lautet: Will ich vereinheitlichen oder lieber bunt zusammenmixen? Im ersten Fall wird man ergänzen, wovon man bereits die meisten Teile hat. Wenn das nicht geht, weil zum Beispiel ein bestimmtes Muster nicht mehr lieferbar ist, so können Sie versuchen, wenigstens alle Teller, vielleicht auch Platten von einer Serie zusammenzubekommen. Die Schüsseln nehmen Sie dann aus einer anderen, möglichst neutralen Serie (Glas, weißes Porzellan oder Silber). Ein weiteres System ist es, für jeden Gang ein anderes Service zu benutzen. Zum Dessert hat man ja immer schon das Geschirr gewechselt. Gerade bei sehr formellen Tafeln bot das einen neuen Anreiz – und der Hausfrau die Möglichkeit, Phantasie zu beweisen.

Im Zweifelsfall läßt sich farbiges Geschirr immer mit weißem mischen, vorausgesetzt, es ist nicht zu elegant. Weiß ist auch richtig für alle, die sich noch nicht entscheiden können, welchen Weg sie einschlagen wollen. So war zum Beispiel Heidi Schoellers erstes Porzellanservice weiß. Und eine meiner Freundinnen hat sich nach vielen Jahren des Experimentierens mit den verschiedensten Mustern jetzt als »Nummer sicher« ein weißes Service zugelegt. Damit ist sie bis zum hochoffiziellen Abendessen richtig bestückt. Und wenn es legerer sein soll, dann läßt sich Weiß mit bunten Decken, Servietten und Blumen leicht »herunterspielen«.

Soviel zu den Fragen des Geschmacks. Entscheidender ist oft das Budget: Was kann ich mir leisten? Was nützt es, mit

Das große Einmaleins

dem teuersten Kristall, Porzellan und Silber anzufangen, wenn ich von vornherein weiß, daß ich es nie komplettieren kann? Außerdem müssen die Dinge zu mir passen. Bin ich der Typ, der gerne Silber putzt und Kristallgläser per Hand abwäscht? Oder habe ich eine Hilfe, die das für mich tut?

Sie sehen, es gibt im Vorfeld viel zu bedenken. Und der Maßstab aller Dinge – sind Sie! Allerdings gibt es auch einige Notwendigkeiten, an denen es nichts zu deuteln gibt. Wer acht Gäste zum Essen lädt, muß genügend Geschirr, Gläser und Besteck für sie haben – ob die Einzelteile nun zusammenpassen oder

Für jedes Getränk kann man ein anderes Glas nehmen – man muß es aber nicht.

1. Wasser,
2. junger Weißwein,
3. älterer Weißwein,
4. Südwein,
5. Chianti,
6. Burgunder,
7. Champagner,
8. Jahrgangs-
champagner,
9. Sherry, 10. Martini,
11. Rosé, 12. Sekt,
13. Cognac,
14. Schaumwein,
Spumante,
15. Schnaps

Welches Besteck wozu? Oben von links: Tafellöffel, -gabel und -messer; Dessertlöffel, -gabel und -messer (Löffel auch als Suppenlöffel zur Tasse, Gabel und Messer auch für Vorspeise oder Käse); Fischgabel und -messer; Kuchengabel und Kaffeelöffel; Mokkalöffel; Zuckerzange, Tortenheber

Unten von links: Tranchierbesteck; Saucenlöffel; Fleischgabel; Kartoffel- oder Gemüselöffel; Fischvorlegebesteck; Käsemesser; Salatbesteck; Suppenkelle; Spargelheber

nicht. Aber nicht für jedes Essen braucht man gleich viel Geschirr und Besteck. Manche Einladungen sind weniger aufwendig als andere. Da ein einfaches Mittagessen unter guten Freunden heute meist nur noch aus zwei Gängen besteht, dem Hauptgericht und einem Dessert, genügt dafür ein Minimum an Ausstattung. Für jeden Gast brauchen Sie

✳ einen Eßteller für den Hauptgang,
✳ einen Dessertteller,
✳ Messer und Gabel,
✳ einen kleineren Löffel plus Gabel als Dessertbesteck (bei einer Creme genügt auch nur ein Löffel),
✳ ein Wasser- und ein Weinglas.

Ein normales Abendessen hat heute nur einen Gang mehr: die Vorspeise. Dafür brauchen Sie

✳ ein Besteck aus Messer und Gabel, kleiner als das Eßbesteck
✳ oder einen Löffel, wenn es Suppe gibt
✳ oder ein Fischbesteck bzw. zwei Gabeln.

**Grund-
ausstattung**

Nehmen wir an, Sie können oder wollen nicht mehr als sechs Personen um Ihren Eßtisch versammeln – was am Anfang sowieso niemand tun sollte –, dann reicht Ihnen folgende Grundausstattung:

✳ 6 Wassergläser,
✳ 6 Weingläser (so neutral, daß sie sowohl für roten als auch für weißen Wein eingesetzt werden können),
✳ 6 Vorspeisenteller,
✳ 6 Eßteller,
✳ 6 Dessertteller,
✳ 6 Bestecke für die Vorspeise,
✳ 6 Bestecke für den Hauptgang,
✳ 6 Bestecke für das Dessert,
✳ 1 bis 2 Vorlegebestecke,

✳ 2 bis 3 Schüsseln (für Kartoffeln, Reis, Gemüse, Salat, Dessert),
✳ 2 Platten (für Fleisch oder Fisch, auch für Gemüse, Käse oder Obst),
✳ 6 Servietten,
✳ 6 Sets oder ein Tischtuch,
✳ 1 bis 2 Salzbehälter,
✳ 1 Pfeffermühle,
✳ 2 Kerzenständer (für Abendeinladungen).

Wer dies alles hat, ist für gängige Mittags- und Abendeinladungen gerüstet – vorausgesetzt, er berücksichtigt, daß sein Fundus begrenzt ist. Behelfen kann man sich, indem man manche Gegenstände für mehrere Zwecke einsetzt. So dient ein Wasserglas auch für einen Longdrink oder ein Bier. Und die Vorspeisenteller können für Salat verwendet werden – aber nur bei einem Zwei-Gänge-Menu, sonst werden sie ja schon für den ersten Gang gebraucht.

Bestecke zum Vorlegen sind meistens teurer als normale Eßbestecke, und weil sie größer sind, brauchen sie auch noch Extra-Platz in der Schublade. Deshalb ist es praktischer, zum Vorlegen jeweils

Manche Service-Teile lassen sich vielfältig verwenden.
Oben von links: Kaffeetassen und Untertassen; kleiner Teller (für Kuchen, Salat, Vorspeisen), Suppenteller; Suppentassen mit Teller; Speiseteller; Platzteller; Brotteller (auch für Salat, Dessert oder als Unterteller).
Unten von links: längliche Platte für Kuchen, Torten oder auch Käse; Schüsseln für Salate, Gemüse, Reis, Kartoffeln; Fleischplatten für Braten, Steaks, Wild, Geflügel

Woran man sparen kann

Das große Einmaleins

einen Speiselöffel mit einer Speisegabel zu verwenden. Sie haben also mehr davon, wenn Sie statt Vorlegebestecken lieber von Anfang an einige Teile von Ihrem normalen Besteck zusätzlich anschaffen. Die können Sie dann je nach Bedarf einsetzen: für ein normales Gedeck oder zum Anreichen von Speisen. Übrigens sind Vorlege- und Salatbestecke ideale Geschenke, die man sich wünschen kann. Da sie, egal, ob antik oder modern, meist besonders dekorativ sind, gelten sie sowieso als Einzelstücke und müssen sich Vorhandenem nicht anpassen.

Und was ist, wenn Sie Suppen-Spezialistin sind? Dann wollen Sie mit dieser Kunstfertigkeit natürlich brillieren. Für sechs Gäste brauchen Sie also
* 6 Suppenteller,
* 1 Suppenterrine mit Schöpflöffel
* und/oder 6 Suppentassen
mit Untertellern.

Welche Suppe wann?

Früher besagte die Regel, daß am Abend gebundene Suppen aus tiefen Tellern mit großen Löffeln gegessen werden, während feine klare Brühen (Consommés) für mittags gedacht waren. Sie gehörten in dünnwandigen Tassen mit mittelgroßem Löffel aufgetragen. Heute allerdings sind alle Varianten erlaubt – es hängt von Ihrer Vorliebe ab, was Sie sich anschaffen wollen. Bedenken Sie, daß Suppentassen mit Untertellern mehr Stauraum im Schrank beanspruchen. Es sei denn, Sie hängen die Suppen- genau wie die Kaffeetassen an Haken, die im Bord direkt über den passenden Untertellern angebracht sind. Ein Vorteil ist, daß die kleinen Teller bei einem eleganteren Essen auch als Brotteller dienen – oder als Unterteller für langstielige Glä-

ser, in denen zum Beispiel ein Shrimps-Cocktail als Vorspeise gereicht wird.

Es kommt ganz darauf an, wie Sie sich Ihre Zukunft als Gastgeberin vorstellen. Sie können für immer bei der Minimal-Ausstattung bleiben, oder Sie planen von vornherein, Ihre Kollektion auf das berühmte Dutzend, das früher gang und gäbe war, zu erweitern. Dann wären Sie in der Lage, auch einmal ein gesetztes Essen für zwölf Personen zu geben, was als die Spitze der Gastgeberkunst gilt. Denn mehr läßt sich in einem normalen Haushalt heute meist nicht bewältigen. Unter anderem auch deswegen nicht, weil kaum genügend Schrankraum vorhanden ist. Das ist ein Gesichtspunkt, der oft vergessen wird. Manch einer wäre vielleicht bereit und in der Lage, sich eine umfangreiche »Aussteuer« zuzulegen – aber wohin mit all den Schätzen? Da heißt es realistisch bleiben und sich beschränken. Andererseits hindert Sie niemand, bei Bedarf und Gelegenheit das Doppelte und Dreifache anzuschaffen, so daß Sie auch zwei oder drei Dutzend Gäste gleichzeitig bewirten können.

Hier eine Liste, wie eine Grundausstattung für zwölf Personen aussehen kann, wenn man wenig Platz hat, aber doch »formvollendet« empfangen möchte:
* 12 Mehrzweckgläser (für Drinks, Aperitif, Digestiv)
* 12 Wassergläser (hoch genug, so daß sie auch als Biergläser dienen können),
* 12 Sektgläser,
* 12 Weißweingläser,
* 12 Rotweingläser,
* 12 Vorspeisenteller,
* 12 Suppenteller oder Suppentassen mit Untertassen,

Vom Minimum zum Maximum

✳ 12 große Eßteller,

✳ 12 Salatteller,

✳ 12 Dessertteller,

✳ 12 kleine Bestecke für Vorspeisen,

✳ 12 Fischbestecke,

✳ 12 Fleischbestecke,

✳ 12 Dessertlöffel,

✳ 12 Dessertgabeln,

✳ 2 bis 3 unterschiedlich große Schüsseln für Beilagen,

✳ 4 unterschiedlich große Servierplatten,

✳ 2 Saucieren,

✳ 1 Salatschüssel,

✳ 2 Dessertschüsseln,

✳ 1 Käseplatte,

✳ 2 bis 3 Beilagenlöffel (bzw. große Eßlöffel),

✳ 4 Vorlegebestecke (bzw. Eßlöffel plus Gabel),

✳ 1 Salatbesteck,

✳ 1 Käsemesser.

Schmückende Platzteller

Daß Sie für jeden Gast auch eine Serviette und ein Set – sofern Sie nicht eine Tischdecke vorziehen – bereithalten, versteht sich von selbst. Die Anschaffung von Platztellern ist kein Muß, obwohl eine alte Regel besagt, daß der Gast stets vor einem Teller sitzen sollte. Diese Schmuckteller haben lediglich die Funktion,»den Platz zu halten«, und sind am besten nicht viel größer als der große flache Speiseteller. Es gibt sie zu jedem Geschirr passend zu kaufen. Beliebter jedoch sind farbige Keramik-, Zinn- und insbesondere Silberteller. Auf diese Platzteller können kleine sogenannte »Klapperdeckchen« gelegt werden – ihr Name besagt schon, welchem Zweck sie dienen: Sie sollen die Geräusche beim Tellerwechsel dämpfen und außerdem silberne Platzteller vor Kratzern schützen.

Wenn Sie große Braten oder Geflügel im Ganzen servieren und erst am Tisch zerteilen wollen, brauchen Sie auch ein Tranchierbesteck und eventuell eine stabile Geflügelschere. Fleischliebhaber bevorzugen statt der normalen Besteckmesser übrigens oft sogenannte Steakmesser, die sehr viel spitzer und schärfer sind und mit denen sich nicht nur ein Steak, sondern auch Wildgeflügel viel besser zerkleinern läßt. Diese speziellen Messer haben oft besonders hübsche Griffe und eignen sich deswegen auch gut für Käse oder Obst.

Für Salz und Pfeffer

Als unentbehrlich gelten Salz- und Pfefferbehälter. Einer alten Empfehlung zufolge rechnet man jeweils ein Paar für zwei Gäste. Heute jedoch geht es meist mit weniger, da aufgeklärte Esser zurückhaltend mit dem Salz umgehen. Heidi Schoeller hat die Erfahrung gemacht, daß bei Tisch nur noch ganz selten nachgewürzt wird. Ihre antiken Salzschiffchen dienen eher der Dekoration als der Benutzung. Die Bedeutung des Salzes beruht wahrscheinlich eher auf der Tatsache, daß das weiße Pulver früher selten und somit teuer war – und daß es besonders leicht vergiftet werden konnte. Deswegen wurde das Salz gemeinsam mit anderen kostbaren Ge-

Attraktives Accessoire: silberne Menage für Senf, Gewürzsalz, Essig und Öl

würzen lange Zeit hinter Schloß und Riegel, in der Kredenz, aufbewahrt. Ob Sie moderne Salz- und Pfefferstreuer (besser noch: kleine Mühlen) oder antike Schälchen mit passenden Löffeln parat halten, ist egal. Ein guter Ersatz sind im Bedarfsfall hübsche Eierbecher oder Schnapsgläser. Wichtig ist nur, daß allen offenen Behältern ein winziger Löffel zum Bedienen beigegeben wird. Antike Löffelchen haben meist eine goldene Laffe, weil Gold dem Salz länger standhält als Silber.

Die Vorspeisenteller und -bestecke können genausogut für Käse benutzt werden, selbst wenn Sie zwölf Gäste haben. In diesem Fall müssen Sie ohnehin eine Hilfe anheuern, und die kann während des Hauptgangs schnell die Vorspeisenteller abspülen, damit sie für den Käse wieder zur Verfügung stehen; auch das Vorspeisenbesteck wird rasch gespült und dann gekreuzt auf dem Teller liegend wieder für den Käse eingestellt. Oder Sie nehmen für die Vorspeise dieselben Teller wie fürs Dessert – auch in diesem Fall bleibt Zeit genug für einen schnellen Abwasch.

Utensilien mit vielen Funktionen

Die mittelgroßen Löffel, die zum Dessertbesteck gehören, begleiten auch die Suppen, die in Tassen serviert werden. So gibt es viele Teile, die verschiedene Funktionen ausüben können. Je mehr Sie ausprobieren, umso mehr Möglichkeiten werden Sie herausfinden. Ganz besonders dann, wenn es um Ergänzungen geht, die kein Muß, aber dennoch nahezu unentbehrlich sind. Wenn man (noch) keine schönen Silber- oder Porzellanbehälter für Knabberzeug wie Nüsse oder für Süßigkeiten wie Schokolade und Kekse besitzt, eignen sich Gläser dafür, etwa Champagner-Schalen, die einmal groß in Mode waren, jetzt aber verpönt sind, weil das edle Getränk darin allzuschnell schal wird. Cocktail Bellini hingegen wird manchmal noch in diesen Schalen serviert, und für cremige Desserts oder feine Vorspeisen wie Shrimps-Cocktail sind die hochstieligen weiten Gläser ideal.

Kerzenständer

Kerzenständer brauchen Sie auf jeden Fall. Mindestens zwei, wenn sie nur als Schmuck dienen sollen, weil der Eßtisch durch andere Lichtquellen ausreichend beleuchtet ist. Je mehr Kerzen Sie benutzen, umso festlicher wirkt Ihre Tafel (und umso weniger elektrisches Licht brauchen Sie). Deshalb werden bei offiziellen Essen am Abend oft mehrarmige Kandelaber eingesetzt, bei zwölf Personen zum Beispiel an jedem Tischende einer. Die einzige Regel, die es dabei zu beachten gilt: Die Kerzen müssen so hoch oder so niedrig stehen, daß sie keinem Gast vor den Augen flackern – und sie sollten für den jeweiligen Abend frisch angezündet werden.

Blumen

Manche Gastgeber verzichten aus »Geruchsgründen« auf Blumenschmuck auf dem Tisch, plazieren aber kunstvolle Arrangements auf benachbarten Sideboards oder Tischchen. Auch Gestecke, die ein Buffet zieren, sollten großzügiger ausfallen als Tafelschmuck. Wer Abwechslung liebt, zaubert die Stimmung der Jahreszeiten auf den Tisch: durch (nicht duftende!) Frühlingsblumen, durch farbintensive Sommerblumen, im Herbst durch Stilleben mit Laub und Trauben und im Winter durch weihnachtlich angehauchte Arrangements. Keinesfalls dürfen Blumendekorationen den Blick aufs Gegenüber verstellen.

Bestandsaufnahme

Aber bedenken Sie: Abends herrschen in Räumen ganz andere Lichtverhältnisse als tagsüber, und im Kunstlicht verändert sich die Wirkung der Blumen. So brauchen zum Beispiel kleinblumige Wildblüten das Sonnenlicht – sie eignen sich nicht für eine abendliche Dekoration. Für den Abend empfehlen sich große Blüten und helle Farben.

Centerpiece Immer schon gab es Gastgeberinnen, die für das Centerpiece – was soviel wie »Mittelstück« bedeutet – zeitlose Lösungen vorgezogen haben. Das kann von der dekorativen alten Suppenterrine mit Deckel bis zum bereits erwähnten Lenôtre-Garten aus Porzellan reichen. Ursprünglich war die Mitte der Tafel den Speisen vorbehalten, die alle zur gleichen Zeit aufgetragen wurden. Im 16. Jahrhundert bildete sich der »service à la française« heraus, bei dem drei Gänge (Vorspeise, Hauptgang und Dessert) aufeinanderfolgten. Jeder Gang bestand aus mindestens zwanzig Speisen, die gleichzeitig auf den Tisch kamen, und zwar in streng symmetrischer Anordnung in Terrinen, Ragoutschüsseln und kunstvoll dekoriert auf Schauplatten. Nach jedem Gang wurde komplett abgeräumt und wieder neu aufgetragen. Die Gäste bedienten einander, indem sie sich gegenseitig ihre Teller anreichten und um bestimmte Stücke baten. An weit entfernte Speisen jedoch kam der Gast selten heran, und so konnte es passieren, daß Gäste an einer langen Tafel ganz verschiedene Dinge aßen.

Ein Gang nach dem anderen Das änderte sich mit der Einführung des »service à la russe«, den angeblich ein russischer Gesandter Ende des 18. Jahrhunderts nach Paris gebracht hatte.

Blumenschmuck ist am schönsten – und preiswertesten –, wenn er der Jahreszeit angepaßt ist.

FRÜHJAHR: üppiges Bouquet aus Rosen

SOMMER: Mimosen und reife Zitrusfrüchte

HERBST: Weintrauben und welkes Laub

WINTER: Vogelfedern, Kastanien und Laub

97

Das große Einmaleins

Nun kamen die Speisen nicht mehr als Schaugerichte – die man manchmal in der Tat nur aus der Ferne anschauen konnte – in großer Anzahl gleichzeitig auf den Tisch, sondern ein Gang wurde nach dem anderen serviert, wie wir es auch heute noch halten. Jeder Gast bekam das Gleiche, säuberlich angerichtet auf vorgewärmten Tellern. Dadurch blieb die Tafelmitte frei, und die ungewohnte Leere forderte zu kreativen Dekorationen heraus. So entstand der Brauch des Tafelaufsatzes, auch Surtout genannt, der in den verschiedendsten Formen bis heute fortlebt. Mal waren es Konfektschalen, mal Silber- oder Bronzegegenstände, dann wieder Porzellanfiguren und schließlich Blumenarrangements, die den Tisch schmückten. Weltweit großes Aufsehen erregte der »service à la russe«, als der russische Zar während des Wiener Kongresses ein Gala-Diner in dieser neuartigen Façon servieren ließ.

Originelle und individuelle Tischdekorationen

Immer noch ist unser Auge darauf trainiert, in der Mitte der Tafel »Halt« zu finden: Dort ist fast immer ein Stück plaziert, das volle Aufmerksamkeit verdient. Das kann nach wie vor ein Blumengesteck sein, das so niedrig ist, daß der Blickkontakt mit den gegenübersitzenden Gästen nicht gestört ist. Das kann bei wenig Platz auch eine Obstschale sein, in der die Früchte zum Stilleben arrangiert wurden – was an die alte Tradition der Desserttafel erinnert, die aus Zucker gegossen und eher als Schaugericht denn als Nachspeise gedacht war. Alles, was besonders attraktiv oder appetitanregend wirkt, ist als Tafeldekoration willkommen. Das kann auch eine Schüssel mit Salat oder eine Etagere mit Süßigkeiten sein.

Kaffee im Salon

Wenn es nach den Regeln geht, dann wird der Kaffee nicht am Eßtisch serviert, ebensowenig wie der Aperitif. Aber diese »Vorschriften« wurden zu einer Zeit entwickelt, als jene Menschen, die in der Lage waren, Gäste zu bewirten, auch über große Häuser und ausreichend Personal verfügten. Das heißt nicht, daß diese Leitlinien heute überhaupt keinen Sinn mehr machen. Natürlich ist es immer noch angenehmer, wenn die Gäste sich zum Kaffee in ein anderes Zimmer zurückziehen können, während der Eßtisch abgeräumt wird. Die Hausfrau kann dann ungestört jedem persönlich den Kaffee einschenken. Wenn aber weder Zimmerfluchten noch Personal zur Verfügung stehen, dann muß man sich eben anders behelfen. Heidi Schoeller reicht den Kaffee ausnahmsweise auch am Eßtisch, wenn ein Gespräch gerade so interessant ist, daß man es auf gar keinen Fall unterbrechen sollte. Normalerweise aber ist das Aufheben der Tafel auch dazu gedacht, daß die Gäste sich neu formieren und »frischer Wind« in die Unterhaltung kommt.

Tassen und Kannen

Selbstverständlich soll auf der »Wunschliste« alles stehen, was in naher oder ferner Zukunft zu einer perfekten Ausstattung gehört. Ergänzen wir also unseren imaginären Einkaufszettel um
* 12 Mokkatassen,
* 12 Mokkalöffel,
* 1 Kaffeekanne,
* 1 Zuckerdose,
* 1 Milchkännchen.

Und wenn es ganz perfekt sein soll, brauchen wir auch noch
* 1 Teekanne und
* 6 Teetassen.

Denn dank der Fitneß- und Gesundheitswelle verzichten heute immer mehr Menschen auf Kaffee. Viele nehmen nicht einmal mehr schwarzen Tee, sondern bitten um eine »Infusion«, um einen Kräutertee also. Darauf sollte der moderne Gastgeber vorbereitet sein.

Da Kaffee, Tee und Schokolade bei ihrer Einführung in Europa Anfang des 18. Jahrhunderts fast unerschwinglich teuer waren und daher als das Nonplusultra an Chic und Luxus galten, provozierten sie die Sammelwut der Reichen.

Nützliches Zubehör

Zum kompletten Mokka- oder Teeservice gehört ein Rechaud, auf dem das Getränk warmgehalten wird. Denken Sie daran, wenn Sie sich Ihre Ausstattung aus Einzelteilen zusammenstellen. Der Rechaud kann sich außerdem auf dem Eßtisch nützlich machen: zum Beispiel um zerlassene Butter zu Spargel oder Fisch heiß zu halten. Manchmal genügt ein Teelicht nicht; es gibt Rechauds, die mit zwei oder drei Lichtern bestückt werden und für große Platten ausreichen. Noch praktischer sind kleine Rechauds, die sich nahezu »endlos« zusammensetzen lassen und so von der einzelnen Kanne bis hin zu einem gesamten Menu praktisch alles auf der richtigen Temperatur halten können. Bewährt haben sich auch elektrische Platten in verschiedenen Größen und Formen, um Teller anzuwärmen oder Speisen warmzuhalten. Solche Geräte sind wichtig, wenn man keine Hilfe in der Küche hat und deswegen nur vorbereitete Speisen serviert.

Was braucht der aufmerksame Gastgeber sonst noch? Ein paar Gefäße für Nüßchen, Pralinen oder Kekse. Üblich ist es, salziges Knabberzeug zum Aperitif anzubieten. In Amerika stehen meistens auch während des Essens kleine Schalen mit Schoko-Spezialitäten auf dem Tisch – und erstaunlicherweise sind sie fast immer schnell geleert, selbst wenn das Menu noch so üppig ist. In Europa ist es üblich, erst nach Tisch zum Kaffee Süßes zu reichen. Wie auch immer: Sie brauchen ein paar Gläser oder Schälchen für Knabbereien.

Aschenbecher zuletzt

Und einige Aschenbecher – es sei denn, Sie sind militanter Nichtraucher. Heidi Schoeller zum Beispiel, die selber keine Zigarette anrührt, stellt einige kleine Aschenbecher, zusammen mit Zigaretten in schmalen Silberbechern und jeweils einer kleinen Streichholzschachtel auf den Eßtisch, in der Hoffnung jedoch, daß auch die »Süchtigsten« wenigstens bis nach dem Hauptgang warten. Das Rauchen in ihren Räumen ganz zu verbieten, würde ihr nie einfallen: »Dann würden sich viele interessante Menschen bei mir nicht mehr wohlfühlen. Als Gastgeber muß man tolerant sein …« Manche Gastgeber bringen Aschenbecher und Zigaretten erst nach dem Hauptgang auf den Tisch.

Zum Aperitif oder Digestiv edle Getränke in alten Kristallkaraffen

Jeder Gastgeber hat »Hausaufgaben«
zu bewältigen: Einladungen, Placements, Tisch-
und Menukarten müssen geschrieben werden.
Manche entwickeln daraus
eine regelrechte Kunst

Einladen: wen, wie, wann und wozu?

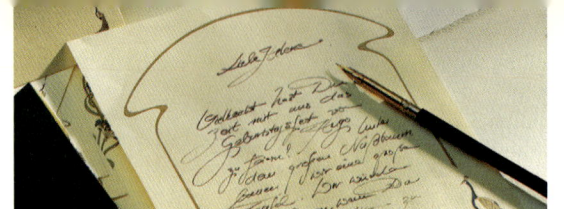

Das große Einmaleins

Eine Liste ist aller Gastlichkeit Anfang: Darauf stehen all jene, die ich einladen will, und all jene, die ich einladen muß.

Je mehr Namen Sie notieren, umso besser. Selbst wenn Ihre Wohnung winzig ist und Sie nicht die Absicht haben, jemals mehr als sechs Personen (und auch das nur zwei-, dreimal im Jahr) zu Gast zu haben, können Listen nicht schaden. Und sei es nur, um Ihnen zu zeigen, wie viele sympathische Menschen Sie kennen … Da lohnt sich doch das Gastgeben! Ganz abgesehen davon werden Sie die Namen der Personen, die Ihnen am interessantesten erscheinen, im entscheidenden Moment nicht parat haben. Das ist immer so. Erst hinterher fällt uns ein, wer einem bestimmten Abend die richtige Würze gegeben hätte – und wen man schon immer mal mit wem zusammenbringen wollte.

Üben und planen

Ganz gleichgültig, ob Sie als Gastgeberin erst am Anfang stehen oder bereits Erfahrungen gesammelt haben – planen Sie! Soll es eine Pflicht- oder eine Kür-Einladung werden oder eine Mischung aus Wollen und Müssen? Viele oder wenige Gäste? Eher große Party oder intimes Dinner? Mittags oder abends? Großes oder kleines Budget? Mit oder ohne Personal? Wollen Sie selber kochen oder den Catering-Service kommen lassen?

All das müssen Sie für sich selbst im Vorfeld klären. Es gibt zwei sehr entgegengesetzte, aber gleich gute Möglichkeiten, seinen »Einstieg« als Gastgeber zu wagen: Wenn Sie erst einmal »in einem Aufwasch« viel abhaken wollen, dann geben Sie eine Cocktailparty oder (wenn Sie sich für Essenseinladungen revanchieren müssen) ein Buffet Dinner (siehe Seite 77); wollen Sie hingegen die Kunst des gesetzten Essens üben, dann beginnen Sie am besten mit einem »Ladies' Lunch« (Seite 142ff.), einem Mittagessen für einige Frauen, die Ihnen privat oder beruflich nahestehen.

Wenn Sie die große Party wählen, dann beachten Sie das Datum. Am besten besorgen Sie sich den Veranstaltungskalender Ihrer Stadt, damit Sie Ihre Einladung nicht gerade auf den Abend legen, an dem große Ereignisse stattfinden: Fußball-Endspiele, Tennisturniere, Gastspiele berühmter Künstler, rare Konzerte, Theater-Premieren, Ausstellungseröffnungen … Schon so manche Party wurde zum Flop, weil sie für den falschen Tag angesetzt war, und so mancher Gastgeber verzweifelte, weil er die vielen Absagen als persönlichen Affront ansah – während die potentiellen Gäste in Wirklichkeit nur bereits »verplant« waren.

Das Datum ist wichtig

Bei einer Riesen-Party sind sechs bis acht Wochen als Frist zu empfehlen, ansonsten sollte die Einladung etwa vier Wochen vorher eintreffen. Denn dann haben Sie bei Absagen – und mit 20 bis 30 Prozent müssen Sie immer rechnen – noch Zeit genug für »Nachrücker«.

Lädt man nur einen kleinen Kreis, kann man mit weniger Absagen rechnen. Dafür aber ist die Balance leichter gestört, besonders bei einem gesetzten Essen. Im Frankreich des 19. Jahrhunderts gab es deshalb die Einrichtung des »Quatorzième«: Dabei handelte es sich

Einladen: wen, wie, wann und wozu?

um eine Person, die man auch noch in allerletzter Minute zu einem Abendessen laden konnte. Damals galt die Zahl 14 als ideale Tischrunde – und die 13 als Unglückszahl! Natürlich passierte es sehr oft, daß jemand erst am Tage selbst absagen mußte, zum Beispiel wegen Krankheit. Dann konnte die Dame des Hauses nach ihrem »Quatorzième« schicken, der zwischen 17 und 21 Uhr bei sich zu Hause darauf wartete, ob er als »Vierzehnter« gebraucht wurde. Für diese Aufgabe kam nur jemand in Frage, der sich durch umfassende Bildung auszeichnete. Oft war das ein armer Student mit guten Manieren, einem Abendanzug und einer ausgeprägten Begabung für Konversation, der sich auf diese Art und Weise im wahrsten Sinne des Wortes »ein Zubrot verdiente«.

Keine starren Regeln

Leider gibt es diese hilfreiche Einrichtung des »Quatorzième« heute nicht mehr. Dafür ist das Einladen insgesamt einfacher geworden. So wird zum Beispiel die starre Regel, daß immer ein Herr neben einer Dame zu sitzen habe, nicht mehr ganz so streng betrachtet. Insbesondere bei größeren Gesellschaften mit Zu- und Absagen bis zum letzten Moment würde das eine Logistik erfordern, die man vielleicht von Generälen, nicht aber von modernen Gastgebern erwarten kann – die Gäste haben dann auch Verständnis, wenn einmal zwei Herren oder zwei Damen nebeneinander zu sitzen kommen. Je kleiner die Runde, desto genauer sollte die Sitzordnung allerdings aufgehen; ist bei 14 Gästen eine Dame zuviel, plaziert sie Gastgeberin Heidi Schoeller, sozusagen als »kleines Trostpflaster« für den entgangenen Tischherrn, zu ihrer Linken.

Hauptsache, die Gäste haben einander etwas zu sagen. Aber nicht etwa, weil sie sich alle schon seit Ewigkeiten kennen oder gar denselben Beruf haben. Solche Runden riskieren, tödlich langweilig zu sein. Besser sind unerwartete Mischungen. Deshalb gibt Heidi Schoeller besonders gern ein Essen *für* jemanden, weil man dann alle Personen um diesen Ehrengast herumgruppiert und sich dadurch automatisch neue Zusammenstellungen ergeben. In diesem Fall kann man ausnahmsweise sogar einmal einen Fremden zum Essen ins Haus bitten, entweder auf Wunsch des Ehrengastes oder als Überraschung für ihn.

Einen Fremden einladen?

Je kleiner die Runde und je lockerer die Gestaltung eines Abends, desto unkomplizierter ist es mit den Einladungen. Erst ab zehn Personen ist es angemessen, schriftlich zu bitten. Bei sechs bis acht Gästen gibt man mündlich oder telefonisch ein paar Tage vorher Bescheid. Ein Abend mit künstlerischen Einlagen muß auch nicht unbedingt langfristig vorgeplant werden, weil die Anzahl und Zusammensetzung der Gäste in diesem Fall nicht so entscheidend für das Gelingen sind – sondern das Programm. Wer spontan eine Idee und Lust hat, kann kurzfristig einladen. Sogar per Telefon oder Fax.

Was zu Bismarcks Zeiten leider noch nicht möglich war, dem ungeduldigen Preußen aber wahrscheinlich gefallen hätte. Jedenfalls mokierte er sich darüber, daß es in Frankfurt am Main, dem damaligen Sitz des Bundestages, in der Mitte des vorigen Jahrhunderts üblich war, acht bis zehn Tage vorher ein Abendessen zu annoncieren. Spöttisch sagte er dem alten Rothschild Baron

Wie lange vorher?

Das große Einmaleins

Amschel sein Kommen zu – vorausgesetzt, daß er bis dahin noch lebe …

Übliche Fristen Heute haben sich folgende »Einladungsfristen« eingebürgert:

✳ zwei bis drei Wochen vor einem geschäftlichen oder gesellschaftlichen Mittagessen,

✳ drei bis vier Wochen vor einer Cocktailparty,

✳ zwei Wochen vor einem informellen Abendessen,

✳ vier bis sechs Wochen vor einem wichtigen geschäftlichen oder gesellschaftlichen Abendessen mit bestimmtem Anlaß,

✳ sechs bis acht Wochen vor einer Taufe und ähnlichen Familienfeiern,

✳ zehn bis zwölf Wochen vor einer großen Hochzeit oder einem Ball,

✳ drei bis sechs Monate vor einer großen außergewöhnlichen Feier, zum Beispiel einem hundertjährigen Firmenjubiläum (in diesem Fall schickt man eine Karte mit dem Text »Bitte reservieren Sie Freitag, den …, Einladung folgt«. Die Einladung mit allen genauen Angaben muß dann spätestens vier Wochen vor der Veranstaltung verschickt werden).

Der ideale Tag

Wichtig bleibt in allen Fällen die Wahl des Tages. Sogar dann, wenn Sie »nur« zu einem Mittagessen einladen. Freitags zum Beispiel wollen viele schon am frühen Nachmittag ins Wochenende fahren, und ein Lunch käme ihnen äußerst ungelegen. Ähnlich kann es montags sein: Da kommen manche erst spät aus dem Wochenende zurück und wollen oder können sich keine Unterbrechung des Arbeitstages mehr leisten.

Mit den Abendeinladungen ist das auch so eine Sache. Früher galten der Freitag und der Samstag als ideale Party-Tage,

Heidi Schoellers Schreibtisch mit Partybuch (links), Tisch- und Menukarten

weil jeder am nächsten Morgen ausschlafen konnte. Viele »Städter« werden heutzutage jedoch solche Einladungen absagen, weil ihnen ihr Wochenende mit der Familie heilig ist oder sie ihr Wochenende lieber auf dem Land verbringen. Damit sind dann allerdings jene im Vorteil, die außerhalb der Stadt wohnen und zu denen sich während der Woche nur selten Gästen »verirren«; sie laden am Wochenende zu Brunch oder Grillfest ein.

Immer wieder Donnerstag?

In der Stadt hat sich der Donnerstag als guter »Feiertag« herauskristallisiert. Aber nun haben auch die Kaufleute, Galeristen und Museumsdirektoren diesen Tag für sich entdeckt und halten ihre Türen dann besonders lang geöffnet. Das muß nicht unbedingt ein Nachteil sein: Wer einmal unterwegs ist, unternimmt vielleicht gerne auch noch mehr. Aber dann müßten alle privaten Einladungen sehr viel später beginnen. Für Berufstätige ist das nicht gerade ideal. Wegen der vielfältigen »Konkurrenz« gibt Heidi Schoeller donnerstags keine großen Einladungen mehr. Lieber wählt sie den unauffälligen Montag.

Wenn es um einen bestimmten Anlaß geht, bleibt natürlich keine Wahl. Ein Geburtstag oder ein Jubiläum hat nun einmal ein festes Datum, und auch die Ankunft eines seltenen Besuches von weither wird man nicht beeinflussen können. Aber man kann im Vorfeld prüfen, wer an dem entscheidenden Tag frei sein wird und dementsprechend einen größeren oder kleineren Rahmen wählen. Solche Überlegungen zum Beispiel zeichnen den besonders umsichtigen Gastgeber aus. Leider wird das selten bemerkt und gewürdigt.

Telefonisch einzuladen ist kein Zeichen von Bequemlichkeit, sondern eher von Freundschaft. Wen man gut kennt, den will man eben auch spontan zu sich bitten können – etwa weil man einen großen Braten oder die erste Ernte aus dem eigenen Garten teilen oder den gerade eingetroffenen neuen Wein mit Freunden probieren möchte. Das Telefonieren kann auch nützlich sein, um ein Datum festzulegen, an dem möglichst alle kommen können.

Unter Freunden per Telefon

In diesem Fall empfiehlt es sich aber, die Abmachung mit einem »Reminder« (einer Erinnerungskarte) zusätzlich zu bestätigen. Diese Karte sieht aus wie eine ganz normale Einladung, mit einem kleinen Unterschied: Das Kürzel »U. A. w. g.« (um Antwort wird gebeten) in der linken unteren Ecke ist durchgestrichen und durch ein handschriftliches »z. E.« (zur Erinnerung) ersetzt. Häufiger noch ist die international übliche Abkürzung »R. s. v. p.« (Répondez s'il vous plaît, die französische Bitte um Antwort) zu finden. Dann wird ein »p. m.« (pour mémoire, zur Erinnerung) angefügt. Da Französisch die Sprache der Diplomatie und der Gastronomie ist, haben sich international die französischen Kürzel durchgesetzt, und sie zu verwenden, gilt als eleganter. Wie auch immer – antworten muß der Geladene nicht mehr, er hat ja bereits telefonisch zugesagt.

Bei ganz kurzfristigen Einladungen bürgert sich jetzt auch schon der Brauch ein, per Fax im Vorfeld zu sondieren, wer an dem vorgesehen Datum kommen kann. Besonders bei vielbeschäftigten Menschen funktioniert das reibungsloser als das Hinterhertelefonie-

Und per Fax?

Das große Einmaleins

ren. Bei Zusagen wird die korrekte Einladungskarte dann als »Reminder« per Post ins Haus geschickt.

Per Visitenkarte Unkompliziert ist auch die Einladung per Visitenkarte (die private natürlich, nicht die geschäftliche), die sich heute mehr und mehr durchsetzt. Ursprünglich war das eine »Besuchskarte«, die man dort zurückließ, wo man einen Besuch abgestattet hatte. Es war genau vorgeschrieben, wie die Karte auszusehen hatte und wie viele davon man jeweils hinterlassen mußte (ein verheirateter Mann zum Beispiel gab an einen ebenfalls verheirateten Mann zwei Karten von sich und eine von seiner Frau). Traf man niemanden an, hinterließ man die Karte nicht, ohne die rechte Kante nach vorne umgeknickt zu haben – Zeichen dafür, daß man persönlich vorbeigeschaut hatte. So ist es auch heute noch für das diplomatische Corps vorgeschrieben.

Knapp und präzise Privatpersonen jedoch gehen mit (privaten!) Visitenkarten ganz anders um. Unter anderem dienen sie ihnen auch als Einladungskarten. Indem sie zum Beispiel unter ihrem gedruckten Namen handschriftlich eintragen: »bittet Hermann und Luise am 21. Juli ab 19 Uhr zum Sommerwein«. Das ist kurz – viel Platz bleibt ja auch nicht auf der Karte – und präzise – jeder weiß sofort, wann und wozu er eingeladen ist. Wenn auch noch eine Telefonnummer dabeisteht, unter der man zu- oder absagen kann, dann sind alle Kriterien für eine Einladung unter Freunden erfüllt. Steht man sich nicht so nahe, genügen natürlich die Vornamen allein nicht. Offiziell lädt man »Herrn und Frau Soundso« ein. Aber auch das kann man durchaus

auf einer Visitenkarte tun, insbesondere wenn es sich um eine Doppelkarte handelt, auf der außen Name und Adresse stehen, während die Innenseite für handschriftliche Nachrichten freigehalten ist. Diese Karten sind sehr vielseitig, da man sie auch für kurze Dankschreiben und für Begleitworte zu Blumen oder Geschenken nutzen kann. Ähnlich praktisch sind sogenannte Briefkarten im DIN-A-5-Querformat, die nur mit dem eigenen Namen bedruckt sind.

Fünf wichtige Regeln Früher gehörte es zum guten Ton, jede Einladung und auch den dazugehörigen Umschlag per Hand zu beschriften – und zwar mit einem Füller, der, mehr als moderne Schreibgeräte, dem Schriftbild Charakter verleiht. Natürlich gilt das auch heute noch als das Nonplusultra an gutem Benehmen – vorausgesetzt, die Handschrift ist leserlich. Denn Deutlichkeit ist das Allerwichtigste. Auf einen Blick muß zu erkennen sein: Wer lädt wen wozu, wann und wohin ein?

Hier eine Erläuterung der fünf wichtigen »Ws«:

✳ WER: Das sind die Gastgeber (natürlich kann das auch eine einzelne Gastgeberin oder ein einzelner Gastgeber sein). Dieser Name gehört ganz oben auf jede Einladungskarte, egal, ob sie gedruckt oder per Hand geschrieben ist.

✳ WEN: Das betrifft den oder die Geladenen. Früher ging es dabei ausschließlich um Männer allein (Herrenabend) oder um Ehepaare. Heute werden auch Damen, insbesondere berufstätige, einzeln eingeladen. Und da es der Paarungen viele gibt, die längst nicht mehr gesellschaftlich ignoriert werden und Alleinstehende häufig mit Freundin oder Freund kommen, entsteht oft ein Problem. Die Bayerische Staatskanzlei zum Beispiel zieht sich aus der Affäre, indem sie schreibt: »Die Einladung gilt für zwei Personen«. So wird es bei großen offiziellen Empfängen, Parties und Bällen, wo es keine feste Tischordnung gibt, durchaus gemacht. Dem Eingeladenen steht es dann frei, wen er mitbringt. Degradierend wirkt es, wenn in der Einladung »und Begleitperson« zu lesen ist. Wer möchte schon als namenloses Anhängsel auftreten?

Die Gäste vorher kennen

Wer in sein Haus lädt, hat ein Recht zu wissen, wen er bewirtet. Bei einer Cocktailparty wird er das sicher nicht so eng sehen und nach einer kurzen telefonischen Anfrage des Gastes, der jemanden mitbringen möchte, auch ein neues Gesicht begrüßen. Bei einem gesetzten Essen im kleinen Kreis dagegen möchte der Gastgeber seine Gäste vorher kennen. Wenn er nicht weiß, wer mit wem kommen möchte, wird er vorher anfragen. Auf der Einladungskarte und auch auf der Tischkarte steht dann der volle Namen – und nicht etwa »Begleitperson«. Daß dem Gastgeber letztlich die Entscheidung obliegt, wen er in seinem Haus begrüßen möchte, ist verständlich, denn gerade ein kleiner Gästekreis muß aufeinander abgestimmt sein und zusammenpassen. Ehepaare und Verlobte werden immer gemeinsam eingeladen; bei Singles sollte dem Gastgeber die Entscheidung überlassen werden, ob er den Geladenen allein oder in Begleitung haben möchte, denn es kann sein, daß gerade noch ein einzelner Herr oder eine einzelne Dame zur Komplettierung einer harmonischen Runde fehlt.

❋ WOZU: Damit ist die Art der Einladung beschrieben, zum Beispiel Cocktail oder Abendessen.

❋ WANN: Datum, Uhrzeit und am besten auch den Wochentag angeben, etwa »am Mittwoch, dem 12. April 1995«, damit wirklich keine Mißverständnisse auftreten können. Der Name des Monats wird übrigens ausgeschrieben. Und wer es ganz fein halten will, bezeichnet auch den Tag nicht mit Ziffern, sondern schreibt ihn aus: zwölfter April. In Amerika jedenfalls ist es so gang und gäbe.

Unmiß-verständlich

❋ WOHIN: Hier ist die genaue Anschrift des Gastgebers oder der Lokalität, falls die Einladung in einem Restaurant oder Hotel stattfindet, gefragt. Auch die Telefonnummer darf nicht fehlen, wobei es durchaus üblich ist, einen Anrufbeantworter damit zu »beauftragen«, alle Zu- und Absagen aufzunehmen. Bei persönlicher Annahme aller Anrufe kann es leicht passieren, daß der Gastgeber von früh bis spät in freundschaftliche Schwätzchen verwickelt wird – während er sich doch längst um die Festvorbereitungen kümmern sollte. Sollen die Antworten an ein Büro gehen, so muß auch diese Anschrift und Telefonnummer angegeben werden. Am liebsten sind jedem Gastgeber schriftliche Antworten. Um dies zu erleichtern, legt man vorgedruckte Antwortkarten bei, die in gutsortierten Schreibwarengeschäften erhältlich sind. Antwortkarten kann man mit jeder Einladung verschicken, also mit Einladungen zum Sektempfang, zum Cocktail, zum großen Essen, wenn sehr viele Gäste (50 oder mehr) erwartet werden.

Das große Einmaleins

Häufig wird die Bitte um Antwort (U. A. w. g. oder R. s. v. p.), die sich in der linken unteren Ecke der Einladungskarte befindet, mit einem Datum versehen, zum Beispiel »bis zum 20. März«. Diese Frist muß besonders bei größeren und bei offiziellen Veranstaltungen gesetzt werden, damit Nacheinladungen und eine genaue Planung möglich sind. Manchmal steht neben der Bitte um Antwort auch die Bemerkung »nur bei Absagen«. Das kann die Prozedur bei großen offiziellen Empfängen erheblich vereinfachen; bei Privateinladungen ist dieser Zusatz jedoch nicht angebracht.

Kleider-vorschrift

Wer Wert darauf legt, die Gäste in bestimmter Kleidung bei sich zu empfangen, gibt dies unter der Bitte um Antwort an (siehe dazu auch Seite 110ff.). Traditionellerweise wird nur von den Herren gesprochen, die Damen haben sich dem anzupassen. Die offiziellen Angaben lauten: Blazer, dunkler Anzug, Smoking oder Frack. Der Frack ist ein eleganter Abendanzug und wird nur noch bei ganz großen Bällen, eleganten Hochzeitsoireen, beim Neujahrsempfang der Regierung und bei Staatsempfängen erwartet; zum Frack können Orden am Band getragen werden. Die Begleiterin ist dann aufgefordert, ihr prächtigstes langes Abendkleid anzuziehen; auch sie kann eventuell vorhandene Orden anheften. Fast immer allerdings ist zu solchen Veranstaltungen heute auch der Smoking (allerdings mit Orden in Miniatur) zugelassen. Nach alter Regel bedeutet das, daß die Dame im kurzen Abendkleid (Cocktailkleid) kommt oder im schmalen Dinnerkleid, das lang und ohne großes Dekolleté ist. Während zum dunklen Anzug offiziell

das »kleine Schwarze« oder ein entsprechend elegantes Kostüm gehört. Der Blazer gilt als »sportlich-elegant«, die Dame darf sich also nicht allzu elegant, aber auch nicht lässig kleiden. Bei festlichen Anlässen wie einer großen Hochzeit oder einem Staatsempfang ist tagsüber manchmal auch noch der Cutaway (kurz Cut) angegeben; die Dame trägt dann ein elegantes Tailleur mit Hut und Handschuhen. Wer keinen Cut besitzt, kann ihn durch einen dunklen Anzug ersetzen. In Bayern trägt man auch heute noch gerne Tracht, wobei nur eines zu beachten ist: tagsüber ländlich, abends festlich. Ein aufwendiges Dirndl kann durchaus ein Abendkleid ersetzen.

Formeller Code

Der Kleider-Code ist nicht mehr so rigide wie früher, als bereits die Formulierung der Einladung gleichzeitig Kleidervorschrift war. Wenn es sehr formell hieß »geben sich die Ehre«, dann wußte man, daß Frack angesagt war. Das Wort »bitten« dagegen bedeutete, daß der weniger steife Smoking genügte. Schrieben die Gastgeber »würden sich freuen … bei sich zu sehen«, so konnte der Gast im normalen Straßenanzug erscheinen.

Diese Formulierungen finden wir auch heute noch auf Einladungskarten, sie geben jedoch keinen Hinweis mehr auf die erwünschte Kleidung. Nicht einmal mehr auf die Art der Veranstaltung. Wer will, kann sich ganz formell zum legeren Brunch »die Ehre geben« und damit die Erwartungen der Gäste hochschrauben, während ein anderer selbst zu einem hocheleganten Hochzeitsball schlicht »bittet«. Im Zweifelsfall muß der Gast nachfragen.

Einladen: wen, wie, wann und wozu?

Einladungs-
karten

Für offizielle Einladungen wählt man am besten weißen Karton oder Büttenpapier. Für private Feten kann man natürlich auch farbige Karten oder Kunstpostkarten nehmen; und wer eine Party unter einem bestimmten Motto veranstaltet, entwirft vielleicht selber phantasievolle Einladungen, die bereits auf den Abend einstimmen.

Wer oft einlädt, für den lohnt es sich, eigene Karten drucken zu lassen. Üblich ist weißer Karton mit englischer Schreibschrift, die sozusagen die ehemals vorgeschriebene Handschrift »imitiert«. Mehr und mehr setzen sich allerdings auch weniger verschnörkelte moderne Druckschriften durch. Ein Vordruck kann zum Beispiel so aussehen:

Herr und Frau Thomas Bauer
bitten

_____

_____

zu _____

am _____ um _____ Uhr

U. A. w. g.

Veilchenweg 26
81675 München
Telefon (089) 98128

Die Freiräume werden mit den entsprechenden Angaben ausgefüllt. Heute lassen das manche schon von der Sekretärin mit der Schreibmaschine erledigen, wenn es sich um große Einladungen mit zahlreichen Gästen handelt. Die Karte an den eventuellen Ehrengast allerdings sollte auch dann per Hand ausgefüllt werden. Im allgemeinen wirkt es aber doch höflicher und persönlicher, Karten und Umschläge per Hand zu beschriften. Offenbar geht dieser Eindruck zurück auf die frühen, aber bis in die Gegenwart hinein wirkenden Vorbehalte gegen alles Gedruckte. So wies zum Beispiel der preußische Minister Graf Hagen den gedruckten Geburtstagswunsch eines Untergebenen mit den Worten zurück: »Sie wissen doch, ich lese nichts Gedrucktes, geben Sie mir das schriftlich!«

Alle Titel
in der
Anschrift

In der Anschrift auf dem Kuvert werden akademische Titel oder Ehrentitel, Berufs-, Amts- oder Funktionsbezeichnungen genannt, vom Doktor über den Ehrenvorsitzenden bis zum Direktor. In der Einladungskarte oder Briefanrede dagegen nennt man in Deutschland nur jene Titel, die als Bestandteil des Namens gelten – das sind der Baron und die Gräfin, aber auch der Doktor oder der Professor. Auf dem Briefumschlag dürfen Titel übrigens abgekürzt werden, und natürlich stehen sie nur dem zu, der sie auch erworben hat. Zum Beispiel: Herrn Prof. Dr. Albert Huber und Frau Erika Huber oder Herrn Staatsminister Hans Meyer und Frau Dr. Elisabeth Meyer. In der schriftlichen Anrede werden Titel wie Professor und Doktor ausgeschrieben – und natürlich auch das kleine Prädikat »von«. In der mündlichen Anrede verwendet man bei uns die Titel Professor oder Doktor ebenfalls, genauso wie Adelstitel. Aber man sagt nicht »Herr Baron« oder »Frau Gräfin«, sondern schlicht »Baron« oder »Gräfin«.

Statt der Formel »Herr und Frau Soundso bitten zum …« (siehe Beispiel 2) kann es auch heißen »Herr und Frau

Das große Einmaleins

Soundso würden sich freuen, Herrn und Frau Sowieso zum … bei sich zu sehen« (siehe Beispiel 3). Die formellste Version lautet »Herr und Frau Soundso geben sich die Ehre, Herrn und Frau Soundso am … zum … einzuladen« (siehe Beispiel 1).

Dame zuerst?

Eigentlich fordert gerade die formelle Höflichkeit, daß die Dame immer zuerst genannt wird. Und bei Briefanreden ist das auch so. Bei Einladungen jedoch steht der Herr an erster Stelle, und die Ehefrau fungiert traditionell als sein »Anhängsel«, dem nicht unbedingt ein eigener Vorname zugestanden wird. So ist es nach wie vor üblich. Absolut aus dem Rahmen fällt das Ehepaar, das auf Einladungen unter zwei verschiedenen Namen auftritt – und die Frau auch noch an erster Stelle. Natürlich macht ein solcher Auftritt nur dann Sinn, wenn die Frau unter ihrem Mädchennamen beruflich Karriere gemacht hat. Hat sie dagegen bei der Heirat den Namen ihres Mannes angenommen (was früher gesetzlich vorgeschrieben war), dann wäre es etwas albern, bei Einladungen plötzlich mit dem Mädchennamen, der natürlich niemandem geläufig ist, zu firmieren. Dennoch ist es zeitgemäßer, wenn sowohl beim gastgebenden als auch beim eingeladenen Paar wenigstens der Vorname der Frau genannt wird. So bittet man zum Beispiel »Herrn Thomas Bauer und Frau Evelyn Bauer«. Trägt einer von beiden einen Titel, gehört sich ohnehin die getrennte Anrede, etwa »Herrn Julius Kaufmann und Frau Dr. Eva Kaufmann«.

Bei Freunden genügt der Vorname

Freunde spricht man auch auf Einladungskarten nur mit ihrem Vornamen an, und in diesem Fall streicht man auf vorgedruckten Karten den eigenen Familiennamen durch, weil die Form der Anrede grundsätzlich dem vorgegebenen Text entsprechen sollte (siehe Beispiel 4).

① *Herr und Frau Thomas Bauer*
geben sich die Ehre
Herrn Dr. Heinrich Helmer und
Frau Erika Helmer
zu *einem Abendessen mit anschließendem Tanz*
am *Freitag, dem 2. April 1994* um *19.30* Uhr
einzuladen.

U. A. w. g. *bis 21. 3. 94*
Smoking
Veilchenweg 26
81675 München
Telefon (089) 98128

② *Herr und Frau Thomas Bauer*
bitten
Herrn und Frau
Sebastian Kobler
zu *einem Abendessen*
am *Dienstag, dem 1. März 1994* um *20.00* Uhr

U. A. w. g. *bis 25. 2. 94*
Dunkler Anzug
Veilchenweg 26
81675 München
Telefon (089) 98128

③ *Thomas und Evelyn Bauer*
würden sich freuen
Peter und Marion Jung
zu *einem Buffet-Diner*
am *Montag, dem 1. Mai 1994* um *20.00* Uhr
zu sehen.

U. A. w. g. *bis 25. 4. 94*
Dunkler Anzug
oder Blazer
Veilchenweg 26
81675 München
Telefon (089) 98128

Einladen: wen, wie, wann und wozu?

Respekt für die Frau

Endgültig passé sind gottlob Formulierungen wie »Herrn Peter Schmidt und Frau Gemahlin (Gattin)« oder »Herrn Peter Schmidt und Frau«. An »Herrn Peter Schmidt und Frau Susi« zu schreiben, zeugt auch nicht von mehr Respekt gegenüber der Frau. Kennt man den Vornamen der Frau (noch) nicht, dann bleibt man beim traditionellen »Herrn und Frau Peter Schmidt«. Eines Tages wird vielleicht sogar die Frau an erster Stelle stehen, schließlich ist meist sie es, die sich um die sozialen Kontakte kümmert und die Mühen des Gastgebens auf sich nimmt.

Es ist eine schöne Gewohnheit, zu Ehren eines anderen einzuladen. Das kann ein Geburtstagskind, ein Jubilar, ein Brautpaar oder ein seltener Gast sein. Ein solcher Anlaß sollte unbedingt auf der Einladungskarte angekündigt werden. Dazu gibt es zwei Möglichkeiten. Entweder setzt man den Namen des Ehrengastes (oder die Namen der Ehrengäste) in die allererste Zeile, noch über die Namen der Gastgeber, sozusagen als Vorspann, der grammatikalisch auch nichts mit dem Einladungstext zu tun hat (Beispiele 5 und 6).

Oder man nennt den Anlaß, nämlich »zu Ehren von …« nach dem Namen der Geladenen. Nicht umsonst lassen vorgedruckte Karten meist zwei freie Zeilen für individuelle Angaben (Beispiel 7).

---

④
Thomas und Evelyn Bauer
bitten

Peter und Sabine

zu m Sommerwein

am Samstag, dem 1. Juni 1994 um 21.00 Uhr
zu sehen.

U. A. w. g. bis 21. 5. 94
Blazer

Veilchenweg 26
81675 München
Telefon (089) 9 8128

---

⑥
Zu Ehren von Mr. & Mrs. Tom Brown
Thomas und Evelyn Bauer
bitten

Dr. Carl Freiherr von Stein und

Maria Freifrau von Stein

zu m Abendessen

am Mittwoch, dem 2. Mai 1995 um 20.00 Uhr

U. A. w. g. bis 20. April 94
Smoking

Veilchenweg 26
81675 München
Telefon (089) 9 8128

---

⑤
Zu Ehren von Herrn Heinrich Metzler
Peter Holzmann
bittet

Herrn Peter Jung und

Frau Evelyn Jung

zu einem Abendessen

am Montag, dem 8. Juli 1995 um 20.00 Uhr

U. A. w. g. bis 25. 6. 95
Dunkler Anzug

Lindenweg 26
81675 München
Telefon (089) 9 8128

---

⑦
Peter Holzmann
würde sich freuen

Herrn und Frau Peter Jung

zu Ehren von Herrn Heinrich Metzler

zu einem Abendessen im Restaurant Tivoli, Alte Allee 35, München

am Montag, dem 8. Juli 1995 um 20.00 Uhr
zu sehen.

U. A. w. g. bis 25. 6. 95
Dunkler Anzug

Lindenweg 6
81675 München
Telefon (089) 9 8989

Das große Einmaleins

Manchmal jedoch tritt die »Ehrenperson« nicht als Gast, sondern als Gastgeber auf. Nehmen wir an, ein Mentor, der seit Jahren im Ausland lebt, ist für eine gewisse Zeit unser Gast. Er möchte, mit unserem Einverständnis, ein Fest in unserem Hause geben. In diesem Fall stellen wir zwar unsere Räumlichkeiten zur Verfügung, aber der Einladende ist unser Gast. Dann sieht eine Einladungskarte wie das Beispiel 8 aus.

Ähnliches gilt für eine Einladung, wenn man nicht zu sich nach Hause, sondern in ein Restaurant, in einen gemieteten Saal, ein Festzelt, auf eine Picknick-Wiese oder an einen anderen Ort einlädt (siehe Beispiele 9 und 10). In diesem Fall ist es hilfreich, eine Wegbeschreibung beizulegen.

Wenn es dazu noch einen besonderen Anlaß gibt, zum Beispiel den Geburtstag der Ehefrau, so ist dies auf der Einladung vermerkt (siehe Beispiel 11). Gäste können sich dann darauf einstellen und zum Beispiel ein Geschenk mitbringen.

Den Grund angeben

In eiligen Fällen kann man heute seine Einladungen per Telefax übermitteln. Bei Zusage sollte aber die Original-Einladungskarte mit dem Vermerk »p. m.« (pour mémoire) oder »z. E.« (zur Erinnerung) zusätzlich noch per Post folgen. Für die Zu- oder Absage genügt es, ein Fax zu übermitteln.

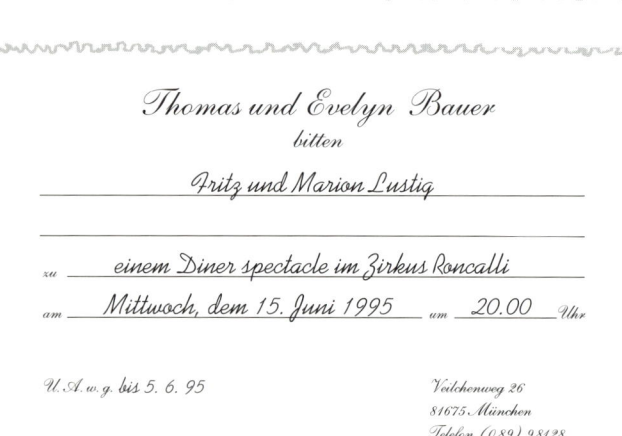

⑧

Julius Schnitzler
würde sich freuen

Herrn Peter Thalmeier und Frau Dr. Ulrike Maier

bei Thomas und Evelyn Bauer, Veilchenweg 26, München

zu   *einem Cocktail*

am   *Dienstag, dem 15. März 1995*   um   *19.00*   Uhr
zu sehen.

U. A. w. g. *bis 8. 3. 95*   Buchenweg 6
Blazer   81675 München
    Tel. (0 89) 9 89 89

⑩

KARL FREIHERR VON STEIN UND FRAU KATJA MILLER
BITTEN

Herrn und Frau Thomas Bauer

zum Lunch

am Freitag, dem 7. März 1995, um 13.00 Uhr

in die „Ente vom Lehel" im Nassauer Hof in Berlin.

U. A. w. g *bis 25. 2. 95*   SCHLOSSWEG 15
    89536 KIRCHEN
    TEL. (0 84 32) 123

⑨

Thomas und Evelyn Bauer
bitten

Fritz und Marion Lustig

zu   *einem Diner spectacle im Zirkus Roncalli*

am   *Mittwoch, dem 15. Juni 1995*   um   *20.00*   Uhr

U. A. w. g *bis 5. 6. 95*   *Veilchenweg 26*
    81675 München
    Telefon (0 89) 9 81 28

⑪

KARL FREIHERR VON STEIN
WÜRDE SICH FREUEN

Herrn und Frau Thomas Bauer
zum Diner
anläßlich des Geburtstages von Katja
am Freitag, dem 2. Mai 1995, um 20.00 Uhr
im Frankfurter Hof in Wiesbaden
ZU SEHEN.

U. A. w. g *bis 25. 4. 95*   SCHLOSSWEG 15
Smoking / langes Kleid   89536 KIRCHEN
    TEL. (0 84 32) 123

Einladen: wen, wie, wann und wozu?

So ändern die modernen Kommunikationsmittel auch die Regeln des guten Benehmens. Vor einem Jahrzehnt noch hätte man eine gefaxte Einladung als ungehörig und »lieblos« empfunden und vielleicht allein deswegen nicht angenommen. Heute akzeptieren wir alles, was Zeit und Aufwand spart, denn sonst müßten wir auf das Gastgeben ganz verzichten. Schließlich hat so gut wie niemand mehr Personal.

Zu welchem Anlaß und wann einladen?

Grundsätzlich sind Abendeinladungen am teuersten. Ein Mittagessen zum Beispiel umfaßt weniger Gänge, ist leichter und weniger aufwendig als ein Dinner. Außerdem wird tagsüber weniger Alkohol getrunken (wenn überhaupt!) als abends. Wer knapp kalkulieren muß, sollte überlegen, ob nicht eine Tageseinladung das Richtige wäre. Hier zur Auswahl und Anregung die klassischen Anlässe und Zeiten:

✳ FRÜHSTÜCK (meist geschäftlich), um 8 oder 9 Uhr, Dauer etwa eine Stunde. Achtung: Im hanseatischen Raum – insbesondere unter Bankern – ist es auch heute noch üblich, zum Frühstück zu laden, wenn auch in Wirklichkeit ein leichtes Mittagessen gemeint ist.
✳ BRUNCH: ab 11 oder 12 Uhr, Dauer etwa zwei bis drei Stunden.
✳ MITTAGESSEN: 12.30 oder 13 Uhr, Dauer etwa eineinhalb bis gut zwei Stunden.
✳ TEE (oder auch Kaffee): 16.30 oder – klassisch – 17 Uhr, Dauer eine bis eineinhalb Stunden.
✳ COCKTAIL (Empfang): 18 bis 22 Uhr oder 19 bis 23 Uhr, Dauer etwa vier Stunden.
✳ COCKTAIL PROLONGE (Cocktail-Buffet): 18 bis 22 oder 19 bis 23 Uhr, Dauer drei bis vier Stunden.
✳ ABENDESSEN: 19.30 oder 20 Uhr, Dauer drei bis vier Stunden.
✳ EMPFÄNGE, die für 20 Uhr angesetzt sind, beinhalten grundsätzlich ein Buffet und finden meist als offizielle Veranstaltungen in Hotels statt. Manchmal wählen auch Privatpersonen diese Form der Einladung, weil sie langwierige gesetzte Essen vermeiden wollen.
✳ EMPFÄNGE nach Ausstellungseröffnung, Theater oder Oper: 21, 22 oder 23 Uhr, Dauer ein bis eineinhalb Stunden. Privat lädt man in diesem Fall »auf ein Glas« nach dem Theater, dem Kino oder der Oper.
✳ BALL: ab 21 oder 22 Uhr, bis zwei oder drei Uhr morgens. Wird früher geladen, handelt es sich um ein gesetztes Abendessen mit anschließendem Tanz.

Weitere Hausaufgaben

Nachdem Sie die Art der Einladung, das Datum und die Uhrzeit festgelegt und die Einladungen verschickt haben, gibt es kein Zurück mehr. Aber es bleiben noch einige »Hausaufgaben« mehr: Das Menu und die Getränke müssen geplant, die Tischordnung festgelegt, eventuell Tisch- und Menukarten geschrieben und die Wohnung für das Ereignis vorbereitet werden.

Das Wichtigste ist, den Überblick zu behalten. Haben alle Gäste zugesagt? Müssen Nacheinladungen geschrieben werden? Notieren Sie auf jeden Fall auf einer Liste, welche Einladungen Sie verschickt, welche Zu- und welche Absagen Sie erhalten haben. Halten Sie auch fest, was Sie zu essen und trinken geben und wen Sie neben wen plazieren. Dann wird es Ihnen nicht passieren, bei der nächsten Einladung densel-

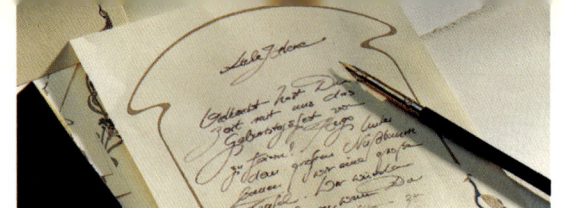

Das große Einmaleins

ben Gästen dasselbe zu servieren oder Frau Meier wieder neben Herrn Müller zu setzen, obwohl die beiden sich schon das letzte Mal nichts zu sagen hatten.

Das Partybuch

Wenn Sie öfter einladen (wollen), ist ein Partybuch, erhältlich in gutsortierten Schreibwarengeschäften, eine unentbehrliche Hilfe. Als erstes kommt natürlich die Gästeliste hinein, die ständig erweitert wird. Ebensowichtig ist eine Liste aller Ausstatter, die von Tischen und Stühlen bis zu Geschirr, Gläsern und Besteck alles für private Veranstaltungen ausleihen, sowie die Anschriften der Catering-Firmen, die von der Party bis zum gesetzten Essen alles komplett anliefern können. Außerdem alle Angaben über Extrahilfen, die man einzeln anheuern kann wie zum Beispiel Serviererinnen und Köche. Wenn Sie mal einen Discjockey samt Musikanlage oder eine Gitarristengruppe für Unterhaltung sorgen lassen wollen, brauchen Sie die entsprechenden Kontaktadressen – und Kostenvoranschläge. Das alles gehört zur Grundausstattung

eines Partybuches, und dafür müssen Sie selber sorgen. Vorgedruckt finden Sie für jede einzelne Einladung im allgemeinen eine Doppelseite, die auf der linken Hälfte folgende Eintragungen vorsieht:

❋ DAS MENU (die einzelnen Gänge eines Essens oder auch die verschiedenen Appetizer bei einem Cocktail)
❋ DIE WEINE (Welche Getränke wurden zu welchem Gang oder während der Party angeboten?)
❋ DIE BLUMEN (Wie war der Tisch dekoriert?)
❋ DIE GÄSTE (Wer war geladen, wer ist gekommen?)
❋ DIE KLEIDUNG (Was trug die Gastgeberin an diesem Abend?)

Informationen auf einen Blick

Heidi Schoeller notiert auch, wer erst im letzten Moment abgesagt hat oder gar nicht erschienen ist, damit sie sich auf »Risiko-Kandidaten« einstellen kann. Außerdem übt sie im nachhinein grundsätzlich Manöverkritik: Was war besonders gelungen, und was sollte

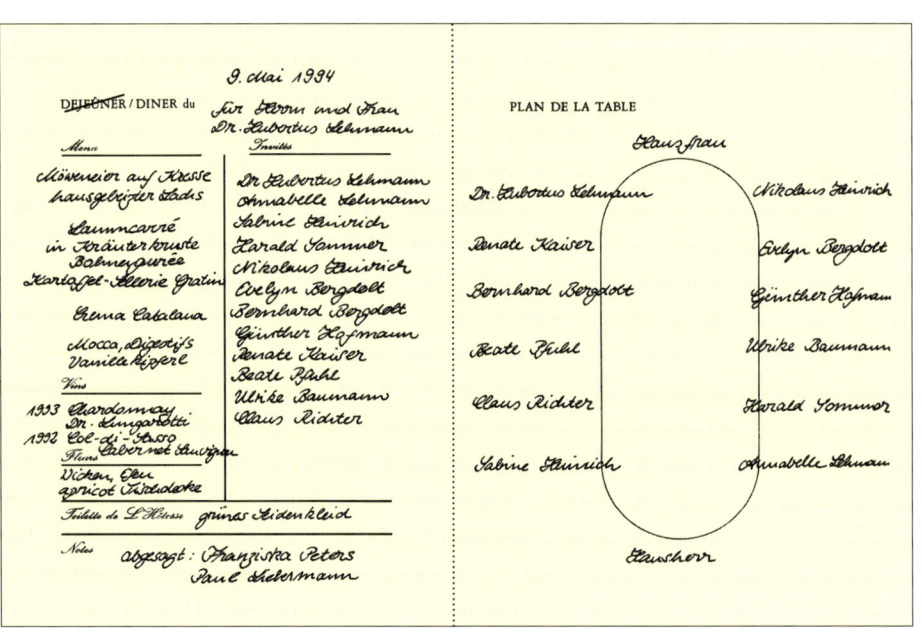

Im Partybuch hält der Gastgeber die Einzelheiten einer Einladung fest

man nicht wiederholen? Aufmerksame Gastgeber halten ebenso fest, wer sich mit wem gut oder gar nicht verstanden hat und wer bestimmte Speisen (wie Krustentiere) nicht verträgt oder gewisse Getränke (von Wein- bis Whiskysorten) besonders zu schätzen weiß. Interessant kann es auch sein, die Gastgeschenke der Geladenen zu notieren – schon allein, um einer Bekannten nicht ausgerechnet das Buch mitzubringen, das man erst kürzlich von ihr bekommen hat …

Die rechte Hälfte der Doppelseite im Partybuch ist stets der Tischordnung vorbehalten. Dort notieren Sie, wer wo gesessen hat.

Die Tisch-ordnung

Die Sitzordnung sieht im nachhinein natürlich immer sehr einfach aus. Meistens bereitet sie dem Gastgeber aber das größte Kopfzerbrechen. Die offiziellen Regeln besagen:

✳ Der ranghöchste männliche Gast sitzt laut Bonner Protokoll und auch nach internationalen Gepflogenheiten grundsätzlich rechts von der Hausfrau. Im privaten Kreis ist der »Ranghöchste« der Ehrengast, der Älteste oder der Ausländer, dem zu Ehren die Einladung gegeben wird. In manchen Kreisen gilt es als höchste Ehre, der »Tischherr« der Hausfrau zu sein, also links von ihr zu sitzen.

✳ Der wichtigste weibliche Gast hat seinen Platz rechts vom Hausherrn.

✳ Der in der Rangfolge an zweiter Stelle stehende Herr sitzt links von der Hausfrau (unter Freunden demnach rechts).

✳ Die nächstwichtige geladene Dame wird links vom Hausherrn plaziert.

Verschiedene Möglichkeiten

Hausherr und Hausfrau sitzen einander gegenüber in der Mitte oder auch an den Köpfen der Tafel, wie es in England seit jeher üblich ist. Ist ein »Placement mit vier Zentren« geplant, so kann laut Bonner Protokoll der Hausherr auch die Dame des Ehrengastes, die Hausfrau den Ehrengast als Gegenüber haben. So hält man es sowieso, wenn an zwei Tischen gegessen wird.

Von den Zentren ausgehend, bewegt sich das Ganze »abwärts«: Wer den niedrigsten Rang hat, sitzt am weitesten von den Gastgebern entfernt. Wie aber beurteilt man die gesellschaftliche Stellung eines Menschen? Heute ist das höchstens bei Diplomaten und Soldaten noch ganz klar geregelt. Daß ein amtierender Staatspräsident in der Hierarchie mehr gilt als einer im Ruhestand und ein General mehr als ein Oberst, leuchtet ein. Im Privatleben jedoch sträuben sich eingefleischte Demokraten dagegen, ihre Mitmenschen »nach Wert« einzustufen. Dennoch werden wir bei offiziellen Essen immer noch am Ende der Tafel jene finden, die »am entferntesten« sind von Einfluß und Macht, von Alter und Weisheit – oder »am nächsten« in Beziehung zu den Gastgebern, deren Kinder zum Beispiel stets das Schlußlicht bilden. Wie grundsätzlich Mitglieder der eigenen Familie oder der eigenen Firma und Bewohner der gleichen Stadt oder des gleichen Landes zurückstehen müssen hinter Außenstehenden und Auswärtigen. Das Gastrecht gilt in erster Linie dem Fremden, er genießt besondere Aufmerksamkeit und uneingeschränkten Schutz.

Das große Einmaleins

Selbst die alten Germanen, denen man gern barbarische Sitten nachsagt, waren vollendete Gastgeber. Jeder Durchreisende mußte ganz unabhängig vom Ansehen seiner Person beherbergt und bewirtet werden. Und bei Hofe ging der König einem hochstehenden Gast persönlich entgegen, um ihn dann an seine rechte Seite zu bitten – dort befand sich der Ehrenplatz. Während sich auch damals schon Familienmitglieder mit den minderen Plätzen begnügen mußten – was jedoch keine Mißachtung ausdrückte, sondern Vertrauen: Den Verwandten muß ich nicht schöntun, sie werden mir auch so nichts antun …

Die Letzten können die Ersten sein

So ist es bis heute geblieben: Die schlechtesten Plätze werden von jenen eingenommen, die den Gastgebern am nächsten stehen. So gesehen sind das die »wahren« Ehrenplätze. Und deswegen wäre es albern, sich verärgert zu zeigen, wenn man sich einmal nicht angemessen plaziert glaubt. Da sollte man so souverän reagieren wie Bismarck, als er nicht mehr Reichskanzler war. Natürlich konnte er laut Protokoll am kaiserlichen Hof keinen Platz mehr in der Nähe Seiner Majestät beanspruchen, der jedoch durch seinen Adjudanten für die schlechte Plazierung am Ende der Tafel um Entschuldigung bitten ließ. Der Fürst erwiderte ebenso fröhlich wie selbstbewußt: »Wo Bismarck sitzt, ist immer oben.«

Heidi Schoeller weiß, daß Gastgeben viele Sympathien beschert – ein Fehler bei der Tischordnung kann aber auch zu Irritationen und Kränkungen führen. Deswegen bemüht sie sich besonders um harmonische Tischordnungen: Um bei langen Tafeln Probleme auszu-

schließen und die Ausgewogenheit einer Sitzordnung sicherzustellen, sitzt sich das Gastgeberehepaar in der Mitte der Tafel gegenüber; an den beiden Tischenden wird jeweils eine andere wichtige Person plaziert. Wenn die Gäste an mehr als zwei Tischen untergebracht sind, liegt es auf der Hand, daß die eine Tafelrunde vom Hausherrn, die andere von der Hausfrau übernommen wird. Beide sitzen so, daß sie in den Raum hineinsehen und jederzeit Blickkontakt haben, damit sie sich diskret Zeichen geben können, wenn zum Beispiel der nächste Gang aufgetragen oder die Tafel aufgehoben werden soll. Bei vielen verschiedenen Tischen macht sich Heidi Schoeller immer ein Konzept. Wer führt an welchem Tisch den Vorsitz? Außer Hausherr und Hausfrau können auch der Ehrengast und seine Frau jeweils einem Tisch vorstehen. Auch guten Freunden und Freundinnen kann man einen Tisch übertragen. Wenn nicht an jeder Tafel gleich viele Gäste sitzen, dann gibt sich Heidi Schoeller für die kleineren Tische die größte Mühe. Angenommen, es gibt zwei Zwölfer- und zwei Achter-Tische, »dann muß an den letzteren«, sagt Heidi Schoeller, »die Mischung und die Wichtigkeit der Gäste hundertprozentig stimmen, damit niemand den Eindruck hat, er sei am ›Katzentisch‹ gelandet.«

Dabei kommt es nicht darauf an, lauter »Hochkaräter« zusammenzusetzen, sondern Menschen, die sich blendend miteinander unterhalten können – schließlich braucht jeder »Star« ja auch seine Bewunderer. Der gesellschaftliche Rang eines Menschen läßt sich ohnehin nicht mehr so einfach bestimmen. Was zählt mehr: ein Adels- oder ein akade-

Stars und Bewunderer

mischer Titel, hohes Alter oder hohe Stellung? Ist der populäre Fernsehstar besser zu plazieren oder der renommierte Schriftsteller? Wer ist mehr »wert«: der Fürst aus dem entfernten Bekanntenkreis oder der Professor aus der eigenen Familie? Wem gebührt der Ehrenplatz: der von allen geliebten Urgroßmutter oder dem einflußreichen jungen Chef?

Auf die letzte Frage wenigstens gibt es auch heute noch eine eindeutige Antwort: Wenn man Ehrengäste hat – ob Chef oder Geburtstagskind aus der Familie –, so sitzen diese den Gastgebern am nächsten. Das ist die Hauptregel. Deshalb kann Urgroßmutter bei ihrem Geburtstagsfest den Ehrenplatz beanspruchen. Wurde ein Abend jedoch speziell für den jungen Chef arrangiert, so ist er die wichtigste Person.

Ehepaare trennen

Noch eine Regel ist sehr nützlich: Weder das Gastgeberpaar noch andere Ehepaare sitzen nebeneinander. Mancherorts sind solche »losen Sitten« zwar noch ungewöhnlich, aber wäre es nicht einmal eine Überlegung wert, Ehepaare getrennt zu plazieren? Nicht ohne Grund blieb Heidi Schoeller hart, als bei einem Wohltätigkeitsessen, das sie auf einem Schloß bei Nürnberg arrangiert hatte, einige Damen sie bedrängten, sie doch wie üblich neben ihren Ehemännern sitzen zu lassen. »Probieren Sie diese Tischordnung wenigstens einmal aus«, beschied sie die Ängstlichen – mit dem Erfolg, daß alle sich besser unterhielten denn je, wie sie hinterher gern zugaben. Die meisten Paare haben nämlich die Angewohnheit, entweder nur miteinander zu reden oder – noch schlimmer – gar nicht das Wort anein-

ander zu richten. Oft wirken zusammen sitzende Ehepaare gerade an größeren Tischen, wo sich die Gäste paarweise nach links und rechts unterhalten, wie eine Barriere, denn nicht immer kommt eine Unterhaltung zustande, an der sich alle beteiligen können. Um Leben in eine Tischrunde zu bringen, gibt Heidi Schoeller den guten Tip, möglichst viele Singles einzuladen: »Da entsteht Spannung. Sowohl Männer als auch Frauen bemühen sich dann um mehr Charme und Witz.« Konkurrenz belebt eben nicht nur das Geschäft, sondern auch die Konversation.

Eine Ausnahme macht Heidi Schoeller nur, wenn sie den Eindruck hat, daß eine Frau sich in einer neuen Umgebung unter lauter Fremden verloren fühlt. Oder wenn ein Ehepaar sich aus beruflichen Gründen selten sieht und deswegen nebeneinander sitzen möchte.

Lähmend kann es sich auf die Unterhaltung auswirken, wenn nur Angehörige eines Berufs oder sogar einer einzigen Firma nebeneinander sitzen. Da sollte man notfalls die engsten Familienmitglieder dazwischen plazieren, damit nicht nur geschäftliche Gespräche geführt werden. Auch ist es nicht empfehlenswert, Jung und Alt zu trennen. Das Geheimnis heißt: mischen! Rücksicht muß man nur bei Sprachbarrieren nehmen. Was nützt es dem afrikanischen Freund, wenn er neben einem eingeborenen Bayern sitzt, die beiden sich in Ermangelung einer gemeinsamen Sprache aber nicht über die verschiedenen Sitten und Gebräuche austauschen können? Da ist es besser, er hat einen anderen Afrikaner als Tischnachbarn, mit dem er reden kann, obwohl diese Kom-

Die richtige Mischung macht's

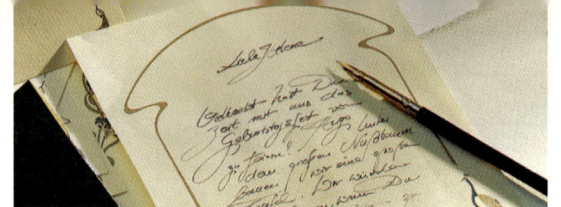

Das große Einmaleins

bination eher langweilig scheint. Im allgemeinen versucht man, Menschen zusammenzuführen, die sich bis dahin fremd waren. Außer einer gemeinsamen Sprache sollten sie allerdings auch mindestens ein gemeinsames Thema haben – das der Gastgeber am besten gleich anschneidet.

Freunde, alte Bekannte, Kollegen und Sportskumpane können einen ganzen Abend verderben, wenn sie zusammenglucken und nur über ihre gemeinsamen Interessen und Erlebnisse reden, manchmal sogar über den Kopf eines »versprengten« Außenseiters hinweg. Dem muß der Gastgeber von vornherein durch die Tischordnung einen Riegel vorschieben: Allzu Vertraute werden weit auseinandergesetzt ... Wie auch besonders Schüchterne nicht nebeneinander sitzen sollten, genausowenig wie zwei geborene Alleinunterhalter.

Nicht zusammenglucken

Solche Überlegungen sind für das Gelingen eines Festes wichtiger als das strikte Vorgehen nach Rangordnung. Darauf weist selbst das offizielle Protokoll des Auswärtigen Amtes hin: Nachdem man die Tischordnung zunächst streng nach den Regeln erstellt hat, soll man sie auf mögliche Schwächen hin untersuchen. Womit nichts anderes gemeint ist als zum Beispiel Ehepaare, Kollegen, politische Konkurrenten und verfeindete Gäste getrennt zu plazieren, selbst wenn das protokollarisch nicht korrekt ist. Um der Harmonie willen muß man einem Gast dann auch einmal einen besseren oder schlechteren Platz zuweisen als ihm gebührt. Das Protokoll empfiehlt sogar, notfalls vorher mit den Geladenen über die Schwierigkeiten zu sprechen und ihr Einverständnis zur Sitzordnung einzuholen. Was auf internationalem Parkett üblich ist, sollte im Privatleben erst recht keine Schwierigkeiten bereiten. Im Zweifelsfall geht Vernunft vor Protokoll.

Das Placement

Meistens bedarf es mehrerer Versuche, bis die Sitzordnung »steht«. Am leichtesten geht das bei einem runden Tisch, wo es kein oben und unten gibt. Nicht umsonst finden schwierige Verhandlungen in Politik und Wirtschaft immer an dem sprichwörtlichen »runden Tisch« statt, wo sich keiner »zurückgesetzt« oder an den Rand gedrängt fühlen kann. Natürlich passiert das auch an kleinen rechteckigen oder ovalen Tischen kaum. Üblicherweise sitzen sich Hausherr und Hausfrau gegenüber, und jeweils rechts und links von ihnen befinden sich bevorzugte Plätze – da bleibt kein Raum mehr für »Zurücksetzung«. Schwieriger wird es bei langen schmalen Tischen, bei hufeisenförmigen Tafeln und bei mehreren Tischen.

Zuerst Skizzen

Immer empfiehlt es sich, erst einmal Skizzen anzufertigen. Zeichnen Sie die Form Ihrer Tischplatte(n) auf ein großes Stück Papier, und notieren Sie sternförmig ringsherum, wer wo sitzen soll – mit Bleistift, Radiergummi griffbereit. Einfacher geht das Ganze mit einer Placementtafel, so nennt man die in gutsortierten Schreibwarengeschäften käuflichen Modelle, die einen runden, ovalen oder rechteckigen Tisch darstellen. Darauf lassen sich mit den Namen der Gäste beschriftete Kärtchen immer wieder neu stecken, bis Sie mit der Mischung endlich zufrieden sind. Diese leder- oder samtbezogenen Tafeln haben den Vorteil, daß man sie im Eingang aufstellen kann, so daß die Gäste sich gleich zu Beginn informieren können, neben wem sie während des Essens sitzen, und nicht schon während des Drinks ausgiebig miteinander reden; so kann man die Gelegenheit nutzen und sich anderen Gästen zuwenden.

Tischliste Bei einer größeren Veranstaltung mit mehreren Tischen, zum Beispiel einem Buffet Dinner, genügt es auch, eine handgeschriebene oder getippte Liste im Eingangsbereich auszuhängen, die mitteilt, wer an welchem Tisch erwartet wird. Natürlich müssen die Tische in diesem Fall entsprechend gekennzeichnet sein, normalerweise mit einer Ziffer, manchmal auch mit phantasievollen Namen. Die Bezeichnung sollte deutlich sichtbar auf einem Ständer oder ganz oben an einem Blumengesteck in der Mitte des Tisches angebracht sein.

Um größere Einladungen zu planen, hat sich Heidi Schoeller eine Magnettafel angeschafft, auf die sie die Tische aufzeichnet und dann kleine Magnettäfelchen mit den Gästenamen drumherum anordnet. Auch eine große Tafel, auf der Geschriebenes leicht wieder zu löschen ist, eignet sich gut zum Ausklügeln von Tischordnungen.

Führungs- Wenn bei einem großen Essen kein
kärtchen Placement am Eingang ausliegt, bewähren sich sogenannte Führungskärtchen. Diese werden alphabetisch nach den Namen der Gäste geordnet am Eingang auf einem Tisch bereitgestellt. Man kann sie günstigerweise von einer Hilfe ausgeben lassen. Früher waren sie dazu gedacht, jeden Herrn darüber zu informieren, welche Dame er zu Tisch zu

führen hat. Heute geht man davon aus, daß Frauen ihren Weg auch alleine finden. Aber es ist für jeden Gast wichtig zu wissen, an welchem Tisch er erwartet wird, und dessen Nummer oder Name steht auf der sogenannten Führungskarte (zum Beispiel »Bitte nehmen Sie am Tisch ›Rosenkavalier‹ Platz« oder einfach nur »Tisch 5«).

Eine hilfreiche Einrichtung sind auch *Tischkärtchen*
Tischkärtchen, jedenfalls sobald sich mehr als zehn Personen versammeln. Normalerweise bestehen sie aus weißem Karton, stehen oder liegen direkt oberhalb jedes einzelnen Gedecks und tragen nur den Namen. Akademische Titel oder berufliche Positionen – wie Aufsichtsratsvorsitzender oder Geschäftsführer – werden nicht genannt. Die Gastgeber sind schlicht als »Haus-

Festlicher Empfang: Placement und Gästebuch in Heidi Schoellers Entree

Das große Einmaleins

herr« und »Hausfrau« ausgewiesen. Sind alle Gäste enge Freunde ist es üblich, nur die Vornamen anzuführen (wie auch bei den Einladungen). Onkel Peter, Tante Gerda und Oma hingegen können nur bei reinen Familienfesten so firmieren; bei größeren Anlässen steht auch auf ihren Tischkarten der volle Name: zum Beispiel Gerda Huber, wenn es ein vertrauter Kreis ist, Frau Huber jedoch, wenn es sich um ein offizielles Essen handelt.

Wunderbarer »Spickzettel«

Tischkarten dienen nicht nur dazu, daß jeder den für ihn vorgesehenen Platz findet, sondern auch dazu, daß alle Gäste ihre Tischnachbarn beim Namen nennen können. Deshalb werden bei großen Dinners die Tischkarten geknickt, daß sie wie ein kleines Zelt stehen können, und von beiden Seiten gut lesbar beschriftet, so daß man sich auch informieren kann, wie die Gäste gegenüber heißen. Wahrscheinlich wurde man spätestens beim Aperitif miteinander bekanntgemacht – aber wer kann sich schon die vielen gemurmelten Namen merken? Die Tischkarte ist ein wunderbarer Spickzettel. Auch für die Schreibweise: Habe ich es mit Herrn Meier, Meir oder Meyer zu tun?

Menukarte

Außer Tischkarten finden sich auf der Tafel oft auch Menukarten. Bei kleinen Tischen genügt eine, bei großen liegt meistens eine zwischen jeweils zwei Gedecken. Bevor Sie die Menukarten schreiben können, müssen Sie natürlich die Speisenfolge planen. Die Hauptfrage lautet: Kochen Sie selber, oder lassen Sie kochen? Wenn Sie alles persönlich zubereiten wollen, müssen Sie besonders straff planen. Praktische Hinweise und Menuvorschläge dafür finden Sie

im Kapitel »One-Woman-Show« auf Seite 156ff. Eine andere Möglichkeit besteht darin, einen Koch anzuheuern oder alle Speisen fix und fertig vom einem Catering-Service (das ist ein moderner Proviantmeister) liefern zu lassen. Als Caterer betätigen sich in erster Linie Feinkosthändler, aber auch spezielle Party-Dienste und mehr und mehr Spezialitäten-Restaurants, vom Italiener bis zum Thai. Meistens sind sie nicht nur bereit, die fertigen Speisen zu liefern, sondern auch mit Geschirr und Personal auszuhelfen. Für Gastgeber ist das natürlich am einfachsten – aber auch am kostspieligsten. Günstig sind oft private Köche und Köchinnen, die sich (meist über Kleinanzeigen) anbieten, in fremden Haushalten zu kochen.

Das Menu planen

Beachten Sie bei der Planung des Menus, egal, ob Sie selber kochen oder nicht, die Jahreszeiten. Nur unverbesserliche Snobs wollen im Januar Spargel und Erdbeeren auf dem Teller haben; zur Strafe sind die importierten Gemüse und Früchte nicht nur horrend teuer, sondern auch nahezu ohne Eigengeschmack. Es zeugt von Vernunft und Sensibilität, nur frische heimische Zutaten zu verwenden. Vorbei sind die Zeiten, wo man zu alltäglichen Anlässen goldene Teller, champagnerfarbene Kaviar-Perlen und goldperlenden Jahrgangs-Champagner auftischte; heute beschränkt man sich mit diesen Genüssen auf besondere Feiern. Es gilt wieder die Regel »Wichtig ist nicht, was auf den Tellern, sondern wer auf den Stühlen ist.«

Im Mittelalter hätte diese Regel weniger Sinn gemacht. Damals waren nur hohe Herren in der Lage, Fleisch, Fische und

Früchte auf die Tafel zu bringen – und selbst das nicht jeden Tag (schon allein, weil man noch kaum Konservierungsmöglichkeiten kannte). Also gebot es die Höflichkeit, dem Gast, der während seiner Anreise vielleicht tagelang von Hirsebrei leben mußte, die ausgefallensten Köstlichkeiten aufzutischen. Heute können wir davon ausgehen, daß unsere Gäste immer gut ernährt sind, und wir müssen und wollen ihnen auch nicht durch luxuriöse Köstlichkeiten demonstrieren, daß wir »höhere Herren« sind. Wenn wir natürlich jemanden zu einem besonderen Anlaß (Jubiläum, Geburtstag) verwöhnen wollen, mag es angebracht sein, ungewöhnliche Leckerbissen aufzutischen. Ansonsten geht der Trend zur neuen Bescheidenheit, die ja keineswegs identisch ist mit schlechter Küche. Im Gegenteil: eher mit einer authentischen und gesunden Küche.

So leicht und kurz wie möglich

So ist es nicht mehr üblich, mehr als vier Gänge zu servieren, mit großen Braten, fetten Soßen und schweren Desserts. Leicht soll das Essen sein – und kurz. »Länger als eineinhalb Stunden«, sagt Heidi Schoeller, »sollten die Gäste nicht an den Tisch gefesselt sein. Denn auch bei einem wohlüberlegten Placement kann es vorkommen, daß sich die Tischpartner weniger zu sagen haben, als man annahm. Dann muß wieder Bewegung in die Gesellschaft kommen.« Sobald die Tafel aufgehoben ist, sollte jeder versuchen, mit den Gästen ins Gespräch zu kommen, an die er bis dahin noch nicht das Wort richten konnte. Beim Mokka oder Digestiv findet man sich zu lockeren Gruppen zusammen, und die Konversation wird neu belebt.

Das alles beweist, daß heute der Gedankenaustausch im Mittelpunkt steht, genau das, woran in unserer hektischen Zeit am meisten Mangel herrscht. Als dagegen gutes Essen eine Seltenheit war, wie im Mittelalter, da waren die Tafelfreuden wichtiger. Entsprechend lange dauerte solch ein Festmahl. Und entsprechend hoch waren die Kosten.

Die Kosten

Davor müssen Sie heute keine Angst mehr haben. Bei einem offiziellen Sommer-Abendessen für 30 Personen gab Heidi Schoeller pro Gast nicht mehr als knapp 25 Mark aus – und das einschließlich Appetithappen zum Aperitif und Gebäck zum Kaffee! Die Rezepte für dieses Sommerfestmenu finden Sie auf Seite 185.

Nicht nur das Teuerste

Natürlich kommen zu den Kosten für das Menu noch die für die Getränke hinzu. Aber auch hier muß es nicht der teuerste Champagner und der beste Grand-cru-Wein sein. Prosecco und Tafelwein tun es auch. Welcher Wein wozu angebracht ist, entnehmen Sie der kleinen Weinfibel auf Seite 190. Allgemein wird heute weniger Alkohol konsumiert als in den fünfziger und sechziger Jahren. Damals mußte man bei einem Abendessen mit eineinhalb Flaschen Wein pro Person rechnen, heute kommt man meistens mit einer halben Flasche pro Gast aus. Dafür hat der Verbrauch an Mineralwasser erheblich zugenommen! Davon können Sie nicht genügend Vorrat im Haus haben. Aber auch Wein sollte immer mehr da sein, als im Endeffekt getrunken wird. Man weiß nie, worauf die Gäste plötzlich Lust entwickeln. Wenn Sie sich nicht sowieso größere Vorräte anlegen, weil Sie oft einladen, dann vereinbaren

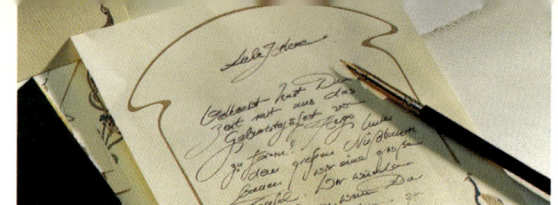

Das große Einmaleins

Sie mit Ihrem Lieferanten, daß er nicht angebrochene Flaschen zurücknimmt. Das können Sie übrigens auch für alle anderen Getränke aushandeln.

Je früher Sie alles bestellen, umso besser. Auch Dinge wie Cocktailservietten, Zahnstocher für Appetithappen, Oliven, Nüsse, Würfelzucker, koffeinfreier Kaffee, Kräutertee, Kerzen, Gästeseifen, Kartons für Platz- und Menukarten können lange vorher besorgt werden. Das Menu selbst muß natürlich frisch zubereitet oder angeliefert werden, aber je früher Sie alles dafür Notwendige arrangieren (besprechen, bestellen), umso ruhiger können Sie sein. Legen Sie rechtzeitig fest, wie Sie Ihren Tisch dekorieren wollen, und besprechen Sie mit Ihrem Floristen, welche Blumen in die Jahreszeit passen und – warum nicht? – gerade besonders preiswert sind.

Bei knappem Budget

Bei dem erwähnten preisgünstigen Essen hat Heidi Schoeller auch beim Blumenschmuck auf die Kosten geachtet. Sie entschied sich für vollaufgeblühte Gartenrosen, von denen sie jeweils eine mit einem schönen Blatt in viele kleine Silberbecher setzte und über die Tische verteilte – der gesamte Blumenschmuck für das 30-Personen-Essen kostete nur 40 Mark. Da ich das Glück hatte, an diesem Abend Gast zu sein, kann ich bezeugen, daß es sich wahrlich um ein festliches und elegantes Essen handelte. Niemand wäre auf die Idee gekommen, daß die Hausfrau mit spitzem Stift geplant hatte. Heidi Schoeller mußte in diesem Fall knapp kalkulieren, weil sie ihr Budget für Einladungen in diesem Monat eigentlich längst ausgegeben hatte – sie wollte ihren Freunden aber unbedingt die Freude machen, einen Künstler kennenzulernen, der nur zu diesem Zeitpunkt in der Stadt war. Es ist ihr gelungen, mit geringen Mitteln einen großartigen Abend zu gestalten.

Ebenso führt Heidi Schoeller Checklisten für die Organisation. Eine Woche vor einem großen Essen läßt sie folgendes erledigen:

Checklisten

✳ Fenster putzen,
✳ Balkon oder Garten richten,
✳ Servietten zählen, prüfen, eventuell waschen und stärken,
✳ Zigaretten, Schokoladen, Salzgebäck kaufen,
✳ überprüfen, ob die Weinkaraffen vollzählig und in Ordnung sind,
✳ Platzteller, Besteck und alle anderen Silbergegenstände putzen,
✳ überprüfen, ob genügend Kerzenständer vorhanden und geputzt sind,
✳ dafür sorgen, daß alle Getränke pünktlich geliefert werden und genügend Eis vorbereitet wird,
✳ überprüfen, ob eine Auswahl gängiger Getränke im Haus ist, wie Wein, Williams, Grand Marnier, Cognac, Sherry, Port,
✳ Gästehandtücher und -seifen, Toilettenpapier und Kleenex bereithalten,
✳ sicherstellen, daß der Garderobenständer mit ausreichend vielen Kleiderbügeln bestückt ist,
✳ eventuell Geschenke für Ehrengäste besorgen.

Ein bis zwei Tage vorher ist folgendes zu erledigen:

Letzte Vorbereitungen

✳ Getränke (Wein, Champagner, Bier etc.) kaltstellen,
✳ Teller und Besteck herrichten,
✳ Aschenbecher und Silberschalen und

-becher für den Salon vorbereiten,
✳ Kleider, Schürzen und eventuell weiße Baumwoll-Handschuhe für Servierhilfen bereithalten,
✳ Mokkageschirr und dazugehörige Tabletts vorbereiten,
✳ bei Bedarf zusätzliche Garderoben- ständer aufstellen,
✳ organisieren, daß einem eventuellen Ehrengast Blumen und/oder ein Obst- korb mit einigen persönlichen Willkom- mensworten – handgeschrieben, ver- steht sich – ins Hotel geschickt werden.

So sieht die Checkliste für ein großes offizielles Essen aus, wie Heidi Schoeller sie oft gibt. Sie leistet ihr aber genauso gute Dienste, wenn sie ein intimes Essen unter Freunden plant. Einige Punkte sind dann zwar überflüssig, aber alles kontrolliert zu haben, gibt ein Ge- fühl von Sicherheit. Und deshalb sollte man sogar am Tag der Einladung selbst noch einmal alles checken, was eigent- lich längst organisiert und besprochen war. Auch was von Lieferanten und Personal erledigt werden sollte, bedarf der Überprüfung. Niemand ist davor gefeit, etwas mißverstanden oder ver- gessen zu haben. Auch der Gastgeber selber nicht.

Der Sicherheits-
Check

✳ Ist das Gästebuch im Eingang bereitgelegt und gegebenenfalls auch das Placement?
✳ Sind die Tisch- und Menukarten geschrieben?
✳ Ist im Wohnzimmer und in der Gästetoilette alles in Ordnung?
✳ Sind die Blumen geliefert und arrangiert worden?
✳ Sind Geschenk und spezieller Blumenschmuck für den Ehrengast da?
✳ Ist die Beleuchtung so eingestellt,

daß es ein gemütlicher Abend werden kann? Vor dem Essen zum Beispiel ist helleres Licht angebracht, damit man jeden gut erkennen kann. Auch die Tafel muß ausreichend beleuchtet sein, schließlich möchte man gern sehen, was man ißt. Nach dem Essen kann das Licht sanfter werden.
✳ Ist Musik vom Band vorbereitet? Zum Aperitif kann das Gitarrenmusik sein, nach dem Essen sind swingende Evergreens besser, um eine andere Stimmung zu erzeugen. Zum Essen selber bitte keine Musik!

Eine Stunde vor Beginn der Einladung sollten sich alle Hilfskräfte eingefunden haben, und dann muß der Ablauf des Abends noch einmal ganz genau besprochen werden. Heidi Schoeller geht dabei bis ins kleinste Detail: Wer kümmert sich um die Garderobe; wer steht beim Gästebuch und verteilt die Führungskärtchen; wer reicht die Be- grüßungsdrinks und wer die Appetizer; wer serviert an welchem Tisch, mit wel- chen Platten, bei wem beginnend … ? Auch in der Küche bespricht sie alles minutiös, insbesondere mit dem Koch, auf welchen Platten wie angerichtet wird. Arbeitet sie zum erstenmal mit je- mandem zusammen, dann schickt Heidi Schoeller ihm oft vorher per Post eine Aufstellung und Beschreibung aller Aufgaben, die ihn in ihrem Haus erwar- ten. Auch am Abend selber hängt sie oft noch Listen mit genauen Anweisungen in die Küche, insbesondere dann, wenn sie an dem betreffenden Tag zu wenig Zeit für eine ausführliche Lagebespre- chung hat.

Alles überprüft und alles in Ordnung? Dann können die Gäste ja kommen!

Nur noch eine
Stunde …

123

Als »kleines Dankeschön«
eignen sich nicht nur Blumen. Edle Getränke,
silberne Becher und Rahmen,
aktuelle Ausstellungskataloge und Bücher,
Design-Objekte für die Küche
und, und, und …

*Wenn man
eingeladen ist*

Das große Einmaleins

Feingefühl und Flexibilität sind sicher die wichtigsten Tugenden eines guten Gastes. Doch damit allein ist es nicht getan. Darüber hinaus sollte er ein paar Dinge wissen, die sich als Regeln im gesellschaftlichen Umgang etabliert haben.

Anrecht auf ein Essen

Nehmen wir als Beispiel die Aufforderung zu einem Abendessen. Für viele ist das nicht mehr als eine nette Geste, vergleichbar einem Geschenk, für das man sich artig bedankt. Nach gesellschaftlichen Konventionen ist es aber viel mehr. Eine Einladung, die man erhält, ist wie ein ins Haus geschickter Vertrag: Einerseits begründet sie ein Anrecht auf eben jenes Essen, andererseits verpflichtet sie zu einem bestimmten Verhalten, selbst dann, wenn man ihr nicht Folge leistet. Und die erste Pflicht lautet: Antworte umgehend!

Im nachrevolutionären Frankreich galt es als unumstößliches Gebot, binnen 24 Stunden Bescheid zu geben. Traf innerhalb dieses Zeitraums kein Schreiben ein, so wurde dies als Zusage gewertet. Wer dennoch nicht zu dem vereinbarten Abendessen erschien, hatte nicht nur mit einer Geldbuße von 500 Franken zu rechnen, sondern auch mit einer gesellschaftlichen »Sperre«: drei Jahre lang war der unhöfliche Zeitgenosse von allen gastronomischen Einladungen ausgeschlossen – was fast so schlimm war wie der Verlust der gerade erst errungenen bürgerlichen Rechte. Diese Strafe würde viele auch heute noch hart treffen. Mancher empfindet in der sogenannten Gesellschaft zwar nichts als Langeweile, »aber« – wie Oscar Wilde sagte – »nicht dazuzugehören ist einfach eine Tragödie.«

Das galt sicher zu allen Zeiten, ganz besonders aber nach der Französischen Revolution, als zum erstenmal die Bürger »Hof hielten«. Sie achteten ganz besonders streng auf das Einhalten bestimmter Regeln. Und ihr Oberzeremonienmeister war Grimod de la Reynière, ein wohlhabender und wortgewaltiger Advokat, der für die neue Gesellschaft »Die Grundzüge des gastronomischen Anstands« festlegte. Zimperlich war er nicht. Einer Einladung einfach fernzubleiben, erschien ihm als unverzeihliches Vergehen: »Schwere Krankheit, Kerker oder Tod sind die einzigen annehmbaren Entschuldigungen, und dann muß noch die Bescheinigung des Arztes, das Verhaftungsprotokoll oder der Totenschein dem Gastgeber vorschriftsmäßig mitgeteilt werden«.

Schnell antworten

So streng sind die Sitten heute nicht mehr. Aber zu locker sollte man das Eintreffen einer Einladung auch nicht nehmen. Es gilt, in angemessener Weise darauf zu reagieren. Und zwar so schnell wie möglich. Wer jemals selber eine Einladung gegeben hat, weiß, welche Komplikationen sich durch verspätete Antworten ergeben können. Deshalb wird er gerade auch eine Absage nicht vor sich herschieben, sondern sofort absenden, damit ein anderer noch in den Genuß einer Nacheinladung kommen kann.

Kurze Erklärung

Übrigens genügt es nicht, schlicht mitzuteilen, daß man nicht kommen kann. Es ist angebracht, eine kurze Erklärung zu geben, wie etwa »befinde mich zu dem Zeitpunkt in Ferien«, »bin bereits eine andere Verpflichtung eingegangen«, »nehme an einem Seminar teil«. Umständliche, lange Entschuldigungen dagegen sind lästig. Sie wirken meist unglaubwürdiger als eine knappe Begründung. Wer dreimal hintereinander ohne triftigen Grund absagt, gibt damit zu erkennen, daß er mit diesem Gastgeber keinen gesellschaftlichen Umgang wünscht. Ist das nicht der Fall, sondern haben ihn wirklich unabwendbare Gegebenheiten dreimal hintereinander davon abgehalten, die Einladungen anzunehmen, so sollte er es durch eine Gegeneinladung beweisen.

Schriftlich antworten

Grundsätzlich ist es besser, auf jede Einladung schriftlich zu antworten – selbst wenn sie am Telefon ausgesprochen wurde. Auch enge Freunde erhalten gern die Bestätigung: »Ich freue mich auf das Abendessen am Samstag, dem 10. Juni 1995.« Diese Worte können auf einer Visiten- oder Briefkarte übermittelt werden. Wobei es natürlich auch korrekt ist, nur telefonisch zu reagieren. Das gleiche gilt, wenn eine schriftliche Einladung neben »U. A. w. g.« (Um Antwort wird gebeten) bzw. »R. s. v. p.« (Répondez s'il vous plaît, die französische Bitte um Antwort) eine Telefonnummer trägt. Man darf sich aber nicht brüskiert fühlen, wenn sich nur ein Anrufbeantworter meldet. Gerade bei einer größeren Veranstaltung ist kein Gastgeber in der Lage, mit jedem am Telefon zu plaudern. Lieber ist ihm ohnehin die schriftliche Antwort. Sie ist höflicher – und sicherer.

Je offizieller der Text auf der Einladungskarte, umso förmlicher auch die Formulierung der Antwort. Man antwortet sozusagen »auf gleichem Niveau«. Wenn Gastgeber »sich die Ehre geben«, dann kann die Zusage so lauten:

Anton und Hilda Kaiser
danken Herbert und Gertrud Wolgemut
für die liebenswürdige Einladung
zum Abendessen am Donnerstag,
dem 17. Oktober,
der sie gern Folge leisten.

Soll es etwas weniger förmlich sein, schreibt man »und kommen gern«. Beachten Sie, daß die Antworten genau wie die Einladungen immer in der dritten Person abgefaßt sind. Nur unter guten Freunden schreibt man »wir freuen uns«.

In der dritten Person

Am besten eignen sich dazu Briefkarten im DIN-A-5-Querformat, die nur mit dem Namen bedruckt sind. Ob Einladungen, Zu- oder Absagen, Dankschreiben oder jede Art von privater Korrespondenz – Briefkarten mit passenden Umschlägen sind immer richtig. Aber natürlich können Sie genausogut Ihr persönliches Briefpapier benutzen.

Ist einer Einladung eine vorgedruckte Antwortkarte beigelegt, so füllen Sie diese aus. Wenn es Ihnen besonders leid tut, sollten Sie im Falle einer Absage nicht nur ankreuzen »kann nicht teilnehmen«; fügen Sie handschriftlich »leider« ein, besser noch ist eine Begründung wie »befinde mich auf Reisen« oder »bin bereits eine andere Verpflichtung eingegangen«.

Was sonst noch vom Gast erwartet wird, beschrieb Zuchtmeister Grimod de la Reynière wie folgt: »Der Geladene wird sich also in sauberer Kleidung zur bestimmten Stunde in das Haus des Gastgebers verfügen, und zwar ausgerüstet mit einem Appetit, der dem Rufe der entsprechenden Tafel entspricht,

Mit gutem Appetit

Das große Einmaleins

und in einer leiblichen, geistigen und seelischen Verfassung, wie sie für die Einnahme, den Zauber und die Annehmlichkeit eines Festmahles unbedingt vonnöten ist.«

So schön würde das heute kaum mehr jemand formulieren, aber die Erwartungen sind eigentlich die gleichen geblieben. Nehmen wir nur die Kleidung: Daß sie sauber sei, wird wieder vorausgesetzt, was zu Zeiten der Studenten-Revolte und Flower-Power-Bewegung nicht unbedingt der Fall war. Bleibt nur die Frage, *was* man anziehen soll. Doch darauf gibt fast immer die Einladung eine Antwort. Selbst wenn nicht um Smoking oder dunklen Anzug gebeten wird, verrät allein schon die Formulierung, in welchem Rahmen die Einladung stattfinden wird.

Welche Kleidung?

Grundsätzlich gilt: Je formeller die Einladung, umso aufwendiger die Veranstaltung. Wenn ein Ehepaar also schreibt »… geben sich die Ehre«, so kann man davon ausgehen, daß viele Gäste geladen sind und der Abend einen offiziellen Charakter hat. Die Kleidung sollte demnach festlich sein. Wenn jemand jedoch schlicht per Telefon oder Visitenkarte zu einem Abendessen oder auf einen Drink bittet, so geht er davon aus, daß seine Freunde »wie üblich« gekleidet erscheinen. Das kann im einen Fall Jeans bedeuten, im anderen Zweireiher – je nachdem, was die Geladenen im allgemeinen zu tragen gewohnt sind. Wer unsicher ist und auch auf der Einladungskarte keinen Kleidervermerk findet, kann die Gastgeber anrufen, um einen Hinweis zu erbitten. Im Zweifelsfall ist unauffällige Eleganz angebracht.

Kommen wir zur Pünktlichkeit: Wie das Sprichwort sagt, ist sie die Höflichkeit der Könige. Und wenn wir an ein gesetztes Essen denken, so kann man das nur unterstreichen. Eine kleine »Karenz« ist dennoch meistens eingeplant. Die Engländer geben sie sogar auf der Einladungskarte an, indem sie zum Beispiel schreiben »um 19.30 für 20 Uhr«. Damit ist deutlich gesagt, daß eine halbe Stunde für Drinks eingeplant ist und das Essen unumstößlich um 20 Uhr serviert wird. Für den Gast bedeutet das, daß er sich notfalls bis zu etwa 20 Minuten verspäten darf. Mehr aber auf keinen Fall. Hat das Essen erst einmal begonnen, ist jede Störung unangenehm. Auch in Deutschland kann man immer öfter diese Limitierung der Karenzzeit finden: »20 Uhr Drinks, 20.30 Uhr Dinner«.

Bei kleinen Runden mit sechs bis acht Personen kann man sich am wenigsten eine Verspätung leisten, denn da nimmt der Aperitif meist nicht mehr als 15 Minuten in Anspruch. Je mehr Personen zu einem gesetzten Essen geladen sind, umso mehr Zeit wird für den Begrüßungsdrink veranschlagt, der ja dazu gedacht ist, sich miteinander bekanntzumachen und »aufzuwärmen«. Die Gäste sollen gleichzeitig nehmen und geben: genießen und unterhalten. Mehr als 45 Minuten jedoch wird kaum ein Gastgeber für das Vorgeplänkel vorsehen. Wer später kommt, hat das Nachsehen. Denn von einem guten Gastgeber wird erwartet, daß er mit Rücksicht auf seine pünktlich erschienenen Gäste zur vorgesehenen Zeit mit dem Essen beginnt. Und er ist zu Recht irritiert, wenn ein oder mehrere Plätze frei bleiben. Weil die sorgsam ausgeklügelte

Wann muß man pünktlich sein?

Rücksicht nehmen

Tischordnung dann nicht mehr stimmt, weil ruckzuck umgedeckt werden muß, weil die Gäste dadurch in Unruhe versetzt werden – und weil der Gastgeber erhebliche Mühe vergebens investiert hat.

»Nur weil einer nicht zuverlässig ist«, sagt Heidi Schoeller, »kann man nicht eine Runde wohlerzogener pünktlicher Gäste auf das Essen warten lassen – und dabei riskieren, einen zäh gewordenen Braten oder ein zusammengefallenes Soufflé zu servieren.«

Niemals zu früh

Genauso unpassend ist es allerdings, zu früh zu kommen. Besser geht oder fährt man noch ein paarmal um den Block und erscheint erst fünf Minuten nach der angegebenen Zeit. Alle Gastgeber sind dankbar, wenn man ihnen ein bißchen »Luft« läßt, weil sie sowieso bis zur letzten Minute mit Vorbereitungen beschäftigt sind und oft noch etwas Unvorhergesehenes passiert. Besonders die Hausfrau wird überpünktliche Gäste nicht zu schätzen wissen, weil sie sich meist erst kurz vor dem Eintreffen der Gäste umziehen und zurechtmachen kann – ein Umstand, den insbesondere männliche Pünktlichkeitsfanatiker beachten sollten.

Es gibt auch Einladungen, bei denen es ein Verhängnis wäre, wenn alle Gäste pünktlich kämen. Das gilt in erster Linie für Cocktails und Empfänge. Man stelle sich nur vor, mit dem Glockenschlag 18 Uhr zum Beispiel würden hundert Geladene gleichzeitig einen Privathaushalt »stürmen«. Wann immer auf einer Einladung steht »ab 20 Uhr« oder »von 19 bis 21 Uhr«, wird erwartet, daß die Gäste nach und nach kommen und

auch zu verschiedenen Zeiten wieder gehen. Im Normalfall bleibt der Besucher etwa eine halbe Stunde, spricht mit den Gastgebern, macht seine Runde und geht wieder – unter anderem um Platz für nachfolgende Gäste zu schaffen. Ohne dieses »Rotationsprinzip« würden große Parties und Empfänge nicht funktionieren.

Blumen mitbringen?

Blumen oder nicht Blumen – das ist zu einer umstrittenen Frage geworden. Zur Hochblüte des Wirtschaftswunders waren schöne Sträuße als Gastgeschenk geradezu ein Muß. Mittlerweile hat man gemerkt, daß die frischen Mitbringsel auch eine Last für die Beschenkten bedeuten können, dann nämlich, wenn die Hausfrau vor lauter Blumen-Versorgen unter Zeitdruck gerät. Bei einem kleinen Kreis und unter Freunden ist das unkompliziert, da ist ein hübscher Strauß oder ein guter Wein als Aufmerksamkeit immer willkommen. Bei größeren Anlässen empfiehlt es sich, die Blumen vorher oder hinterher ins Haus der Gastgeber zu schicken.

Vorher schicken

Das Vorher bürgert sich mehr und mehr ein, da man wieder praktisch denkt und den Gastgebern helfen möchte, die Ausgaben für Blumenschmuck zu reduzieren. Allerdings darf der Gast dann nicht verletzt sein, wenn sein prächtiges Bouquet nicht den Ehrenplatz einnimmt. Es kann sein, daß es nicht in das Dekorationskonzept paßte, das die Hausfrau für diesen Abend entworfen hatte. Oder ihr gefielen die Farben einfach besser für ihre privaten Räume.

Wenn Sie nach einer großen Einladung die Blumen später zusenden möchten,

Das große Einmaleins

rät Heidi Schoeller, einen Floristen zu beauftragen, den handgeschriebenen Dankesbrief zusammen mit einem Bouquet ins Haus des Gastgebers zu schicken – aber erst nachdem er telefonisch angefragt hat, an welchem Tag die Sendung willkommen sei; so kommen nicht alle Sträuße auf einmal an, und die Hausfrau kann sich über einen längeren Zeitraum an Blumen erfreuen.

Hinterher schenken

Wer zum erstenmal in einem Hause zu Besuch ist, kann sowieso erst hinterher entscheiden, womit er den Gastgebern eine Freude machen könnte. Das müssen nicht unbedingt Blumen sein. Wer irgendwelche Dinge sammelt, etwa ausgefallene Messerbänkchen oder Salzfäßchen, der freut sich über jedes Stück, das seine Kollektion erweitert. Und passionierte Hobbyköche sind dankbar für ungewöhnliches und formschönes Küchengerät, vom Spaghettilöffel bis zur Muskatmühle. All dies gilt allerdings nur für Freunde und gute Bekannte. Wenn die Beziehung nicht so

eng ist, hält man sich an offizielle Gastgeschenke wie Blumen, Pralinés und eventuell Bücher. Immer sollte es nur eine Kleinigkeit sein, große Gaben wirken peinlich. Auf die Idee kommt es an – und die hat man nur, wenn man sich ganz besonders bedanken möchte. Ist das nicht der Fall, dann läßt man's lieber. Schließlich verpflichtet eine Einladung nur zu einem: zur Gegeneinladung. Deswegen ist der Gedanke, daß man sich unbedingt mit einem Präsent erkenntlich zeigen müßte, grundlegend falsch. Wer sich über eine Einladung freut, jedoch aus welchen Gründen auch immer nicht in der Lage ist, sich mit einer Gegeneinladung zu revanchieren, kann seine Freude in einem besonders schönen Bouquet ausdrücken oder seine Gastgeber zu einem Kino- oder Theaterbesuch einladen.

Unerläßlich jedoch sind ein paar individuelle Dankesworte. Wer den Gastgebern eine Freude machen will, läßt es nicht bei den üblichen Floskeln bewen-

Schriftlicher Dank

Versierte Gäste legen sich einen Vorrat an hübschen Mitbringseln zu: von Buttermodeln bis zu ledergebundenen Notizbüchern

Wenn man eingeladen ist

den, sondern hebt gezielt hervor, was ihm besonders gefallen hat. Dadurch beweist er, daß er nicht alles für selbstverständlich hält und auch kleine Bemühungen von ihm beachtet werden. Ob das der originelle Tischschmuck, die überraschende Menufolge, die besonders gelungene Plazierung oder die gekonnt gemischte Musik war – erwähnen Sie jedes Detail, das Ihnen angenehm in Erinnerung blieb. Sollten Sie jedoch etwas auszusetzen haben, so behalten Sie es besser für sich. Außer bei guten Freunden, da kann man unter vier Augen ein offenes Wort wagen, manchmal wird man sogar darum gebeten.

Keine Kritik bitte!

Eine Unsitte dagegen ist es, jede Einladung einer allgemeinen Kritik zu unterziehen. Schließlich ist ein privates Essen keine öffentliche Veranstaltung, für die Eintritt und womöglich noch Subvention bezahlt wird und die deswegen jeder nach Gutdünken »zerpflücken« darf. Leider gefallen sich manche Gäste darin, herablassend und hämisch den Lebensstil und die Bemühungen ihrer Gastgeber zu kommentieren. Das ist die hinterhältigste Pflichtverletzung, derer sich ein Gast schuldig machen kann.

Wer sich die Mühe macht, Menschen bei sich zu Hause zu bewirten, sollte, selbst wenn ihm Fehler unterlaufen, den Schutz der Gäste genießen – wie der Gast seit eh und je geschützt ist im Hause des Gastgebers.

Das gilt sogar dann, wenn nicht nur die Ehre, sondern auch die Existenz auf dem Spiel steht. Ein wahrhaft königliches Beispiel in diesem Sinne gab August der Starke, Kurfürst von Sachsen nach dem Nordischen Krieg. Als Besiegter hatte er unendliche Bürden auferlegt bekommen, und sein Land war tief verschuldet. Vieler Lasten hätte er sich mit einem Schlag entledigen können, als König Karl X. von Schweden vor seinem Abzug noch einen dreisten Besuch im vielgerühmten Dresden abstattete – er hätte ihn nur festnehmen müssen. Aber das Gastrecht war August so heilig, daß er diese leichte Lösung nicht zuließ. »… das Gefühl des Königs siegte darüber im Hinblick auf die Ehre«, schrieb der sächsische Minister Flemming an seinen Kollegen Görtz in Holstein.

Die Ehre sollte es auch dem Gast verbieten, seinem Gastgeber in den Rücken zu fallen.

Königliches Beispiel

Geheimrat Goethe (Dritter von links)
liebte geistreiche Gespräche – einer der Gründe,
warum er die Abendgesellschaften der
Herzogin Anna Amalia von Sachsen-Weimar
(Fünfte von links) so schätzte (Aquarell
von Georg Melchior Kraus, um 1795)

Die Kunst
der Konversation

Das große Einmaleins

Der Umgang mit Messer und Gabel macht den meisten Menschen weniger Mühe als der Umgang mit dem Wort. Natürlich kann jeder sprechen, und manch einer kann sogar Reden halten – aber die hohe Kunst der Konversation beherrschen die wenigsten. Dabei ist sie das Herzstück jeder Gastlichkeit, mit ihr steht und fällt das Gelingen eines Abends. Und dafür ist nicht nur der Gastgeber verantwortlich. Hier bietet sich dem Gast die Gelegenheit, seinen Anteil beizutragen.

Niemand ist zu schüchtern

Keiner komme mit der Ausrede, er sei zu schüchtern. Erstens sind das andere auch, und zweitens profitiert gerade der Scheue selbst am meisten davon, wenn er sich überwindet. Das ist in erster Linie Übungssache. Natürlich gibt es Begabte, die anscheinend als Wortkünstler auf die Welt gekommen sind. Aber man darf ihnen das Feld nicht überlassen, denn sie neigen ohnehin dazu, sich als Alleinunterhalter zu entpuppen – und das sind die größten Feinde jeder Konversation. Weil sie auf einem Ego-Trip sind und weniger Talentierten keine Chance lassen. Aber auch die ach so Schüchternen sind wahre Egoisten, denn sie nehmen nur auf ihre eigenen Ängste und Hemmungen Rücksicht. Deswegen gilt für alle der gleiche Rat: Interessiere dich für andere. Das ist das einzige Geheimnis jeder guten Konversation und gleichzeitig das beste Rezept sowohl gegen Befangenheit als auch gegen Wichtigtuerei.

Niemand wußte das besser als die berühmten Salondamen des vorigen Jahrhunderts. Ihr Ruhm begründete sich auf der hohen Kunst der geistreichen Unterhaltung. Einen Abglanz da-von bekam Sandra Gräfin Bismarck als Kind in den fünfziger Jahren mit. Nie wird sie vergessen, warum ihre damals 80jährige Urgroßtante Clementine Prinzessin Metternich allen als leuchtendes Beispiel für kunstvolle Konversation diente: »Vor jedem Diner bat sie um Einsicht in die Gästeliste, um sich anschließend so ausführlich wie möglich über die erwarteten Gäste zu informieren, über ihren Charakter, ihren Beruf, ihre Interessen.«

Besonders lebhaft erinnert sich Sandra Bismarck an folgende Anekdote: »Einmal hatte sich ein Gast wegen eines Irrtums des Hausherrn viel zu früh eingefunden und traf nur die betagte Dame bei ihren Kreuzworträtseln an. Nachdem er sich mit ›Huschke von Hanstein‹ vorgestellt hatte, begannen die beiden eine angeregte Unterhaltung über Motorsport, Autorennen und die jüngsten Ereignisse in der Formel 1. Später erzählte Huschke, der zu jener Zeit Rennleiter bei Porsche war, begeistert von dem interessanten Gedankenaustausch mit ›Tante Clemy‹, wie fasziniert er war von ihrem tiefen Interesse, der Kenntnis und Besorgtheit der alten Dame …«

Sorgfältig vorbereitet

Unnötig zu betonen, daß Clementine Prinzessin Metternich sich nie zuvor in ihrem Leben für den deutschen Motorsport interessiert hatte – sie hatte sich nur sorgfältig auf den Abend und die erwarteten Gäste vorbereitet. Wie so etwas geht, hatte sie von klein auf bei ihrer Mutter gelernt, der legendären Pauline Fürstin Metternich, der Frau des damaligen österreichischen Botschafters, die in Paris und Dresden spektakuläre Salons geführt hatte. Damals galt es als unfein, einem Gast Fragen stellen zu müssen. Eine echte »Salonière« erkundigte sich vorher und hielt sich an die Weisheit, daß jeder Gast am liebsten über sich und seine Welt redet.

Am Anfang stehen Fragen

Daran hat sich nichts geändert. Nur ist die sogenannte Gesellschaft nicht mehr auf einen so kleinen Kreis begrenzt, daß man sich jederzeit über jeden informieren könnte. Deswegen ist es heute kein Tabu mehr, ein gutes Gespräch mit einer Frage zu beginnen. Das gilt sogar als besonders geschickt, seit man weiß, daß bei Untersuchungen immer jene als die besten Redner bezeichnet werden, die am besten zuhören können. Wer ungeübt ist im sogenannten Small talk, legt sich am besten eine Liste geeigneter Fragen zu, mit denen er eine Unterhaltung beginnen kann. Was aber kann man fragen? Zum Beispiel

✳ ob man bei der Vorstellung den Namen richtig verstanden hat – weil er einen nämlich an einen ehemaligen Professor oder an einen Künstler oder an liebe alte Bekannte der Eltern erinnert;
✳ ob der andere bei diesem Sturm oder Schneetreiben auch solche Schwierigkeiten gehabt hat, zum Haus der Gastgeber zu finden;
✳ ob er (auch) zum erstenmal hier eingeladen ist;
✳ ob er in dieser Stadt wohnt, vielleicht sogar geboren ist;
✳ ob er die Gastgeber beruflich oder privat kennt;
✳ ob er (wie der Gastgeber oder man selber) auch im Bauwesen, bei der Bank, beim Finanzamt oder wo immer tätig ist.

Dies alles sind Fragen, die man einem Wildfremden stellen kann. Hat der

Gastgeber beim Bekanntmachen der Geladenen miteinander schon ein bißchen mehr verraten – was er nach Möglichkeit tun sollte –, dann ist alles leichter. Dann weiß man schon, daß der Gesprächspartner zum Beispiel aus Düsseldorf kommt, in der Modebranche arbeitet und begeisterter Golfer ist. Da ist der Einstieg ins Gespräch nicht mehr schwer, selbst wenn jemand vom Beruf und vom Hobby des Betreffenden nicht

Auch Mode kann ein ergiebiges Gesprächsthema sein (Zeichnung: Rena Lange, Kollektion '94)

Das große Einmaleins

die geringste Ahnung hat. Dann hat er nämlich endlich die Gelegenheit, sich erklären zu lassen, was man in der nächsten Saison tragen wird, wer die Trends wirklich bestimmt, ob die Verbraucher kaufen, was auf den Laufstegen in Paris und Mailand zu sehen ist – und warum Mode eigentlich so teuer ist. Auch das Golfspiel gibt viel her: Wie findet man einen Club, einen Lehrer, ist die Ausstattung erschwinglich, wie erreicht man ein Handicap etc.? Das Prinzip lautet: hemmungslose Neugier. Nur Fragen nach dem Einkommen, nach der Religion, nach politischen Überzeugungen und nach dem Intimleben sind tabu. Über alles andere reden die meisten Menschen sehr gern; es gibt ihnen das Gefühl, akzeptiert zu werden. Und der Fragesteller erfährt meist bemerkenswerte Dinge, obwohl er vielleicht dachte, daß Mode und Golf ihn nie und nimmer interessieren könnten.

Neutrale Themen suchen

Manchmal allerdings haben Menschen keine Lust, zu detailliert über ihren Beruf zu reden – Künstler und Sportler etwa, die nicht wieder und immer wieder ihre jüngsten Erfolge oder Niederlagen diskutieren wollen. Wer merkt, daß der Gesprächspartner abblockt, sollte schnell ein neutrales Thema suchen. Dazu braucht er sich nur umzuschauen: Was fällt ihm in der Wohnung der Gastgeber auf? Worüber wüßte er gern mehr? Das können Lampen, Blumen, Bilder sein. Oder hat der Teppich ein ungewöhnliches Muster? Darüber kann man, egal mit wem, ein Gespräch beginnen. Vorausgesetzt, es ist positiv. Etwa: »Mir gefällt dieser Teppich; ein solches Muster habe ich noch nie gesehen.« Und natürlich kann – und sollte –

man immer lobend über Speis und Trank reden. Darüber kommt man am leichtesten und angenehmsten ins Gespräch, und der Gastgeber erhält seine verdienten »Streicheleinheiten«. Nur zu dick aufgetragen oder heuchlerisch darf es nicht sein, dann erreicht man höchstens, daß alle anderen plötzlich peinlich berührt verstummen.

Im allgemeinen jedoch sind Komplimente der Schlüssel zur Freundschaft. Gerade Schüchterne können sich das Wissen darum zunutze machen. Da sie selber immer Angst haben, nicht zu genügen, wissen sie am besten, daß ein paar freundliche Worte wie Balsam wirken. Deshalb sollten sie sich aufs Komplimente-Machen verlegen, denn sie sind sensibel genug, um bei ihren Mitmenschen auch meist unbeachtete Vorzüge zu entdecken. Die schmeichelnde Farbe eines Kleides, schöne Hände, eine sanfte Stimme, ausdrucksvolle Gestik, eine gerade Haltung, ein besonderes Schmuckstück – wer sein Gegenüber aufmerksam betrachtet, wird immer etwas Lobenswertes finden, was ganz besonders dann wichtig ist, wenn der oder die andere ebenfalls schüchtern ist. Wer sich um die etwas Stilleren im Lande kümmert und sie miteinbezieht in die Konversation, erweist den Gastgebern übrigens den größten Dienst.

Komplimente sind Balsam

Natürlich obliegt es in erster Linie dem Gastgeber, Gespräche anzuregen und zu lenken. Er bestimmt den Esprit, der in seinem Hause herrschen soll. Deswegen forderte schon Grimod de la Reynière, daß er der Kunst der Konversation ein besonderes Studium widmen solle, damit er, da er ja den Vorsitz bei Tische hat, diese überlegene Stellung auch recht zu nutzen wisse. »Der Gastgeber«, schrieb Grimod, »nutze nun diesen Vorteil aus und lenke das Gespräch geschickt auf Gegenstände, die ohne Gefahr erörtert werden können. Die Literatur, die Künste, die Wissenschaften, die Galanterie, das Theater, die Chronique scandaleuse der Kulissen, die Gastronomie usw.« ...

Diese Themenliste kann man getrost für heute übernehmen. Nur daß in unserem Kommunikationszeitalter die Informationen vielfältiger und aktueller sind. Wer also auf dem laufenden bleiben will, wird Nachrichten hören und Zeitungen lesen – zumindest am Tage einer Einladung, um besser präpariert zu sein. Das neue Kulturzentrum, ein wiedereröffnetes Restaurant, eine große Auktion, eine Ausstellung, ein Gastspiel – das alles sind Themen, die sehr schnell zu einer lebhaften Diskussion führen können. Auch so simple Fragen wie »Haben Sie schon diesen oder jenen Film gesehen oder den neuen Bestseller gelesen?« sind gute Gesprächseröffner.

Wenn es brenzlig wird

Trotz allergrößter Bemühungen können ungemütliche Situationen entstehen. Plötzlich versandet das Gespräch oder einer hält fachbezogene Monologe oder eine harmlose Diskussion artet in ein heftiges Streitgespräch aus. Dann gilt es einzugreifen. Der Gastgeber hat die größte Autorität, um einen schnellen Themenwechsel herbeizuführen; er kann ganz einfach fordern: »Laßt uns über etwas Erfreulicheres reden. Findet ihr nicht auch, daß wir einen ganz besonders schönen Herbst haben, den man nutzen sollte? Ich überlege, ob ich mir ein verlängertes Wochenende gönne und in die Berge fahre.«

Das Wetter ist im Zweifelsfalle der letzte und neutralste Rettungsanker. Und man kann getrost nach ihm greifen, wenn es brenzlig wird. Ansonsten ist es natürlich amüsanter, Anekdoten zu erzählen. Doch dazu gehört schon eine gewisse Kunst, die man aber nach und nach erlernen kann. Jede komische kleine Begebenheit ist es wert, weitergegeben zu werden, ohne Sorge, daß sie zu belanglos oder privat sein könnte. Der ulkige Ausspruch eines Kindes, das etwas zu kesse Kompliment eines Taxifahrers, die eigene Vergeßlichkeit – diese kleinen Alltagsdinge sind der Stoff für Anekdoten. Wer sich darin übt, sie zu memorisieren und geschickt zu formulieren, der wird bald ein begehrter Konversationspartner sein.

Neutraler Rettungsanker

Denn selbst wenn der Gastgeber ein versierter Unterhalter ist, kommt er nicht ohne Partner aus, die sozusagen die Bälle aufnehmen. Und ab und zu braucht er auch ganz einfach Hilfe, zum Beispiel weil er durch andere Aufgaben abgelenkt oder eine Runde so groß ist, daß er sich beim besten Willen nicht gleichzeitig und gleichermaßen um alle kümmern kann. Oder weil eine Situation ihn so überrascht, daß er für die Schlagfertigkeit eines anderen dankbar ist. Deshalb fühlt sich der gute Gast für das Gelingen einer Einladung mitverantwortlich und wird von seiner Seite aus alles tun, um eine entspannte Atmosphäre herzustellen. Nur dann kann er auch selbst entspannen – und siehe da, ob Schüchternheit oder Geltungsbedürfnis, alles scheint überwunden. Wenigstens einen Abend lang ist jeder Mitglied einer Gemeinschaft, die Geborgenheit bietet. Und genau das ist es, warum wir Gastfreundschaft so nötig haben.

Bälle aufnehmen

Gesetztes Essen

Das gesetzte Essen gilt als die hohe Schule der Gastlichkeit. Zu Recht. Andere Einladungen mögen aufwendiger, schwieriger und teurer sein, aber es ist die gemeinsame Mahlzeit, die als höchste Ehre und vornehmstes Vergnügen gewertet wird. Weil nur ein Kreis von Auserwählten an einen privaten Tisch gebeten wird – als Zeichen des Vertrauens und der Sympathie. Da lassen sich Freundschaften vertiefen und sogar alte Streitigkeiten vergessen. Wenn gute Küche und gute Konversation aufeinandertreffen, erreichen wir das Ideal menschlichen Miteinanders.

Und das ist nicht einmal schwierig, denn es kommt nicht darauf an, das teuerste und komplizierteste Menu anzubieten. Wer das sucht, geht ins Drei-Sterne-Restaurant. In einem Privathaushalt kann es sogar eher peinlich wirken, wenn zuviel Geld und Aufmerksamkeit aufs Essen verwendet wird. Die Gäste haben dann das Gefühl, daß sie sich dafür nie revanchieren können. Wohl fühlen sie sich bei Gastgebern, die nicht durch ein prunkvolles Ambiente, ein aufwendiges Menu und

die teuersten Weine beeindrucken, sondern die Geladenen zur Geltung kommen lassen wollen – darin liegt das Geheimnis wahrer Gastfreundschaft.

Darüber hinaus helfen Regeln und Routine. Beide kann man sich aneignen. Wobei es intelligent ist, mit kleineren und leichteren Essen wie einem Ladies' Lunch oder einem Spaghetti-Essen unter Freunden zu beginnen. Weil der Aufwand dabei nicht so groß ist, kann man sich ganz auf die Gäste konzentrieren, und so entwickelt man ein Gefühl dafür, wie sich eine Runde am besten animieren läßt. Wem das leichtfällt, der kann sich an jede große Essenseinladung wagen. Die Zahl der Gäste spielt dabei eine untergeordnete Rolle. Ob man nun ein offizielles Dinner für zwölf Personen gibt oder für 36, ist mehr oder weniger nur noch eine Platz- und Kostenfrage. Die Vorbereitung ist in etwa die gleiche. Und wenn die perfekt war, kann man sich entspannt den Gästen widmen.

Sogar dann, wenn man alles allein machen muß, was durchaus möglich ist, wenn man höchstens sechs Gäste lädt. Mit der richtigen Ausstattung und geschickter Planung kann man ein Dinner geben, bei dem man sich nicht ein einziges Mal vom Tisch erheben muß. Wir haben dabei in erster Linie an berufstätige Frauen gedacht und uns überlegt, wie sie nach einem Arbeitstag noch eine »One-Woman-Show« hinlegen können – natürlich ist eine »One-Man-Show« genauso wirkungsvoll.

Heiter und elegant wirkt der Tisch,
den Heidi Schoeller für einen »Ladies' Lunch«
gedeckt hat – für ein leichtes Mittagessen
mit drei Gängen, zu dem sich fünf Freundinnen
zusammenfinden

Ladies'
Lunch

Gesetztes Essen

Ein Ladies' Lunch ist, wie der Name schon sagt, reine Frauensache. Erfunden wurde es ursprünglich für Diplomaten- und Politiker-Gattinnen, die sich unbeschwert miteinander unterhalten sollten, während ihre Ehemänner mit- und gegeneinander um den Frieden in der Welt rangen. Aber so ganz ohne Bedeutung blieb das Damenkränzchen nicht – es entwickelte sich eine Art von Ehefrauen-Diplomatie, die einigen Einfluß auf die Entscheidungen der Männer ausübte. Moderne Business-Frauen machen sich dieses Wissen zunutze und fädeln ihre Geschäfte gern bei einem Ladies' Lunch ein. Und dann gibt es noch »Ladies who lunch« – damit sind jene chicen New Yorkerinnen gemeint, die Zeit und Geld genug haben, um mittags die Drei-Sterne-Restaurants der Metropole zu bevölkern.

Angenehme Leichtigkeit

Egal, ob Sie zu einer dieser drei Kategorien zählen (wollen): Ein Ladies' Lunch lohnt immer. Weil er von jener Leichtigkeit ist, die das Leben angenehm macht. Frauen unter sich können herzerfrischend uneitel, offenherzig und amüsant sein – ein Vergnügen der besonderen Art. Vorausgesetzt, Sie laden keine Rivalinnen, sondern Freundinnen, weibliche Verwandte, Nachbarinnen, Kolleginnen, Geschäftspartnerinnen. Und Sie halten den Rahmen so schlicht, daß keine Befangenheit auftreten kann.

»Ein Lunch sollte schlicht und leicht sein«, sagt Heidi Schoeller. Das bedeutet: keine dunklen Farben, keine brennenden Kerzen, keine kostbaren Kristallgläser, kein erlesenes Service, kein schweres Essen, kein hochprozentiger Wein. Oft wird am Mittag auf Alkohol ganz und gar verzichtet, insbesondere unter Berufstätigen; trotzdem sollte er immer angeboten werden. Das alles macht einen Lunch angenehm einfach.

Unter Freundinnen

Für Heidi Schoeller ist der Ladies' Lunch oft eine Oase in turbulenten Zeiten. »Wenn ich über einen längeren Zeitraum sehr beschäftigt bin und nicht einmal ein paar Minuten für ein persönliches Wort am Telefon habe«, sagt sie, »lade ich zwischendrin zu einem kleinen Lunch ein, um meinen Freundinnen zu zeigen, daß ich noch am Leben bin und sie nicht das Gefühl haben, ich würde sie vernachlässigen.« Natürlich ist für die fröhliche Runde das Plaudern wichtiger als das Essen.

Deswegen reichen zwei Gänge: Hauptgericht und Dessert. Da sehr viele Damen ständig »auf Diät« sind, serviert Heidi Schoeller gern Fisch, zum Beispiel Rotbarschfilet auf Sellerie-Tomaten-Gemüse mit Reis und Salat; hinterher gibt es ein Feigendessert, das nur eine kurze Zubereitungszeit erfordert; etwas aufwendiger wäre eine Bayerische Creme. Möchte man nicht auf die Vorspeise verzichten, kann man eine Avocado-Mousse servieren (Rezepte Seite 186).

Regionale Spezialität

Den Besuch einer auswärtigen Freundin nimmt Heidi Schoeller oft zum Anlaß für einen etwas üppigeren Ladies' Lunch. Und meist wartet sie dann mit einer Spezialität auf, die es in der Heimat des Gastes nicht gibt. Da Heidi Schoeller das Glück hat, eine Österreicherin zur Köchin zu haben, besteht ein solches Mittagsmenu etwa aus folgenden drei aufeinander abge-

Ladies' Lunch

stimmten Gängen: Grießnockerlsuppe, Tafelspitz und Topfenpalatschinken (Rezepte Seite 187). Passend wäre auch eine Pfannkuchensuppe vorneweg – aber dann sollte das Dessert nicht aus süßen Pfannkuchen bestehen. Statt Topfenpalatschinken würde Heidi Schoeller dann zum Beispiel Zitronencreme oder eine Bayerische Creme anbieten. Wobei wir bei einem wichtigen Punkt wären: Ein Menu ist immer so zusammenzustellen, daß Abwechslung entsteht. Wiederholungen in Farben und Konsistenz langweilen. Sympathisch ist es, wenn das Menu »hausgemacht« wirkt – selbst wenn es komplett von einem Catering-Service geliefert wurde.

Zum Geburtstag Auch bei einem Geburtstagslunch empfiehlt es sich, den Ehrengast zu verwöhnen und seine Lieblingsspeisen aufzutischen – selbst wenn diese extravaganter sind. Selbstverständlich darf die Geburtstagstorte als Dessert und das Glas Champagner oder Sekt zum Anstoßen nicht fehlen. Auch der Tisch bekommt ein anderes Gesicht; er wird festlich gedeckt und der Ehrenplatz besonders hübsch dekoriert: Blüten im Halbrund oberhalb des Platztellers sind schnell arrangiert.

Es gibt viele Gründe, einen Ladies' Lunch anzusetzen: Vielleicht möchte man Freundinnen oder Kolleginnen miteinander bekanntmachen, gemeinsam ein anderes Unternehmen, etwa eine Wohltätigkeitstombola, planen oder einen weiblichen Besuch unterhalten. Eingeladen wird kurzfristig und meist telefonisch, um den informellen Charakter des Anlasses zu betonen, denn der Charme des Ladies' Lunch liegt in der Intimität.

Dieser Tisch in Weiß ist gedeckt für ein aufwendiges Mittagessen. Kämen Kerzen hinzu, wäre er auch ideal für ein festliches Diner

Gesetztes Essen

*Eine große
Runde*

Liegt jedoch ein besonderer Anlaß vor wie beispielsweise eine Verkaufsausstellung einer Freundin für Mode-Accessoires oder ein Weihnachtsbazar, läßt sich der Ladies' Lunch auch auf einen größeren Rahmen von 20 Personen und mehr ausdehnen. Es empfiehlt sich dann, Einladungen zu verschicken und ein Buffet aufzubauen. Ideal für solche Anlässe ist ein ialienisches Buffet mit Bollito misto und Salsa verde – ein vielseitiges, beliebtes Mittagsgericht, bei dem sich jeder aussuchen kann, was ihm zusagt: Geflügel, Kalbfleisch und Tafelspitz, eventuell auch Zunge, werden zusammen mit vielen verschiedenen Gemüsen in einem Topf gegart und dann in dekorativen Terrinen zusammen mit Bouillonkartoffeln aufs Buffet gebracht. Jeder bedient sich nach Belieben. Vegetarierinnen können zum Beispiel nur Gemüse nehmen. Von den vorgeschnittenen Fleischsorten sucht sich jeder aus, was er möchte, und gibt Salsa verde (grüne Sauce) dazu. Außer den normalen Tellern und Bestecken sollten auch Suppentassen mit Löffeln auf dem Buffet bereitstehen, denn für viele ist die Consommé, die Brühe, in der das Fleisch gegart wurde, das Köstlichste am Bollito misto. Auch Brot, Wasser und ein leichter weißer Land- oder Tafelwein (dazu siehe auch »Heidi Schoellers kleine Weinfibel«, Seite 190) stehen bereit. Dann wird das Buffet abgeräumt und eine Auswahl an Desserts angeboten: eine Tarte, eine Creme, gemischte Beeren und ein Fruchtsalat zum Beispiel. Nichts könnte einfacher und gleichzeitig vielseitiger sein als ein solches Buffet.

Gerade bei einem so großen Ladies' Lunch erwartet niemand, daß die Gastgeberin selber kocht. Frauen wissen, daß neben beruflichen und/oder familiären Aktivitäten wenig Zeit und Energie für die Küche bleibt. Deshalb kann man ruhig alles von einem Party-Service oder Spezialitäten-Restaurant liefern lassen oder einen Koch für einen halben Tag anheuern. Besonders beliebt sind Zwischenlösungen: Die Hausfrau bereitet Vor- und Nachspeise selber vor und läßt das Hauptgericht von einem Caterer liefern – oder umgekehrt. Das reduziert auf der einen Seite die Arbeit, auf der anderen die Kosten, bietet aber gleichzeitig die Möglichkeit, dem Lunch eine ganz persönliche Note zu geben.

Zurück zu der intimen Ursprungsidee des Ladies' Lunch: Die Ausstattung für den Tisch ist einfach. Bei zwei Gängen (Hauptgericht und Dessert) braucht man nur ein Fleisch- oder Fischbesteck und ein Dessertbesteck, das entweder aus Löffel und Gabel (für Eis oder Cremes mit Beerenfrüchten) oder aus einem Obstbesteck für Obst besteht. Ein Muß ist auch das Wasserglas, das bereits gut halbgefüllt auf dem Tisch steht, wenn die Gäste Platz nehmen. Für den leichten Weißwein steht ein Glas bereit.

*Einfaches
Gedeck*

*Runde Sets sind
besonders platz-
sparend – und
trotzdem elegant*

Der Mittagstisch kann mit einer hellen Tischdecke oder mit Sets gedeckt werden; deckt man mit einer Tischdecke, lassen sich mehr Personen unterbringen; man braucht auch nicht unbedingt Platzteller. Heidi Schoeller macht es mal so und mal so, einfach der Abwechslung wegen. Auf einer schönen Tischplatte, von der man möglichst viel zeigen möchte, kann man mit Platztellern arbeiten – in diesem Fall kommt die Serviette in die Mitte. Womit der alten Regel, daß ein Gast niemals vor einem leeren Platz sitzen soll, wieder Genüge getan wäre.

Die Aufgabe des Brotes

Bevor es Teller gab, wurde jeder Platz durch ein großes flaches, oft rechteckiges Brot gekennzeichnet. Es diente als »Untergrund« für alle Speisen und wurde bei den Ärmeren selbstverständlich mitgegessen, während die Reichen es sich zur Gewohnheit machten, die soßengetränkten Brote nach dem Mahl einfach unter den Tisch zu werfen – wo ihre Hunde schon darauf warteten. Als im 16. Jahrhundert die ersten Teller aus Holz oder Zinn aufkamen, legte man oft noch aus alter Gewohnheit Brot darauf, um sich nicht um den Genuß des Fleischsaftes zu bringen. Bis heute gehört Brot als Bestandteil zu jedem Gedeck. François de Goullon, Mundkoch der Herzogin Anna Amalia in Weimar, beschrieb ein ordentliches Couvert wie folgt: »Auf den Teller wird Brod und Semmel oder sogenanntes Franzbrod nebst einer zierlich gebrochenen Serviette gelegt.« So kann man es auch heute noch halten.

Ein Platz- oder Servierteller (der größte Teller des normalen Geschirrs) erleichtert die Anordnung der Bestecke, da er den Abstand zwischen Messer und Gabel bereits definiert. Deckt man ohne, sollte man eine Distanz von etwa 40 Zentimetern einhalten. Messer liegen grundsätzlich rechts vom Teller, Gabeln links. Beim Zwei-Gänge-Lunch handelt es sich jeweils nur um ein Teil. Das Dessertbesteck liegt oberhalb des Gedecks, und zwar der Löffel oben mit nach rechts gerichtetem und die Gabel darunter mit nach links gerichtetem Stiel. Ist für das Dessert Messer und Gabel gedeckt, etwa um Obst oder Käse schneiden zu können, so nimmt das Messer den Platz des Löffels ein. Ein Weinglas wird rechts oberhalb des Gedecks plaziert, das (größere) Wasserglas steht links davon.

Kleine Serviette

Mittags benutzt man normalerweise eine kleinere Serviette als abends. Oft wird sie zu einem schmalen Rechteck zweimal zusammengefaltet und liegt dann entweder auf der linken Seite links von den Gabeln oder auf dem Platzteller oder, wenn es keinen gibt, zwischen Messern und Gabeln. Monogramme oder andere Verzierungen sollten dem Gast zugewandt sein. Manchmal muß die Serviette auch als »Brotbehälter« dienen, nämlich wenn nicht genügend Platz für Brotteller vorhanden ist. Heidi Schoeller faltet die Serviette dann zu einer »Bischofsmütze«, in die Brot oder Brötchen hineingesteckt werden (Anleitung siehe Seite 176). Achten Sie aber darauf, daß der Inhalt deutlich zu sehen ist, sonst landen die Brote auf dem Boden, wenn die Gäste schwungvoll ihre Serviette entfalten.

Praktisch muß es sein

Wenn mit Brottellern gedeckt wird, so stehen sie links oberhalb des Gedecks, und schräg darauf – mit dem Griff nach

Gesetztes Essen

rechts – liegt ein kleines Buttermesser. Es hat sich eingebürgert, daß auch Brot und/oder Brötchen und sogar die Butter ebenfalls bereits bei Beginn des Essens auf dem Brotteller bereitliegen. Dies hat praktische Gründe, denn wer hat schon Personal, das alles immer wieder neu anbietet. Nur wenn zu einer Vorspeise Toast gehört, so wird er frisch und warm herumgereicht.

Wo es keine Vorspeise gibt, muß es auch kein Brot geben. Die Regel besagt, daß Brotteller samt Zubehör nach dem Entree abgeräumt werden. Oft werden sie durch Salatteller ersetzt, sofern der Salat zum Hauptgericht gereicht wird.

Wenn es ein Vorgericht gibt, dann bedarf es eines Suppenlöffels oder Vorspeisenbestecks. Löffel liegen grundsätzlich rechts von den Messern. Das Besteck für die Vorspeise ist kleiner als das für das Hauptgericht, wird aber genauso gedeckt: Messer rechts, Gabel links vom Teller.

Feigen sind ein köstliches Dessert und eignen sich gleichzeitig als Tischdekoration

Auch wenn die Tischrunde sehr klein ist, wird sich die Hausfrau vorher Gedanken über die Tischordnung machen. Meistens genügt es, wenn sie sich einen kleinen »Spickzettel« schreibt und den Ladies vor dem Lunch mündlich ihren Platz zuweist. Tischkarten mit den Namen und auch Menukarten sind nur bei größeren Runden üblich.

Immer von links

Meist hat die Gastgeberin bei einem kleinen Lunch keine Hilfe. Deshalb steht die Vorspeise, wenn es eine gibt, oft schon auf jedem Platz bereit. Die Zutaten des Hauptgangs kommen auf Platten und in Schüsseln auf den Tisch. Entweder reicht die Hausfrau sie herum, oder die geladenen Damen geben sie weiter. Die Runde geht grundsätzlich entgegen dem Uhrzeigersinn; es wird immer von links angereicht.

Das Abräumen

Das Buffet erleichtert der Hausfrau die Arbeit, da sich jeder selber bedient. Aber es bleibt, wie beim gesetzten Essen auch, das Problem des Abräumens. Gerade unter Frauen wird da oft übereifrig Hilfe angeboten. Mit dem Ergebnis, daß manchmal alle gleichzeitig aufspringen und nur unorganisiertes Chaos entsteht. Weigern Sie sich als Gastgeberin, Hilfe anzunehmen. Die paar Teller bei einem kleinen Ladies' Lunch können Sie allein in die Küche tragen. Aber bitte jeweils nur zwei auf einmal. Die Teller bei Tisch zu stapeln und dabei womöglich noch Reste zusammenzusammeln ist zwar praktisch, gilt aber als äußerst unfein. Daß Gastgeben eine gewisse Mühe macht, weiß jeder – aber das demonstriert man nicht vor den Gästen.

Sollten Sie mit Platztellern gedeckt haben, so werden diese nach dem Haupt-

EINLADUNG: Kurzfristig telefonisch oder mündlich; bei einem größeren Lunch-Buffet auch schriftlich.

UHRZEIT: 12.30 oder 13 Uhr.

DAUER: Etwa eineinhalb Stunden.

GETRÄNKE: Mineralwasser und eventuell leichter Weißwein, im Sommer auch geeister Tee. Als Aperitif kann ein gekühlter Sherry, Obst- oder Gemüsesaft dienen. Wenn etwas gefeiert werden soll, gibt es Sekt, Prosecco oder Champagner. In jedem Fall Kaffee zum Abschluß.

ESSEN: Zwei, höchstens drei Gänge mit leichten Speisen. Menu-Beispiele: Avocado-Mousse – Fisch auf Gemüse – Feigendessert oder Grießnockerlsuppe – Tafelspitz – Topfenpalatschinken. Bei einer größeren Runde ist es besser, ein Buffet vorzubereiten, zum Beispiel mit Bollito misto (alle Rezepte auf Seite 186ff.).

UND DER GAST?

MUSS pünktlich sein, da bei einem Lunch keine lange Aperitif-Zeit eingeplant ist; nach dem Kaffee aufbrechen, damit die Gastgeberin den Nachmittag für sich hat.

SOLLTE bei Tisch aufmerksam und hilfsbereit sein (Speisen weiterreichen, Wasser nachschenken), aber sich nicht der Hausfrau bis in die Küche hinein aufdrängen.

KANN eine Kleinigkeit mitbringen. Unter Freundinnen genügt es, sich bei der Verabschiedung zu bedanken. Ansonsten macht man das telefonisch oder mit ein paar netten Zeilen.

gang ebenfalls abgeräumt. Für das Dessert kommen mittelgroße Teller, sogenannte Mittelteller, auf den Tisch. Jede Art von Kuchen oder Torte sollte in der Küche vorgeschnitten sein. Bei einer kleinen Runde kann sich die Hausfrau die Teller zum Bedienen ruhig anreichen lassen, andernfalls muß der Kuchen die Runde machen. Cremige Nachspeisen können portionsweise vorbereitet in Schalen auf Untertellern serviert werden, das spart Geschirr und Arbeit. Den Kaffee reicht man zum Kuchen oder gesondert auf einem Tablett nach dem Essen, dann aber nach Möglichkeit in einem anderen Raum.

Wenn mehr als acht Personen zu Tisch sitzen, brauchen Sie eine Hilfe. Wie das korrekte Servieren mit Personal abläuft, erfahren Sie im Kapitel »Das festliche Diner« auf Seite 130f.

Improvisierte Feiern finden nicht selten

in einer Wohnküche statt – und ein italienisches

Menu mit kalten Vorspeisen und Spaghetti

als Hauptgericht ist besonders leicht

zu zaubern

Essen unter Freunden

Gesetztes Essen

Wohl dem, der eine Wohnküche hat. Er wird sich über Mangel an Gesellschaft nie beklagen müssen. Denn die Wärme eines Herdes – im wörtlichen wie übertragenen Sinne – zieht Menschen magisch an. Und der Herrscher des Herdes ist schnell der König unter den Gastgebern, selbst wenn er sich viel weniger Mühe macht als andere in ihren prächtigen Speisezimmern. Vielleicht sind es gerade deswegen so häufig Männer, die Gäste gern in ihre Küche bitten, fröhlich behaupten, sie seien Amateure – und dann die köstlichsten Mahlzeiten zaubern.

Oder scheint es nur so? Zumindest macht es den Eindruck, als seien selbst die simpelsten Spaghetti, wenn sie nur direkt vom Herd auf den Tisch kommen, immer ein kulinarisches Meisterwerk. Eine Todsünde wider die Pasta wäre es jedenfalls, sie vorzukochen und wieder aufzuwärmen, was manche fürsorgliche Hausfrau für praktisch hält. Das Geheimnis guter Spaghetti liegt in ihrer punktgenauen Zubereitung. Schwierig ist das nicht – aber einige wenige Regeln gilt es ganz genau zu beachten:

Kochen »mit Biß«

Nudeln wollen schwimmen – pro 100 Gramm (das gilt als eine Portion) mindestens ein Liter Wasser. Erst wenn das Wasser kocht, wird es gesalzen (ein gehäufter Teelöffel pro Liter). Viele geben einen Schuß Olivenöl oder einen Stich Butter ins Kochwasser hinein. Das Fett verhindert, daß die Nudeln aneinanderkleben; das kann man allerdings auch durch Umrühren mit einer Holzgabel erreichen. Wichtig ist, daß das Wasser weiterhin sprudelnd kocht, wenn die Spaghetti eingelegt werden. Fertig sind sie, wenn sie »al dente« sind – gar, aber noch »mit Biß«. Bei frischen Spaghetti kann das in zwei bis fünf Minuten der Fall sein, bei getrockneten dauert es länger. Um den genauen Zeitpunkt nicht zu verpassen, hilft nur eines: probieren. Nudeln abgießen und in einem Sieb kurz abtropfen lassen, aber nicht abschrecken, weil sie sonst die Sauce schlecht annehmen. Dann kippt man sie zurück in den Topf und mischt sie mit Butter oder der Sauce, damit sie nicht zusammenkleben; serviert werden die Nudeln in einer vorge men Schüssel. Die Spaghetti solle schnell aufgetragen werden; das ist natürlich am besten in einer Wohnküche mit kurzen Wegen möglich.

Spaghetti essen – eine Kunst

Außerdem ißt man Spaghetti in zwangloser Umgebung viel leichter – und deswegen lieber. Natürlich wissen wir, wie's die Italiener machen: einige wenige Spaghetti zwischen die Gabelzinken klemmen und dann so lange rechts herum drehen, drehen, drehen, bis sich die langen Dinger zu einem kompakten Nest verwickelt haben. So weit, so gut. Doch auf dem Weg vom Teller zum Mund löst sich das Nudelnest manchmal wieder in Wohlgefallen auf – einfach erstaunlich, was drei bis fünf harmlose Spaghetti im Zusammenwirken mit ein wenig Tomatensoße alles anzurichten vermögen! Da wird das Essen zum Erlebnis.

Und darum stellt es auch das ideale Essen unter Freunden dar, denn die will man ja ohne Voranmeldung jederzeit bewirten können. Und Nudeln eignen sich hervorragend zur Vorratshaltung. Das weiß jeder, der gern improvisiert. Erstaunlicherweise gibt es viele, denen

Überraschungsgäste lieber sind als jeder geplante Besuch. Sie fühlen sich dann freier. Wenn eigentlich niemand etwas von ihnen erwartet, laufen sie zur Hochform am Herd auf – vorausgesetzt, man läßt sie nicht alleine. Für sie ist Kochen etwas, das nebenbei geschieht, während das Plaudern und Scherzen mit Freunden im Mittelpunkt steht. Leider denken viel zu wenige Architekten daran, Küchen zu bauen, die keine Isolierzellen sind.

Improvisation ist alles

Wer keine Wohnküche hat, wird dennoch versuchen, einem Essen unter Freunden den Anschein der Improvisation zu geben. Weil sich jeder in einer ungezwungenen Atmosphäre wohler fühlt. Außerdem entsteht ein solches Zusammensein ja auch oft ganz spontan. Jemand kommt vorbei, und man bittet ihn zu bleiben, ein anderer ruft an, und man fordert ihn auf dazuzustoßen – und damit sich die Kocherei auch lohnt, fragt man gleich noch zwei, drei andere Freunde, ob sie Zeit und Lust haben. Mitbringen können sie nicht nur weitere Gäste, sondern auch ihre eigenen Vorräte: Wein und Oliven, Brot und Käse, Tomaten und Schinken … Alle Schätze werden auf dem Tisch ausgebreitet, und dann kann das Vergnügen beginnen.

Vorräte anschaffen

Klingt verlockend? Ist es auch. Aber nur, wenn nicht ein heilloses Chaos entsteht. Wichtig ist, daß sich auch eine zusammengewürfelte Gesellschaft in Ruhe zum Essen versammelt und der Tisch dazu angemessen gedeckt ist. Die nötigen Teller, Gläser und Bestecke müssen da sein, ebenso wie die Gewürze und Getränke. Zu warmer Weißwein beispielsweise wäre unent-

schuldbar. Aus diesem Grunde ist für ein improvisiertes Essen Rotwein immer günstiger. Daran sollte jeder denken, der Spontan-Einladungen liebt. Außerdem deckt er sich tunlichst mit Vorräten ein, die es ihm jederzeit ermöglichen, ein Essen auf den Tisch zu zaubern. Dazu gehören nicht nur Nudeln aller Art, sondern auch Tomaten in Dosen, getrocknete Pilze, eingelegte Artischocken, Oliven, getrocknete Tomaten, luftdicht abgepackter Schinken und Käse – für einen italienischen Abend ist schnell gesorgt. Wer eine Tiefkühltruhe besitzt, ist ohnehin jedem Überraschungsbesuch gewachsen. Der kann selber entscheiden, ob er sich nun für einen chinesischen, spanischen oder bayerischen Abend wappnet.

Nicht jeder liebt die Improvisation. Aber auch wer ein Essen mit Freunden sorgfältig plant, sollte dem Tisch etwas »Unvollendetes« geben. Brotlaibe, Salami und Schinken am Stück und frische Kräuter statt Blumen stimmen ein auf eine ungezwungene Schlemmerei.

Kein großer Aufwand

Gleiches gilt für das Essen. Nicht, daß es immer nur Spaghetti sein müßten.

Beliebt bei Jung und Alt: Spaghetti mit Spinatsauce

Gesetztes Essen

Krebse zum Beispiel sind ein köstlicher Genuß, wenn man unter Freunden ist. In einem Restaurant hingegen schreckt so mancher vor der diffizilen Handarbeit zurück. Krebse werden entweder warm oder auf schwedische Art mit viel Dill kalt serviert. Im Restaurant gibt es dazu eine Gabel und ein Krebsmesser. Dennoch muß man immer die Finger zu Hilfe nehmen, und sei es nur, um den Krebsschwanz durch eine kurze Biegung und Drehung vom Kopf zu trennen. Oft rutscht das Fleisch dabei automatisch heraus, wenn nicht, muß der Panzer an der Unterseite aufgeschnitten werden. An das Fleisch in den Krebsbeinchen kommt man, indem man sie durch das dafür vorgesehene Loch im Krebsmesser steckt und aufknackt. Da man sie dann doch wieder zum Auszutzeln in die Hände nehmen muß, ziehen viele Esser es vor, ganz auf Handwerkzeug zu verzichten und sich nur auf ihre Fingerfertigkeit zu verlassen. Aber wie gesagt: ungern vor fremden Zuschauern im Restaurant. Unter Freunden jedoch können Krebse, genau wie Hummer, Langusten oder Mu-

scheln, zu einem archaischen Festmahl werden. Ebenso Spargel, der – obwohl Messer und Gabel mittlerweile »erlaubt« sind – von Kennern nach wie vor am liebsten in die Finger genommen und bis zu den letzten Zentimetern vor dem Ende abgebissen wird. Auch Spareribs und knusprige Brathähnchen sind für viele erst dann ein Vergnügen, wenn sie sie ungeniert aus der Hand essen dürfen. Für ein Essen unter Freunden ebenfalls wunderbar geeignet, weil leicht zuzubereiten, sind frische Möveneier, serviert mit Kresse, Radieschen und Selleriesalz.

Vorausgesetzt, es gibt riesengroße Servietten und Fingerschalen. Dies sind sozusagen die beiden wichtigsten Utensilien für jede ungenierte Schlemmerei. Zum Krebsessen werden Gastgeber rote Tischtücher oder Sets und rote Servietten aus Leinen bereithalten, da der Saft färbt. In Schweden, wo sich Freunde traditionell zum Krebsessen zusammenfinden, bekommt jeder Teilnehmer zum Schutz der Kleidung sogar ein großes rotes Lätzchen umgebunden. Ähnlich

Zu Krebsen rote Servietten

Typisches Saison-Essen: Spargel mit feiner Sauce. Unter Freunden verzichtet man auch gern auf das Besteck

In den Monaten mit »r« kann man Muscheln servieren

EINLADUNG: Mündlich oder telefonisch, meist spontan.

UHRZEIT: Wie es sich ergibt.

DAUER: Ausnahmsweise ohne Limit.

GETRÄNKE: Was Ihr wollt ... nach Möglichkeit jedoch auf das Essen abgestimmt, also Rotwein zum Spaghetti-Essen, Weißwein zu Spargel und Möveneiern; Schweden trinken zu Krebsen Bier und Aquavit, bei uns wird meistens Weißwein gegeben.

ESSEN: Entweder aus Vorräten improvisiert oder als Spezialitäten-Festessen kurzfristig angesetzt, zum Beispiel zur Krebs- oder Spargelsaison.

UND DER GAST?

MUSS sich verwöhnen lassen – etwas anderes bleibt ihm bei Spontan-Einladungen sowieso nicht übrig.

SOLLTE nicht nerven, indem er seine Hilfe ständig aufdrängt und sich dafür entschuldigt, daß er »solche Umstände« macht; bei geplanten Festessen anbieten, etwas mitzubringen, etwa Wein oder Prosecco.

KANN etwas zum improvisierten Essen beitragen, indem er zum Beispiel in der Konditorei schnell eine Nachspeise besorgt. Ansonsten sind Dank und Geschenk hinterher immer angebracht.

kann man unter Freunden auch bei anderen »Finger-Vergnügen« vorgehen: riesige Mundtücher umbinden und genießen ... aber den eisgekühlten Aquavit nicht vergessen.

Auch die Fingerschalen sollten nicht zu winzig ausfallen. Die Fingerspitzen beider Hände muß man gleichzeitig im lauwarmen Wasser abspülen können, nachdem man sie mit der darin schwimmenden Zitronenscheibe vom Fett befreit hat. Zum Trocknen liegt nochmal eine Extra-Serviette bereit; oftmals haben die Gastgeber von vornherein in die große Stoffserviette eine –

ebenfalls große – Papierserviette »fürs Grobe« hineingelegt.

Jedenfalls wird ein Essen unter Freunden erst dann zum Ereignis, wenn gewisse Regeln wegfallen, aber ein bestimmter Stil gewahrt wird. Im Unterschied zu offiziellen Einladungen sollten Gerichte aufgetischt werden, die sonst zu kompliziert oder zu schlicht scheinen. Denken Sie nur an Bratkartoffeln: Fast jeder liebt sie, kaum einer kann sie kunstgerecht zubereiten – kein Wunder, daß manch einer ihretwegen ein Verhältnis einging. Sicher können sie auch Freundschaften festigen.

Mit den richtigen Hilfsmitteln und
perfekter Planung kann eine Gastgeberin wie
Heidi Schoeller es schaffen, sechs bis acht Personen
ganz allein zu bewirten

*O*ne-Woman-Show

Gesetztes Essen

Früher waren Frauen an der festlichen Tafel nicht gefragt. Im antiken Athen etwa durfte die Dame des Hauses sich um die Vorbereitungen und die Einkäufe auf dem Markt kümmern, am Essen selber jedoch nahm sie nicht teil. Weibliche Wesen waren nur zur Unterhaltung da, damit den Herren zum Diner noch ein »Augenschmaus« geboten war. Auch bei den Germanen blieben die Männer unter sich. Bei ihnen waren nicht einmal Flötenspielerinnen und Tänzerinnen zur Unterhaltung zugelassen – ein weiterer Grund, warum man sie zu Barbaren erklärte. Aber auch im hochzivilisierten China, in Indien und in Japan war es üblich, daß Männer und Frauen getrennt aßen. Und in vielen arabischen und afrikanischen Ländern ist das selbst heute noch die Norm. Wo die Frauen ferngehalten werden von den Tischen der Männer, da kann man voraussetzen, daß sie auch ferngehalten werden von den Fleischtöpfen – sie bekommen die Reste.

Ablenkung durch Frauen

Wie fortschrittlich war da unser Karl der Große! Seine Tischregeln sahen vor, daß Männer und Frauen gemeinsam essen sollten. Ihn störte es offenbar nicht, das kostbare Fleisch und andere Leckerbissen mit dem schwachen Geschlecht zu teilen; seine einzige Sorge war, daß die anwesenden Damen durch schlechte Gerüche oder starke Parfums den Schmaus stören könnten. Ganz ähnliche Befürchtungen hegte Grimod de la Reynière, der ungeteilte Aufmerksamkeit für die Speisen forderte und Damen deswegen erst nach Wein und Kaffee sehen wollte – wenn ihre Attraktivität nicht mehr ablenkend wirkte. Der viktorianische Novellist William M.

Thackeray dagegen versuchte, die damals beliebten Essen unter männlichen Gourmets zu vermeiden. Er fand, daß charmante Frauen so kulinarischen Köstlichkeiten wie Schildkröten und Schnee-Erbsen vorzuziehen seien. Für ihn waren die Damen das Wichtigste an einer Festtafel.

Dieser Auffassung schließen sich alle Männer an, denen die Konversation wichtiger ist als die Kochkunst. Und das sind heute mehr denn je. Schlemmen kann man mittlerweile schließlich überall – aber wo wird man noch mit Wärme und Esprit empfangen? Nur am Tisch einer intelligenten Frau natürlich. Aber leider haben gerade jene Frauen, die die besten Gastgeberinnen abgeben, oft am wenigsten Zeit. Sie sind eben auf vielen Gebieten gefragt, und die wenigsten können sich Personal leisten.

Wärme und Esprit

Was tun? Eine »One-Woman-Show« abziehen! Das tut auch Heidi Schoeller, wenn sie am Wochenende in ihrem kleinen Refugium am Tegernsee Besuch bekommt. Dort hat sie keinerlei Hilfe, dennoch käme es ihr nicht in den Sinn, auf Gäste zu verzichten. Sie reduziert den Aufwand und investiert mehr in die Organisation.

Ausreichend Abstellflächen

Natürlich gibt es Hilfsmittel, die eine »One-Woman-Show« überhaupt erst möglich machen. Das Wichtigste sind ausreichende Abstellflächen in Reichweite des Eßtisches. Eine Anrichte zum Beispiel tut gute Dienste. Kommt noch ein fahrbarer Servierwagen hinzu, so kann eigentlich nichts mehr schiefgehen. Heidi Schoeller jedoch liebt es noch mobiler. Sie findet, daß Servierwagen relativ viel Platz brauchen, und behilft sich deswegen lieber mit improvisierten Beistelltischen, die aus klappbaren Böcken bestehen, auf die man je nach Bedarf kleinere und größere Tabletts setzen kann. Der Vorteil ist, daß solche Tische wenig Stauraum benötigen, man bringt sie in der kleinsten Besenkammer unter. Außerdem sind sie vielfältig einsetzbar: zum Tee, für ein Tele-Tablett und für einen Imbiß.

Unentbehrliche Hilfsmittel

Wärmeplatten oder Rechauds sind weitere unentbehrliche Hilfsmittel. Meistens muß mindestens das Hauptgericht einige Zeit warmgehalten werden. Besonders dekorativ sind altmodische »Bain Maries«, wie sie in Restaurants und Hotels seit jeher auf warmen Buffets Einsatz finden: kupferne oder silberne Wannen über Spiritusbrennern. Sie dienen als Wasserbad, in dem Speisen in Glaseinsätzen schonend warmgehalten werden.

Heizbare Hilfe

Die beiden französischen Journalistinnen Claude Kiejmann und Catherine Lamour begeistern sich für einen heizbaren Servierwagen, auf dem man nicht nur alle Speisen von der Küche an den Eßtisch rollen, sondern sie gleichzeitig auch warmhalten kann – die Teller natürlich ebenso. Der einzige Nachteil: Das praktische Stück ist ziemlich teuer. Deswegen geben die beiden Französinnen, die das erste Kochbuch für berufstätige Gastgeberinnen geschrieben haben (»Cinquante dîners sans se lever de table«, Belfond), auch jede Menge preiswerte Tips: So empfehlen sie skandinavisches Stahlgeschirr mit doppelten Wänden, das vom Herd direkt auf den Tisch kommt und die Speisen dort noch mindestens zwei Stunden warmhält. Oder den guten alten Römertopf.

Auf einen Servierwagen jedoch, und sei er noch so altmodisch, wollen die geübten französischen Gastgeberinnen auf keinen Fall verzichten. Wer sich einen neuen anschafft, sollte ihrer Meinung nach darauf achten, daß er drei Etagen hat und möglichst flach zusammengeklappt werden kann. Die meisten jedoch haben nur zwei Abstellflächen, aber auch das reicht.

Auf der unteren Etage wird folgendes bereitgehalten: Rotwein, Käse- und Dessertteller, ein Korb mit zusätzlichem Brot (etwa für den Käse), der Käse und das Dessert.

Darüber warten Hauptgericht, Salat, Saucen, zusätzliche Bestecke und zwei bis drei Ersatzservietten für alle Fälle (zum Beispiel um Saucenflecken abzudecken).

Auch wer sehr geübt und geschickt ist, sollte sich nicht mehr als sechs bis höchstens acht Personen zumuten. Sonst wird die »One-Woman-Show« zum Drahtseilakt, und das ist nicht der Sinn der Sache. Nicht für Ihre Talente

Servierwagen als »stummer Diener«

Ein Servierwagen mit drei Etagen ist besonders vielseitig einsetzbar

Gesetztes Essen

im Balancieren und Jonglieren soll man Ihnen applaudieren, sondern für Ihre entspannte Gastfreundschaft. Siehe oben: Die Dame des Hauses ist der Mittelpunkt der Konversation.

Vorbereitungen am Abend Das fällt ihr umso leichter, je besser sie den Abend vorbereitet hat. Morgens schon oder sogar am Vorabend wird der Eßtisch gedeckt: Platzteller, Besteck für Vorspeise und Hauptgericht, Gläser (eins für Wein, eins für Wasser), Serviette entweder auf oder links neben dem Platzteller, zwei bis drei Salzgefäße, eine Pfeffermühle.

Einige Zeit bevor die Gäste eintreffen, kommen zwei Wasserkaraffen auf den Tisch, eine ans linke, die andere ans rechte Ende, und zwei Weinflaschen (oder Wein in Karaffen). Franzosen servieren grundsätzlich Rotwein, das vereinfacht die Sache, da er nicht wie Weißwein kühlgehalten werden muß. Wenn das Menu es erfordert, werden auch noch Senf, grobes Meersalz, Cornichons und andere Gewürze und Beilagen auf den Tisch gestellt.

In der Küche sollte ein vorbereitetes Tablett für den Kaffee nach dem Essen warten. Notfalls kann man ihn sogar bereits aufbrühen und in einer guten Thermoskanne warmhalten. Auch eine Thermoskanne mit heißem Wasser ist nützlich: Viele bevorzugen heute als »Digestiv« einen Kräutertee, der dann auf Wunsch schnell aufgebrüht ist.

Auf einem weiteren Tablett werden frische Gläser bereitgehalten, um nach dem Essen noch Champagner, Whisky oder Obstbrände anzubieten.

Drei oder vier Gänge Das Essen darf nicht mehr als drei bis vier Gänge umfassen, und es genügt, wenn nur einer davon warm ist. Und es müssen auch nicht alle von der Gastgeberin selber zubereitet sein. Da die »One-Woman-Show« am häufigsten von berufstätigen Frauen zelebriert wird, erwartet niemand langwierige

Sommerliche Stimmung strahlt dieser gedeckte Tisch aus. Platzsparend: gläserne Halbschalen, »Mezzaluna« genannt, für Salat

Kochkünste. Intelligent ist es, sich auf eine Sache zu konzentrieren, die man besonders gut kann – und alles andere beim Feinkosthändler und Konditor zu besorgen (telefonisch vorbestellen und auf dem Heimweg vom Arbeitsplatz schnell abholen oder liefern lassen.

Günstige Kombinationen

Die französischen Journalistinnen Kiejmann und Lamour haben bei ihren 50 Menu-Vorschlägen die verschiedensten Kombinationen gewählt: Mal ist die Vorspeise warm und das Hauptgericht kalt, mal umgekehrt. Manchmal bestehen auch alle Gänge aus kalten Platten. Oder nur das Dessert wird heiß gereicht … Sie haben sich auf typisch französische Hausmannskost wie Pot-au-feu und Blanquette de veau konzentriert, die das Aufwärmen problemlos vertragen. Andererseits schlagen sie zur Bewirtung von Freunden einfache Schnellgerichte vor, aber auch exotische oder repräsentative Gerichte, mit denen man durchaus Eindruck bei Geschäftspartnern machen kann. Hier einige ihrer typischen Menu-Vorschläge:

KOMBINATION AUS WARMEN UND KALTEN GERICHTEN
※ Quiche oder Pizza (vorbereitet oder fertig gekauft, im Ofen heißgemacht) – gebeizter Lachs mit Kartoffelsalat – Reblochon und Hartkäse – Salat aus Melone und Himbeeren
※ Gnocchi oder Ravioli (fertig gekauft, gekocht, im Ofen überbacken) – Kalbsrollbraten mit Ratatouille – verschiedene Ziegenkäse – frische Ananas

KALTE MENUS
※ Glasierte Zucchini – kaltes paniertes Schnitzel – Salat aus grünen Bohnen und Tomaten – Brie – Kuchen

※ Salat aus Tomaten und Mozzarella mit Basilikum – Steak tatare – Brie – Salat aus roten Früchten

HAUPTGANG OHNE VORSPEISE
※ Boeuf Stroganoff – gemischter Salat, Käseplatte – Eiskaffee
※ Pot-au-feu – Käseplatte mit Brie, Tome, Roquefort – Sorbet
※ Blanquette de veau – Feldsalat mit roter Bete – ein Käse: Vacherin oder Brie – Vanilleeis mit Schokoladensauce

EXOTISCHE MENUS
※ Indisches Lamm-Curry – Chicorée-Salat – Nußkuchen
※ Mexikanische Maistortillas – Chili con carne – Obstsalat von Orangen und Mango
※ Vietnamesische Frühlingsrollen – Ingwer-Huhn mit Reis – Lychees (frisch oder aus der Dose)

Auch für Vegetarier

Falls Sie Ihren Gästen ein rein vegetarisches Menu servieren möchten, läßt sich das Indische Lamm-Curry auch als Gemüse-Curry zubereiten. Alle Menus sind nach dem gleichen Prinzip aufgebaut: Mindestens ein Gang ist fertig gekauft oder braucht keine Zubereitung (frisches Obst, Eis, Konserven). Die heißen Speisen sind so unkompliziert, daß sie nicht an Qualität verlieren, wenn sie aufgewärmt oder längere Zeit warmgehalten werden. Oder sie sind nur eine Angelegenheit von Minuten. Jedenfalls darf es höchstens einmal während des gesamten Diners nötig werden, daß die Hausfrau kurz in die Küche verschwindet.

Die Gastgeberin bleibt am Tisch

Heidi Schoellers Ehrgeiz ist es, sich kein einziges Mal vom Tisch erheben zu müssen. Deshalb achtet sie darauf, daß

jeder alles Nötige an seinem Platz findet, zum Beispiel auch Fingerschalen und Aschenbecher. Alle Gänge stehen bereit, die Vorspeise oft schon auf dem jeweiligen Gedeck. Das Hauptgericht wird auf Rechauds warmgehalten. Auf einem Beistelltisch stehen Käse und Salat, die, wie es in Amerika üblich ist, nach dem Hauptgang angeboten werden. Die Teller und das Besteck dafür befinden sich daneben. Auf dem zweiten Beistelltisch wartet das Dessert mit den dazugehörigen Tellern und Bestecken.

Eine typische Inszenierung für eine »One-Woman-Show« haben wir bei Heidi Schoeller fotografiert. Eigentlich hatte sie an diesem Tag eine Einladung auf der Terrasse geplant, aber das Wetter machte ihr einen Strich durch die Rechnung. Dabei entdeckte sie, daß diese Art von Essen auch bei unvorhergesehenen Überraschungen keine Probleme macht, die eine Frau allein nicht bewältigen könnte – vorausgesetzt, die Möbel sind mobil genug, um leicht an einen anderen Platz transportiert zu werden. An jenem Tag zog Heidi Schoeller in die Bibliothek um, weil das der kürzeste Weg war.

Das Gedeck: übersichtlich und praktisch

Gedeckt hat Heidi Schoeller mit einer sattgelben Baumwolldecke aus Italien (siehe Seite 154/155). Auf den dazu passenden Servietten liegen dicke Scheiben eines würzigen Landbrotes.

An Getränken wird sowohl Rot- als auch Weißwein und Mineralwasser gereicht. Alles steht in Karaffen auf dem Tisch bereit. Es gibt für jeden nur zwei Gläser: ein klares für das Wasser, das bei Essensbeginn auch bereits zu Dreiviertel gefüllt ist, und ein blaues für den Wein

der Wahl. Besteck ist lediglich für das Hauptgericht aufgelegt, und zwar ein unkompliziertes, das die Wäsche in der Spülmaschine nicht übelnimmt. Die Bestecke für Käse und für das Dessert befinden sich neben den dazugehörigen Tellern noch auf den Beistelltischen. So wirkt der Tisch nie überladen.

Spezielles Service

Das Geschirr ist aus verschiedenen Servicen zusammengestellt, um die improvisierte Stimmung zu unterstreichen. Da ist der sommerliche Blumenkorb aus Porzellan, der sich hervorragend mit der cremefarbenen Fayence aus Limoges kombinieren läßt. Für den ersten Gang hat Heidi Schoeller ausnahmsweise ein Spezialitätenservice gedeckt: Artischockenteller mit Vertiefungen für Würzsaucen. Passend dazu gibt es eine große Terrine, die jede weitere Tischdekoration überflüssig macht. Sie ist mit kleinen Artischocken und Mini-Auberginen gefüllt. Eine Spielerei, die Laune macht und die man sich leistet, wenn man ungewöhnliches Geschirr sammelt. Aber natürlich lassen sich warme Artischocken genausogut von ganz normalen Tellern verzehren. Hauptsache, es findet sich darauf genug Platz für die abgelegten Blätter und für ein bis zwei Dips (kalte Saucen), zum Beispiel Mousseline und Vinaigrette.

Artischocken essen – ein Spiel

Wie man Artischocken ißt? Ganz einfach: Blatt für Blatt wird mit den Fingern von der Frucht abgezupft, mit der weichen Unterseite in die Sauce »gedippt«, und dann wird das eßbare Fruchtfleisch mit den Vorderzähnen abgezogen – der harte Rest wandert als Abfall zurück auf den geräumigen Teller. So arbeitet man sich Blatt für Blatt vor, bis man zum besten Teil kommt:

EINLADUNG: Schriftlich, telefonisch oder mündlich.

UHRZEIT: 19.30 oder 20 Uhr.

DAUER: Begrüßungsdrink 15 bis 30 Minuten; Essen etwas über eine Stunde; Kaffe, Digestiv und »Absacker« weitere 30 bis 60 Minuten.

GETRÄNKE: Aperitif; Rotwein, Weißwein, Mineralwasser; Digestiv – und ein letzter Drink nach Wahl, das kann vom Whisky bis zum Champagner alles sein.

ESSEN: Drei bis vier Gänge, davon höchstens zwei warme.

UND DER GAST?

MUSS möglichst pünktlich kommen, da bei einer One-Woman-Show der Gästekreis klein ist; sich hinterher schriftlich oder telefonisch bedanken.

SOLLTE die ständige Gegenwart der Hausfrau genießen, sie dafür loben und zu hilfreichen Handreichungen bereit sein – aber bitte nicht Geschirr aufeinanderstapeln und in die Küche eilen; die Geduld der Hausfrau höchstens bis 23 Uhr strapazieren (sie muß schließlich noch aufräumen), es sei denn, sie fordert ausdrücklich zum Bleiben auf; keine Extra-Wünsche anmelden, die den ausgeklügelten Plan der Gastgeberin zum Scheitern bringen könnten.

KANN Blumen oder Gastgeschenke mitbringen.

dem Boden. Um diesen genießen zu können, muß man ihn mit Messer und Gabel vom Heu befreien. Bevor man das Besteck aufnimmt, sollte man die Hände reinigen: Dafür stehen von Anfang an die Fingerschalen mit lauwarmem Wasser und einer Scheibe Zitrone bereit. Die Fingerspitzen kann man natürlich auch zwischendurch im Wasser reinigen, zum Beispiel bevor man zum Weinglas greift. Wenn das Heu abgeschabt ist, kann der Artischockenboden wie ein Stück Fleisch mit Messer und Gabel, gewürzt mit einer der Saucen, verspeist werden.

Beliebte Haus-
mannskost

Als Hauptgang serviert Heidi Schoeller bei sich zu Hause gerne verfeinerte »Hausmannskost« – also etwas, das man in Restaurants nie so gut bekommt. Das kann ein Kalbsrahmgulasch oder ein Ungarisches Rindsgulasch mit Spätzle oder Bandnudeln sein. Den Salat reicht sie nach dem Hauptgang,

zusammen mit drei verschiedenen Käsesorten (einem Chèvre, einem Hartkäse und einem Brie oder Camembert). Und als Dessert kauft sie meist eine Tarte beim Konditor, vorzugsweise eine mit Äpfeln oder Aprikosen. Die Rezepte finden Sie auf Seite 189.

Vor dem Essen bietet Heidi Schoeller einen Aperitif an, das kann Sherry, Sekt oder auch ein Hausdrink sein. Hinterher holt sie das vorbereitete Kaffee-Tablett aus der Küche und bittet ihre Gäste in einen anderen Raum. Denn selbst die virtuoseste Gastgeberin wird es kaum vermeiden können, daß der Eßtisch wie ein Schlachtfeld hinterlassen wird – unaufgeräumt. Und von den Gästen wird sie sich nicht beim Aufräumen helfen lassen, das würde das Prinzip (und die Stimmung) des ganzen Abends stören. Zumal die »One-Woman-Show« ja nicht nur für Freunde zelebriert wird; sie ist eine vollwertige Einladung.

*Aufgeräumt
wird später*

Als höchste Kunst der Gastlichkeit
gilt das gesetzte Abendessen. Wem es gelingt,
zwölf Personen oder mehr zu bewirten,
der hat sozusagen sein Diplom als Gastgeber
in der Tasche

Das festliche Diner

Gesetztes Essen

Irgendwann hat jeder einmal die Verpflichtung, ein Festessen auszurichten. Anlaß kann eine Silberne Hochzeit, ein runder Geburtstag, ein Jubiläum, eine Verlobung, eine bestandene Prüfung oder ein hoher Besuch sein. Merkwürdigerweise geraten selbst geübte Gastgeber dann in Panik. Mögen sie auch gewöhnt sein, täglich eine Großfamilie zu versorgen, ein offenes Haus für Bekannte und Verwandte zu führen, eine Kinderparty »mit links« zu organisieren – sobald es darum geht, ein offizielles Essen zu geben, geraten sie unter Streß. Dabei ist der Arbeitsaufwand wahrscheinlich geringer als für jede große Runde unter Freunden, aber die Gewißheit, daß diesmal alles »richtig«, sozusagen nach Protokoll ablaufen muß, läßt auch ansonsten souveräne Zeitgenossen nervös werden.

Zeit zur Planung

Ihnen soll das nicht passieren! Bedenken Sie, was Sie schon alles bewältigt haben, und zwar ohne Vorbereitung und fremde Hilfe. Ein Fest-Diner dagegen wird nie spontan angesetzt, Sie haben also Zeit zur Planung – und außerdem werden Sie auch Personal haben müssen. Allenfalls dieser letzte Punkt kann Schwierigkeiten bereiten. Dann nämlich, wenn Sie zum erstenmal mit fremder Hilfe arbeiten. Wo findet man gute Service-Kräfte? Darum sollten Sie sich spätestens dann kümmern, wenn Sie das Fest planen, noch bevor Sie die Einladungen verschicken.

Natürlich verfügt jeder Partydienst über ausgebildetes Personal, aber das ist oft nur dann zu haben, wenn man auch Speisen und Getränke bei eben jener Firma ordert. Wenn Ihr Budget es erlaubt, können Sie auf diese Art und Weise das meiste delegieren. Manchmal lassen sich auch Kompromisse schließen: Sie sorgen selber für die Getränke und ein oder zwei Gänge des Menus, alles andere liefert der Caterer, einschließlich Personal. Aber auch dann ist Kontrolle besser als Vertrauen: Selbst geschulte Kräfte können Fehler machen, wenn sie nicht richtig eingewiesen werden. Nehmen Sie sich also die Zeit, in allen Einzelheiten zu besprechen, wie das Essen bei Ihnen ablaufen soll, wie bedient, angereicht und abgeräumt werden soll.

Personal anlernen

Dazu müssen Sie selber natürlich die Regeln beherrschen – und wenn Sie das tun, dann können Sie auch junge Kräfte vom Studentenschnelldienst oder aus dem eigenen Freundes- und Verwandtenkreis »rekrutieren«. Nach dem Motto: Wer kein gutes Personal kennt, muß es selber ausbilden! Das ist nicht nur preisgünstiger, das kann auch eine sehr befriedigende Aufgabe sein. Natürlich kostet es mehr Zeit, denn man sollte den kompletten Ablauf des Essens mindestens einmal in aller Ruhe simulieren. Am besten ist es, alle Details auch noch aufzuschreiben. Heidi Schoeller fertigt für jede Hilfskraft einen gesonderten Zettel an, auf dem alle Aufgaben genau notiert sind. Dann sitzt die Sache – und Sie fühlen sich sicher.

Ein Koch für 30 Gäste

Wenn Sie für zwölf Gäste planen, und bei einem richtigen Festessen sind es eher mehr als weniger, dann brauchen Sie eine Person für die Küche und zwei für den Service. Ein guter Koch bewältigt sogar mehr als ein Dutzend Essen. Heidi Schoellers Köchin zum Beispiel versorgt bis zu 30 Gäste allein. Das ist möglich, wenn ein bis zwei Gänge vorbereitet werden, auf jeden Fall das Dessert, aber auch eine kalte Vorspeise wie etwa hausgebeizter Lachs.

Mit dem Arbeitsplatz vertraut machen

In jeder größeren Stadt gibt es heute freiberufliche Köche, die man für einen Abend anheuern kann. Wo das nicht möglich ist, bleiben der Partyservice oder Restaurants, die entweder jemanden für die Küche stellen oder das fertige Menu liefern. Führen Sie die Verhandlungen grundsätzlich in Ihrer Wohnung oder dort, wo das Festessen stattfinden soll. Nur so können Fehleinschätzungen und Pannen vermieden werden. Die Fachkräfte müssen sehen, wieviel Platz in Ihrer Küche ist, ob es Abstellmöglichkeiten in der Nähe des Eßtisches gibt etc. Außerdem brauchen sie einen Raum, wo sie ihre Sachen lassen und sich umziehen können. Als Gastgeber können Sie bestimmen, wie das Personal gekleidet sein soll. Sie sind nicht verpflichtet, die Dienstkleidung eines Caterers zu akzeptieren. Manche Gastgeber, wie auch Heidi Schoeller, haben ihre eigene »Hausuniform«, die in allen Größen vorhanden ist. Im Zweifelsfall sollten Sie auf klassischem Schwarz-Weiß bestehen, das ist immer richtig.

Welche Aufgaben hat das Personal?

Wir gehen davon aus, daß nicht mehr als 14 Personen zu bedienen sind, was von zwei Hilfen bewältigt werden kann. Heidi Schoeller beauftragt eines ihrer Mädchen immer damit, die Türe zu öffnen, die Garderobe abzunehmen und um die Unterschrift im Gästebuch zu bitten. Das zweite Mädchen kümmert sich um die Drinks und Appetithäppchen, die während der ersten halben Stunde im Wohnzimmer oder im Salon auf Tabletts gereicht werden. Sie wird

auch Extra-Wünsche zu erfüllen versuchen, wenn ein Gast zum Beispiel nicht den angebotenen Champagner oder Saft möchte, sondern sich nach einem kalten Bier sehnt. Wenn nötig, springen auch die Gastgeber ein, die ja ohnehin immer die »Oberaufsicht« behalten müssen.

Wenn alle Gäste versammelt sind, trifft das erste Mädchen die letzten Vorbereitungen im Eßzimmer: Frisches Brot wird in die Servietten gesteckt, alle Wassergläser werden zu knapp Dreiviertel gefüllt, der gut gekühlte Weißwein kommt in Karaffen auf den Tisch (der Rotwein steht schon länger in geöffneten Karaffen bereit, damit er »atmen« kann), und die Kerzen werden angezündet. Dann gibt sie der Hausfrau ein Zeichen, daß alles bereit ist: »Es ist angerichtet.«

Ein Fest-Diner besteht heute im allgemeinen aus vier Gängen: Vorspeise – Hauptgericht – Salat und Käse – Dessert. Manche reichen nach der kalten Vorspeise lieber eine heiße Suppe und verzichten auf den Salat-und-Käse-Gang. Dabei gilt es zu bedenken, was die Geschirrberge in der Küche anrichten. Ist Platz genug für Suppentassen und -untertassen? Können sie schnell genug weggeräumt werden?

An die Küche denken

Den Salat zusammen mit Käse nach dem Essen zu reichen ist übrigens eine amerikanische Gepflogenheit. Bevorzugt man die französische bzw. italienische Variante, so serviert man ihn davor; bei uns in Deutschland ist man seit jeher gewohnt, den Salat auf einem Extra-Teller zum Hauptgang zu reichen, was allerdings mehr Platz auf dem Tisch erfordert.

Den Salat vor, nach oder zum Hauptgang

Gesetztes Essen

Früher waren die Menüs sehr viel umfangreicher, aber es hat sich herausgestellt, daß stundenlange Tafeleien leicht in Überdruß und Langeweile enden. Heidi Schoeller achtet deshalb darauf, daß auch ein Fest-Diner nicht länger als eineinhalb Stunden dauert. Was natürlich bedeutet, daß der Service zügig vonstatten gehen muß. Das ist am besten möglich, wenn sich die beiden Servierhilfen die Arbeit teilen: Die eine beginnt mit dem Servieren bei der Dame, die rechts vom Hausherrn sitzt, die andere bedient zuerst den Herrn rechts von der Hausfrau. Das sind die beiden Ehrenplätze, die ranghöchsten Gäste bekommen also zuerst angeboten (mehr zum Thema Sitzordnung finden Sie auf Seite 115ff.). Möglich ist es auch, bei den beiden Damen rechts und links vom Hausherrn zu beginnen. So oder so werden die Gastgeber als letzte bedient.

Immer von links anreichen

Die Platten mit den Speisen müssen den Gästen von links angereicht werden, und zwar in einer Höhe, die ihnen keine Verrenkungen abfordert. Das Servierbesteck liegt aufeinander, Gabel unten, Löffel oben, mit dem »Gesicht« nach unten und mit den Griffen nach rechts, also dem Gast zugewandt. Das Personal bewegt sich entgegen dem Uhrzeigersinn um den Tisch. Die Gastgeberin sollte darauf achten, daß die Platten immer so gut gefüllt sind, daß es auf jeden Fall für eine Runde reicht.

Sind drei verschiedene Platten anzureichen, etwa Fleisch, Gemüse und eine andere Beilage, dann müssen die Mädchen nacheinander die Runde um den Tisch machen, immer beginnend bei der Ehrendame rechts vom Gastgeber. Dabei läßt es sich kaum verhindern, daß bei den Letzten das Essen kalt ankommt. Wenn es perfekt sein soll, braucht man in dem Fall vier Serviermädchen, wovon zwei nach dem Auftragen des Essens ihren Dienst sofort beenden können.

Tellerservice

Um soviel Aufwand möglichst zu vermeiden, läßt Heidi Schoeller oft Fisch oder Fleisch auf einem Gemüsebett servieren. Das sieht gut aus und erspart einen Service-Gang. Bei sehr vielen Gästen und wenig Personal empfiehlt sich der »service à la russe«: Auf einem gewärmten Teller wird das vorgeschnittene Fleisch mit den arrangierten Beilagen als fertige Portion gereicht. Viele halten das nicht für vornehm, dabei hat dieser Tellerservice Ende des 18. Jahrhunderts den bis dahin üblichen »service à la française«, bei dem die verschiedenen Gänge in Terrinen und auf Platten zur gegenseitigen Bedienung auf den Tisch kamen, an allen europäischen Höfen abgelöst. Daraus entwickelten sich dann im Laufe der Zeit die verschiedensten Mischformen. So werden zum Beispiel die Vor- und Nachspeisen sehr häufig bereits fertig auf den Tellern angerichtet serviert, während Fisch- und Fleischgang auf Platten angereicht werden, so daß der Gast sich selber nach Gutdünken bedienen kann. Jedenfalls sollte niemand behaupten, daß es nur eine akzeptable Art des Servierens gibt.

Beim Hauptgang nachservieren

Heidi Schoeller läßt bei mehr als 30 Gästen »à la russe« bedienen, weil es schneller geht. Aber dann sorgt sie für einen Nachservice auf Platten, so daß letztendlich jeder Gast seine Portion selber bestimmen kann, zumindest beim Hauptgang. Und grundsätzlich wird die

Das festliche Diner

Sauce zur Selbstbedienung eingestellt, mit der Bitte, sie weiterzureichen. Schließlich möchte jeder selbst entscheiden, ob und wieviel Sauce er zu seinem Essen haben möchte. Das alles muß ungelernten Servierhilfen erklärt werden, und auch bei erfahrenen Fachkräften kann es nicht schaden, deutlich darauf hinzuweisen, wie man den Service in seinem Haus gestaltet haben möchte.

Nie vor einem leeren Platz

Angereicht werden alle Speisen prinzipiell von links, abgetragen werden die benutzten Teller von rechts. Niemals dürfen sie gestapelt werden. Da dem alten Gesetz der Gastfreundschaft zufolge ein Gast nie vor einem leeren Platz sitzen soll, müssen die Teller nach jedem Gang rasch ausgewechselt werden. Am schnellsten geht das, wenn eine Hilfe von rechts abräumt, während die andere von links neu eindeckt. Da der Mensch nur zwei Hände hat, können immer nur zwei Gäste zur gleichen Zeit versorgt werden. Manchmal ist es auch erlaubt, Zubehör von links wegzunehmen, dann nämlich, wenn es praktischer ist. Das ist zum Beispiel beim Brotteller der Fall, der links von jedem Gast steht und nach der Vorspeise mit abgeräumt wird.

Am elegantesten ist es, wenn die Serviererin den benutzten Teller mit der rechten Hand wegnimmt und mit der linken Hand einen frischen Teller einstellt. Das gebrauchte Geschirr setzt sie lautlos auf einer Anrichte ab, um es anschließend unauffällig in die Küche zu transportieren.

Die vereinfachte Form

Heute sieht man auch schon häufig eine vereinfachte Form des Service: Jede Hilfe kommt mit zwei gefüllten Tellern (Vorspeise, Suppe oder Dessert) aus der Küche, stellt einen vor den Gast zur linken Hand und gleichzeitig den anderen vor den Gast rechts. Auch das dient dazu, den Service zu beschleunigen, damit das Essen nicht kalt wird und sich nicht ewig hinzieht. In dem Fall kann auf die gleiche Art und Weise auch abgetragen werden, indem das Personal also gleichzeitig von rechts und links die Teller wegnimmt.

Nie mehr als drei Bestecke

Der einzige Moment, in dem der Gast vor einem leeren Platz sitzt, ist vor dem Dessert. Dann nämlich wird auch der Platzteller weggenommen, und oft genug kommt das dazugehörige Besteck auch erst zusammen mit der Nachspeise auf den Tisch. Es gilt als altmodisch und überladen, wenn mehr als drei Bestecke pro Person nebeneinander auf dem Tisch liegen (ganz abgesehen davon, daß oft nicht genug Platz dafür vorhanden ist). Werden Salat und Käse zum Beispiel nach dem Hauptgang serviert, so kommen die Teller dafür mit einem eigenen Besteck, das gekreuzt darauf liegt. Der Gast plaziert es dann selbst rechts und links vom Teller. Ähnlich kann es auch beim Dessert sein. Meist jedoch liegt das Besteck dafür oberhalb eines jeden Gedecks.

Selbstbedienung beim Wein

Mit Getränken sollen die Gäste sich nach Möglichkeit selbst versorgen. Deshalb stehen Karaffen mit weißem und rotem Wein nach Wahl auf dem Tisch. Hat das Personal jedoch zwischendrin Zeit, sollte es Wein nachgießen. Auch die Gastgeber haben ein Auge darauf, ob die Gäste versorgt sind. Eingeschenkt wird grundsätzlich von rechts, ohne das Glas vom Tisch zu erheben. Wenn mehr

Gesetztes Essen

als zwei Servierhilfen für zwölf bis 14 Personen zur Verfügung stehen, kann man auf Karaffen und Selbstbedienung verzichten; in diesem Fall wird der Wein aus Flaschen immer wieder nachgeschenkt.

An Personal sparen?

Natürlich fühlt sich der Gast dann mehr verwöhnt. Das ist auch der Grund, warum manche Gastgeber lieber an anderen Dingen sparen als am Personal. Andererseits ist es besser, zwei versierte Hilfen zu haben als vier ungeübte. So muß jeder selbst entscheiden, was in seinem Fall für die Gäste das Beste ist. Wer zum Beispiel vier Fachkräfte anheuert, wird zwei davon nur zum Servieren einsetzen und sofort nach dem Essen nach Hause schicken können. Alles andere wäre Geldverschwendung. Wichtig ist nur, daß alles reibungslos klappt. So muß der Raum, in dem der Aperitif eingenommen wurde, aufgeräumt werden, während die Gäste bei Tisch sitzen. Nach dem Essen wird eine Hilfe das vorbereitete Tablett mit Mokka in den Salon tragen; den Mokka schenkt die Hausfrau dann selbst ein. Es ist eine schöne Geste, wenn der Hausherr sich um den Digestiv kümmert, der ebenfalls auf einem Tablett bereitsteht: Cognac, weißes Obstwasser und ein Likör gelten als Grundausstattung. Das zweite Mädchen kann dann in dieser Zeit das Eßzimmer aufräumen und anschließend nach Hause gehen. Zur gleichen Zeit sind sicher Koch oder Köchin ebenfalls mit dem Aufräumen fertig und werden nicht mehr gebraucht. Es genügt, wenn eine Hilfe bleibt und sich um das Leeren der Aschenbecher, um weiteren Kaffee oder Tee oder auch das Nachschenken anderer Getränke kümmert. Während sie

den ersten Gästen zum Abschied mit der Garderobe hilft, können die Gastgeber den Getränkeservice übernehmen. Und sobald der Großteil der Besucher gegangen ist, darf auch die letzte Hilfe nach Hause gehen. So sollte es die Hausfrau von vornherein vereinbaren. Nicht nur aus Kostengründen. Es ist unangenehm für alle Beteiligten, wenn Personal unbeschäftigt herumsteht. Das ist kein Zeichen von Großzügigkeit, sondern nur von schlechter Planung.

Das Menu planen

Und Planung ist nun einmal das A und O des Gastgebens. Sobald Sie die Frage mit dem Service geklärt haben, sollten Sie das Menu in Angriff nehmen. Wie bereits erwähnt, ist es heute auch bei einem Festessen nicht üblich, mehr als vier bis fünf Gänge zu reichen. Es ist auch nicht nötig, besonders ausgefallene, exklusive und exotische Genüsse zu bieten. Mittlerweile sind die besten internationalen Küchen sogar bei uns heimisch geworden, und wer Interesse daran hat, kennt sicher alle Spezialitäten der Welt. So kommt es, daß man sich heute wieder auf die alte Regel besinnt, daß ein Essen umso besser ist, je frischer die Zutaten sind – was bedeutet, daß man sich an die Jahreszeiten und weitgehend an die Erzeugnisse des eigenen Landes hält.

Mit den Jahreszeiten gehen

Heidi Schoeller achtet bei der Zusammenstellung eines Menus besonders darauf, daß die einzelnen Gänge sehr unterschiedlich sind, sowohl vom Geschmack und von der Farbe als auch von der Konsistenz her. Zu Fleisch mit Sauce würde sie niemals noch Gemüse mit Sauce anbieten, das ist weder für die Zunge noch für das Auge angenehm. Und das Auge ißt nun einmal mit, das wird leider allzuoft vergessen. Ein bißchen Farbe kann Appetit machen. Ein frisches Grün, ein sattes Gelb, ein reifes Rot – das alles können Kräuter und Gemüse bieten. Wichtig ist für Heidi Schoeller auch, daß die Speisen nicht zu schwer und gut aufeinander abgestimmt sind. Hier vier typische Menus für die verschiedenen Jahreszeiten:

Im Rhythmus der Jahreszeiten

FRÜHLING
❋ Gratiniertes Kalbsbries – Lammrücken mit Röstkartoffeln und Bohnengemüse – gemischter Frühlingssalat – Rhabarber-Charlotte mit Erdbeersauce

SOMMER
❋ Avocadosuppe – Kalbsnuß in Weißwein mit Serviettenknödeln und Spinat – Crème brulée

HERBST
❋ Pilzkuchen – Fasan mit Sahnepüree und Trauben-Sauerkraut – bunter Wintersalat – Apfel-Charlotte mit Vanillesauce

WINTER
❋ Auberginen-Auflauf – Rehrücken mit Spätzle und gratiniertem Brokkoli – Chicorée-Salat – Zitronen-Joghurtcreme

Natürlich kommt es bei der Planung des Menus auch auf das Budget an, das Ihnen zur Verfügung steht. Sie können sich ruhig für preiswerte Gerichte entscheiden, aber sollten keinesfalls an der Menge sparen. Nichts ist peinlicher, als die Gäste nicht ausreichend versorgen zu können. Die Jahreszeiten-Menus haben den Vorteil, daß sie nicht nur aus den frischesten und deswegen schmackhaftesten Zutaten bereitet sind, sie sind außerdem preisgünstig.

Es muß nicht der teuerste Wein sein; auch ein Wein der mittleren Preislage kann ausgezeichnet mit dem Essen harmonieren und ist meist sogar bekömmlicher als ein schwerer, teurer Tropfen; diese können übrigens auch nur in Maßen genossen werden. Heidi Schoeller hat für sich einige Regeln entwickelt, die sich in der Praxis bewähren. Ihre kleine Weinfibel finden Sie auf Seite 190.

Vergessen Sie nicht die Getränke, die Sie als Aperitif und als Digestiv reichen möchten. Als elegantester Begrüßungsdrink gilt der Champagner, dann folgen seine weniger edlen Schwestern Sekt und Prosecco. Aber auch trockener Weißwein, Sherry oder Port sind geeignet. Für Abstinenzler sollten Sie immer Wasser und Säfte bereithalten. Zum Aperitif, der sich über eine halbe Stunde ausdehnt, gehören pro Person zwei bis drei Canapés, da Alkohol auf nüchternen Magen niemandem bekommt. Anregungen für Appetizer, die nicht dem üblichen Angebot entsprechen, finden Sie im Kapitel »Vom Drink zur Cocktailparty« auf Seite 75.

Regeln für die Weinauswahl

Nach dem Essen wird der Digestiv angeboten: Cognac, Obstbrände oder auch Liköre

Gesetztes Essen

Wie viele Menukarten?

Wenn alles geplant ist und die Einladungen verschickt sind, können Sie darangehen, die Menukarten zu schreiben. Bei einem Tisch für zwölf Personen genügen vier Karten, die Sie gleichmäßig auf dem Tisch verteilen. Ist der Tisch rund, müssen es sogar vier sein. Noch schöner ist es, wenn jeweils zwei Gäste eine Menukarte für sich haben, die sie zwischen ihren beiden Gedecken auf dem Tisch finden. So hat es sich auch bei größeren Essen eingebürgert. Unten ein Beispiel für eine handgeschriebene Menukarte.

Einige Tage vor dem Essen können Sie die Sitzordnung planen. Bei wenigen Gästen, die sich untereinander gut kennen, genügt es, wenn Sie sich die Plazierung auf einem Zettel notieren und jedem bei Tisch mündlich seinen Platz zuweisen. Bei vielen Personen und einem sehr offiziellen Essen kommen Sie nicht umhin, ein deutlich lesbares Placement im Eingang der Wohnung auszulegen, am besten neben dem Gästebuch; auch die Tischkarten können Sie schreiben, sobald die Gästeliste steht. Mehr zu Placement und Tischkarten erfahren Sie auf den Seiten 118ff.

Alle anderen Vorbereitungen wickeln Sie nach Checklisten ab (siehe dazu auch Seite 122). So bleibt nur noch das Tischdecken. Wir geben hier das Beispiel für zwölf Personen. Aber nach dem gleichen Schema läßt sich auch ein Festessen für 24, 30 oder mehr Gäste ausrichten. Das Prinzip bleibt immer gleich, nur die Anzahl der Gedecke erhöht sich. Als Modell dient uns der Tisch, den Heidi Schoeller für ein Essen zu Ehren eines Botschafters deckte (siehe Foto auf Seite 162/163). Wenn möglich sollte man den Festtisch schon einen Tag vorher präparieren.

Der Tisch wird gedeckt

Zunächst wird der Tisch mit einem Moltontuch »gepolstert«, das schont die Platte und gibt mehr Volumen. In diesem Fall wird eine apricotfarbene Seidendecke darübergebreitet. In der Mitte des Tisches wird die Dekoration aufgebaut: eine attraktive Suppenterrine mit orangefarbenem Muster, gefüllt mit voll erblühten apricotfarbenen Rosen, bildet diesmal das Herzstück. Drumherum baut Heidi Schoeller mit einigen Elementen ihres Lenôtre-Gartens eine Hecke, die vier Kerzenhalter und vier Putten zum Schmuck hat; zu dieser und anderen Dekorationsideen siehe auch Seiten 90 und 96ff.

---

28. April 1993
❊
Rotbarbe
mit Kartoffelschuppen
Kerbelschaum
Blattspinat
❊
Bayerisches Täubchen
mit Kräuterbrotfüllung
Gemüsebouquet
❊
Walderdbeeren mit Mark
Tarte au Chocolat
❊
Mocca, Digestivs
❊
1992er Chardonnay
Lungarotti
1990er Col-di-Sasso
Cabernet Sauvignon

Das festliche Diner

Die Tischkarten liegen hier auf den Servietten, und zwischen zwei Gedecken befindet sich jeweils eine Menukarte. Als Fischbesteck dienen zwei Gabeln

Müssen »Klapperdeckchen« sein?

Jedes Gedeck wird mit einem silbernen Platzteller markiert, auf dem ein Teller aus Porzellan steht. Zwischen beide kann man ein »Klapperdeckchen« legen – dann nämlich, wenn man befürchtet, daß die Kunstfertigkeit des fremden Personals nicht ausreicht, um einen geräuschlosen Ablauf zu gewährleisten. Vornehmer jedoch ist es ohne.

Wenn so viele Gäste geladen sind, daß es eng wird bei Tisch, verzichtet Heidi Schoeller auf Platzteller. Ihr ist es wichtiger, im Zweifelsfall noch einen zusätzlichen Besucher unterbringen zu können, als starr an einem Schema festzuhalten. Zumal der Platzteller auf einem gepolsterten Tischtuch leicht zu entbehren ist, denn seine Aufgabe war es ursprünglich, die unbedeckte, blankpolierte Platte englischer Eßtische zu schonen. Daß er heute zusätzlich zur Tischdecke Einsatz findet, liegt daran, daß wir schon seit langem keine »reine« Tischkultur mehr haben: Wenn irgend etwas bereits zutiefst europäisch ist, dann der Mischmasch der Stile bei unseren Tischgewohnheiten.

Denken wir nur ans Brot. Ursprünglich diente es als »Untergrund« im doppelten Sinne: Es war Teller und Beilage zugleich. Heute wird Brot bei uns vor dem Hauptgericht abgeräumt, während es bei den Franzosen das ganze Essen begleitet – womit sonst sollten sie ihre geliebten Saucen auftunken? Servieren kann man das Brot auf viele verschiedene Arten. Bei einem großen Festessen steckt Heidi Schoeller es aus Platzgründen in die Servietten, allerdings so, daß jeder es vor dem schwungvollen Entfalten des Mundtuches sehen und an die Seite seines Tellers legen kann. Brotteller, Brotmesser und Butter waren früher nicht Usus, und man kann auch heute darauf verzichten, wenn es nicht unbedingt für die Vorspeisen notwendig ist.

Auch für Besteck und Gläser gilt: so wenig wie möglich. Vorbei sind die Zeiten, da man aus Repräsentationsgründen alle Familienerbstücke aus Silber und Kristall gleichzeitig zur Schau stellte. Heute soll die Tafel zweckmäßig, angemessen und übersichtlich gedeckt sein.

Wie man Platz spart

Gesetztes Essen

Deshalb legt man nicht mehr als drei Bestecke rechts und links vom Teller auf, plus Dessertbesteck, das oberhalb des Gedecks seinen Platz hat. Heidi Schoeller versucht, grundsätzlich mit zwei Bestecken auszukommen. Schon allein, weil man sonst pro Person 60 Zentimeter Platz braucht. Notfalls kann man sich behelfen, indem man Suppenlöffel oder Spezialitätengabel direkt auf dem Unterteller mitserviert.

Anordnung des Bestecks

Die Anordnung ist logisch, weil praktisch (jedenfalls für Rechtshänder): Rechts vom Teller liegen alle Messer, links davon alle Gabeln, und zwar in der Reihenfolge ihres Gebrauchs. Demnach befindet sich ganz außen das Besteck für die Vorspeise oder das Fischbesteck (falls es Fisch gibt), dann das Fleischbesteck, das dem Teller am nächsten liegt. Für die Nachspeise wartet der Löffel mit dem Griff nach rechts oberhalb der Gabel, deren Griff nach links zeigt. Sollte es Suppe geben, so liegt der Löffel dafür nicht über dem Gedeck, sondern rechts bei den Messern, manchmal ganz außen oder aber in der Reihenfolge der Gänge (also an zweiter Stelle, wenn Suppe der zweite Gang ist). Bei einer klaren Consommé wird der Löffel aber oft auch auf der Untertasse zusammen mit der Suppentasse serviert.

Genauso kommt das Besteck für den Salat- und Käsegang gekreuzt auf dem dazugehörigen Teller auf den Tisch, wenn bereits das Dessertbesteck oberhalb des Gedeckes liegt. Das alles aus dem einfachen Grund, damit der Tisch nicht überladen wirkt. Manchmal aber auch, damit in der Küche genügend Gelegenheit bleibt, das Besteck vom ersten Gang schnell zu spülen, so daß es mit dem Käse oder dem Dessert wieder aufgetragen werden kann. Denn man kann nicht davon ausgehen, daß jeder Hauhalt für große Essen komplett ausgestattet ist. Fischbestecke etwa sind durchaus nicht überall üblich. Man kann genausogut mit zwei normalen Gabeln decken, wobei eine dann auf die rechte Seite zu den Messern kommt. Und das sollte man nicht einmal als »Behelf« betrachten. Fischbestecke nämlich sind eine relativ junge Erfindung (Mitte des 19. Jahrhunderts), und der alte Adel lehnte diesen neureichen Firlefanz ab. Demnach befindet sich, wer – wie manchmal auch Heidi Schoeller – Gabeln statt Fischbesteck einsetzt, in allerbester Gesellschaft.

Man versucht heute auch, mit möglichst wenig Gläsern auszukommen. Im allgemeinen genügen drei: eines für Weißwein, eines für Rotwein und ein Wasserglas. Bei einem Festessen jedoch dürfen es mehr sein. Sie werden rechts oberhalb des Tellers, meist in leicht ansteigender Linie, aufgestellt. Und natürlich, genau wie das Besteck, in der Reihenfolge des Bedarfs: Direkt über den Messern steht das Weißweinglas, links davon und leicht darüber das Glas für den Rotwein und darüber dann das Champagner- oder das Dessertweinglas. Das Wasserglas nimmt einen gesonderten Platz ein; meist befindet es sich in der Mitte über dem Gedeck, leicht nach links abgesondert von den anderen Gläsern. Früher machten Feinschmecker oft noch Unterschiede zwischen den verschiedenen Weinsorten, da gab es zum Beispiel für Burgunder ein anderes Glas als für Bordeaux. Das ist heute kaum mehr üblich. Aber wir reichen ja

Reihenfolge der Gläser

Das festliche Diner

auch nicht mehr acht Gänge mit acht verschiedenen Weinen. Wenn allerdings der Wein gewechselt wird, dann sollte auch ein frisches Glas dafür bereitgestellt werden, wie man ja auch für jeden Gang einen frischen Teller nimmt. Auf ein Aperitifglas, zum Beispiel für Sherry, wird verzichtet, da der Begrüßungsdrink den Appetit bereits genügend angeregt haben dürfte.

Einen Toast aussprechen

Ein Champagnerglas jedoch gehört zum festlichen Diner, vor allem dann, wenn es für einen Ehrengast oder ein Geburtstgskind arrangiert wird. Früher und manchmal auch noch heute wurde das Glas zum Zeichen der Ehrerbietung leicht angehoben, sowohl bevor man einen Schluck nimmt auch als danach. Heute, wo die Tischsitten internationaler geworden sind, verzichtet man auch bei uns immer mehr darauf. Üblich ist, daß der Gastgeber entweder vor Beginn des Essens oder nach dem Vorgericht den Ehrengast mit einem Toast würdigt. Dieser kann dann nach dem Hauptgericht seine möglichst kurze Dankesrede halten. Mit Rücksicht auf den reibungslosen Ablauf in der Küche werden Reden grundsätzlich erst nach der Hauptspeise eingeplant. Den Champagner gibt's erst zum Dessert; dann kann auf das Geburtstagskind angestoßen werden. Manchmal steht statt des Champagnerkelches ein zierliches Glas für Dessertwein (wie zum Beispiel Port oder Sauternes) bereit.

Der Kaffee wird nur, wenn es gar keine andere räumliche Möglichkeit gibt, am Eßtisch serviert. Normalerweise bittet die Gastgeberin dazu in den Wohnraum. Außer Mokka sollten auch koffeinfreier Kaffee und Kräutertee angeboten werden. Alles läßt sich auf einem Tablett in der Küche vorbereiten. Das Einschenken besorgt dann die Hausfrau selber. Bei sehr vielen Gästen geht ihr

Zum Abschluß jeden Essens wird Kaffee gereicht und auf Wunsch auch Kräutertee. Heidi Schoeller richtet die heißen Getränke und süße Knabbereien auf einem antiken Etageren-Tisch an, aber jedes andere Tablett ist ebensogut geeignet

Gesetztes Essen

auch ein Mädchen zu Hilfe – oder die Besucher bedienen sich selber.

Danach können die Gastgeber erleichtert aufatmen: geschafft! Jetzt kann nichts mehr schiefgehen. Es ist üblich, mit dem Kaffee noch einen Digestiv anzubieten. Viele allerdings bleiben lieber beim Champagner oder auch bei dem Wein, den sie zuletzt zum Essen getrunken haben. Damit sollten Gastgeber rechnen. Wenn es die Gäste so gemütlich finden, daß sie gar nicht mehr gehen wollen, können die Gastgeber beginnen, den Alkohol sparsamer auszuschenken.

Wenn es im Restaurant sein soll

Ein Festessen läßt sich auch in einem Restaurant ausrichten. Das ist eine gute Lösung für alle, die bei sich zu Hause bei bestem Willen nicht die Möglichkeit dazu haben. Auch dann kommt es auf die rechtzeitige Planung an: Das Restaurant muß ausgewählt und reserviert werden; manchmal genügt ein Tisch in einer ruhigen Ecke, manchmal ist ein Nebenzimmer besser. Das Menu und die Getränke müssen ausgesucht und das Budget festgelegt werden. Wer kümmert sich um den Blumenschmuck? Selbst wenn das Restaurant auch dafür sorgt, sollten Sie als Gastge-

ber zumindest mitreden. Je mehr Sie sich um die Tischdekoration kümmern, umso persönlicher wird das Essen ausfallen. Auch im Restaurant können Sie Ihren eigenen Stil durchsetzen, wenn Sie zum Beispiel Dekorationsgegenstände von zu Hause mitbringen, von eigenen Salzfäßchen bis zu Kandelabern. Auch die Menu- und Tischkarten sollten Sie selber schreiben. Und wenn Sie einen Ehrengast haben – dann schmücken Sie seinen Platz höchstpersönlich und legen, je nach Anlaß, ein kleines Geschenk bereit. Wer sich so bemüht, wird immer als glänzender Gastgeber gelten, ganz gleich, in welchem Rahmen er seine Feste feiert.

Natürlich hat auch der Gast seine Aufgaben. Und manchmal hat er genauso viel Lampenfieber wie der Einladende. Dabei kann gar nicht viel passieren, so vereinfacht sind die gesellschaftlichen Regeln heute. Wer nicht auffallen will, wird immer versuchen, sich im Windschatten anderer Gäste »durchzumogeln«. Er wir also nicht ganz pünktlich kommen, um nicht der Erste zu sein, aber auch nicht später als etwa 15 Minuten nach der angesetzten Zeit, um nicht als Zuspätkommer Aufmerksamkeit zu erregen. Nach dem Eintragen ins Gästebuch empfiehlt es sich, das Placement anzuschauen. Versuchen Sie, während des Cocktails nicht ausgerechnet mit Ihren vorgesehenen Tischnachbarn zu reden – dazu haben Sie während des Essens noch ausreichend Gelegenheit. Nutzen Sie statt dessen die Zeit, um auch mit den anderen Gästen ins Gespräch zu kommen. Das gleiche gilt nach dem Essen: Suchen Sie Kontakt zu jenen, mit

Was der Gast beachten soll

Der Platz des Geburtstagskindes wird mit Blumen geschmückt

denen Sie noch kaum ein Wort wechseln konnten.

Früher war es üblich, beim Empfang eine Führungskarte zu bekommen, auf der stand, wer wen zu Tisch zu geleiten hatte. Heute geht man davon aus, daß Frauen selbständig genug sind, um ihren Platz an der Tafel allein zu finden. Nur bei sehr großen und sehr offiziellen Essen wird noch »geführt«, indem der Tischherr seiner Tischdame den Arm reicht und so der Prozession, die von der Gastgeberin angeführt wird, in den Speisesaal folgt; der Gastgeber bildet das Schlußlicht. In vereinfachter Form ist die Führungskarte häufiger noch bei Essen mit vielen verschiedenen Tischen zu finden. Dann erhält jeder Gast ein Kärtchen, auf dem die Nummer oder der Name des Tisches steht, an dem er plaziert ist.

Nie die Hausfrau warten lassen

Wenn die Dame des Hauses zu Tisch bittet, sollte man der Aufforderung so schnell wie möglich folgen. Es ist unhöflich, dann noch Gespräche hinauszuzögern oder gar nach einem neuen Drink zu greifen. Genauso unpassend ist es, einen angebrochenen Drink mit an den Tisch zu nehmen. Schließlich hat die Gastgeberin viel Überlegung und Mühe darauf verwendet, die Tafel in einer bestimmten Weise zu decken – zusätzliche Gläser könnten die Harmonie stören.

Üblich ist es nach wie vor, daß der Herr seiner Tischdame zur Rechten den Stuhl zurechtrückt. Tut er das nicht, sollte die Dame natürlich nicht demonstrativ warten. Sobald man sitzt, entfaltet man die Serviette und breitet sie auf dem Schoß aus. Oft findet man die Vorspeise schon am Platz vor, dennoch wird sich niemand gleich voller Gier darüber hermachen. Man beginnt mit dem Essen, wenn die Hausfrau das Zeichen dazu gibt. Bei großen Gesellschaften allerdings wartet man nicht, bis man dazu aufgefordert wird, sondern fängt an, sobald man die warmen Speisen auf dem Teller hat. Das mag unhöflich klingen, aber wem zuerst serviert wird, der ist Ehrengast und soll nicht mit kaltem Essen bestraft werden.

Sie fürchten sich vor der Phalanx der Bestecke und Gläser? Keine Sorge, selbst mit geschlossenen Augen könnten Sie kaum etwas falsch machen. Als erstes greifen Sie zu dem Messer und der Gabel, die ganz außen an Ihrem Gedeck liegen, und von da aus arbeiten Sie sich Gang für Gang nach innen vor. Manchmal gibt es Abweichungen von der Regel, zum Beispiel wenn ein Shrimps-Cocktail als Vorspeise gereicht wird. Wird er in einem hochstieligen Glas serviert, kann das Besteck dafür auf dem Unterteller liegen.

Immer von außen nach innen

Stehen Weinkaraffen auf dem Tisch, dann sollten Herren sich damit nicht nur selbst, sondern auch die Tischnachbarinnen versorgen. Für den Weißwein ist das kleinere Glas gedacht, das ganz rechts steht; Rotwein kommt in das bauchigere Glas links daneben. Das Wasserglas kann man kaum verwechseln, meist hat es nicht nur das größte Fassungsvermögen, sondern steht auch schon gefüllt zu Beginn des Essens auf dem Tisch.

Miteinander anzustoßen ist eine urdeutsche Sitte – kann bei einer großen Tafelrunde aber sehr störend wirken.

Zuprosten und rauchen

175

Gesetztes Essen

Als Grundregel gilt, daß erst nach dem Hauptgang geraucht werden darf; in vielen Häusern werden auch erst dann Aschenbecher auf den Tisch gebracht und Zigaretten angeboten. Sind die Gastgeber Nichtraucher, ist es besser, Rücksicht zu nehmen und frühestens nach dem Hauptgang zu fragen, ob es stört, wenn geraucht wird. Sind die Gastgeber Raucher und greifen selbst nach dem ersten Gang zur Zigarette, so darf natürlich auch der Gast mitrauchen.

Sobald die Hausfrau das Essen beendet, indem Sie sich erhebt, legt der Gast seine Serviette locker zusammen und links neben dem Teller ab. Dann folgt er der Gastgeberin zum Kaffee. Es ist nicht sehr höflich, noch länger am Eßtisch zu verweilen – auch wenn es gerade noch so gemütlich war. Wer das tut, blockiert den Service, der darauf wartet, das Eßzimmer aufzuräumen. Auch wenn das Wein- oder Champagnerglas noch halb gefüllt ist, läßt man es stehen; nach dem Kaffee werden ohnehin wieder Getränke angeboten.

Ohne dringenden Grund, den er den Gastgebern am besten schon vorher ankündigt, wird sich ein Gast nicht unmittelbar nach dem Essen verabschieden. Schließlich ist jeder aufgefordert, noch zur Unterhaltung beizutragen, wenn sich die Runde neu gestaltet. Der Ehrengast verabschiedet sich normalerweise als erster; dies ist aber kein Zeichen für einen allgemeinen Aufbruch. Die anderen Gäste gehen frühestens eine dreiviertel Stunde nach Beendigung des Essens.

Wann darf man gehen?

---

1. Die Serviette zu einem Dreieck zusammenklappen; die Spitze zeigt nach unten.

2. Markieren Sie mit dem Finger die Mitte des Stoffbruchs, und klappen Sie die rechte Ecke auf die untere.

3. Mit der linken Ecke wiederholen.

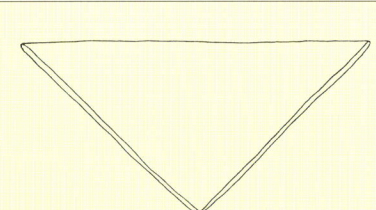

4. Klappen Sie die obere Spitze nach unten, wobei zwischen den beiden Spitzen ein etwa 1,25 cm breiter Rand stehenbleibt.

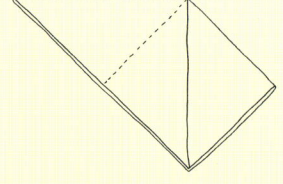

5. Die Spitze nun nach oben zur Mitte des Stoffbruchs klappen.

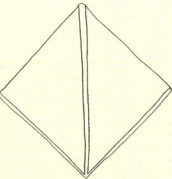

6. Halten Sie das Ganze gut fest, und drehen Sie die Serviette auf die Rückseite, wobei die Spitze nach oben zeigt.

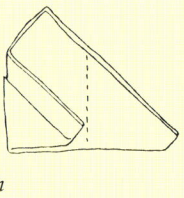

7. Die linke Ecke entlang des Stoffbruchs etwas mehr als über die Hälfte hinaus nach rechts klappen.

8. Die rechte Ecke nach links klappen und fest in die Falte stecken.

9. Halten Sie nun das Verbindungsstück fest, drehen Sie die Serviette mit der Vorderseite zu sich, und klappen Sie die untere Ecke nach unten bis kurz vor den Stoffbruch um.

10. Den letzten Schliff können Sie der »Bischofsmütze« geben, indem Sie die beiden noch aufgerichteten Ecken zur Seite wegklappen.

EINLADUNG: Grundsätzlich schriftlich, vier bis sechs Wochen vorher.

UHRZEIT: Meistens 19.30 oder 20 Uhr. Bei Familienfesten und älteren Ehrengästen kann das Fest-Diner aber den Bedürfnissen entsprechend auch schon früher angesetzt werden.

DAUER: Aperitif etwa 30 Minuten, bei einer großen Abendgesellschaft mit mehr als 30 Gästen auch bis zu 45 Minuten. Insgesamt drei bis vier Stunden. Wenn sich ein Fest mit Tanz anschließt: open end.

GETRÄNKE: Zum Essen passende Weine, eventuell auch Champagner. Auf jeden Fall Mineralwasser und mindestens ein Fruchtsaft. Es bleibt dem Gastgeber überlassen, ob und welche Drinks er vor und nach dem Essen zusätzlich anbieten möchte.

ESSEN: Vier Gänge, selten mehr. Je nach Anlaß ist von verfeinerter Hausmannskost bis zu extravaganten Spezialitäten alles möglich. An das Lieblingsgericht des Ehrengastes denken!

PERSONAL: Ein versierter Koch kann bis zu 30 Gäste versorgen, bei mehr Gästen braucht er Hilfe. Zwei Servierhilfen bedienen bis zu 14 Gäste, bei 30 Gästen sind mindestens vier Kräfte nötig. Wenn die Dienste zufriedenstellend ausfielen, kann das Leihpersonal von den Gastgebern Trinkgeld erwarten.

UND DER GAST?

MUSS auf die Einladung bald antworten und eine Zusage unbedingt einhalten; sich hinterher schriftlich bedanken.

SOLLTE nicht mehr als 15 Minuten zu spät kommen und sich mit möglichst vielen anderen Gästen unterhalten.

KANN vorher oder hinterher Blumen schicken; je nach Anlaß dem Ehrengast ein kleines Geschenk mitbringen; Trinkgeld für das festangestellte Hauspersonal hinterlassen (höchstens 20 DM).

DER EHRENGAST muß sich natürlich individuell bedanken, in schriftlicher Form. Er kann dazu Blumen und/oder ein passendes Geschenk schicken. Angemessen ist es auch, dem Hauspersonal persönlich zu danken und großzügig Trinkgeld zu geben.

Single und doch nicht allein

Ist Gastlichkeit Luxus? Nur erschwinglich für Reiche und Privilegierte und vor allem – für intakte Familien? Fast möchte man zustimmen. Schließlich kann es kein Zufall sein, daß die Kultur des Gastgebens in Vergessenheit geriet, als auch der Verfall der Familien und der Untergang der sogenannten guten Sitten einsetzte.

Doch werden darüber nur ewig Gestrige klagen. Denn weder war früher alles besser, noch ist alles Neue ein Fortschritt. Jede Zeit hat ihre eigenen Bedürfnisse. Außerdem können selbst Revolutionen und Revolten nicht verhindern, daß letztendlich alles erhalten bleibt. Bestimmte Bedürfnisse brechen sich immer wieder Bahn. Und so entstehen zu allen Zeiten und in allen Kulturen stets wieder ähnliche Rituale. Zur Zeit scheint nach extremer Selbstverwirklichung und konsumfreudigem Genußstreben eine Phase der Selbstbesinnung einzusetzen. Dabei erinnern sich viele auch wieder der Tradition – und der Tugend! – des Teilens.

Damit gewinnt das Gastgeben neue Bedeutung. Gerade für jene, die allein leben. Sie suchen noch mehr als andere nach Gemeinschaft, Freundschaft und Austausch. Aber wie anstellen? Die überlieferten Formen der Gastlichkeit sind ganz auf Familien oder mindestens Ehepaare ausgerichtet. Da werden dem Hausherrn bestimmte Aufgaben zugewiesen, während die Frau des Hauses andere zu erfüllen hat. Wie soll man das allein bewältigen? Auch der Hinweis, daß die Rolle des Gastgebers zur Not von einem guten Freund des Hauses oder gar (wie fortschrittlich!) von einer Freundin übernommen werden könnte, macht moderne Singles ratlos. Gewöhnt, in allen Lebenslagen souverän allein ihren Mann oder ihre Frau zu stehen, fühlen sie sich von vornherein als Gastgeber disqualifiziert. Das darf nicht sein.

So wünschenswert die Renaissance der Kunst der Gastlichkeit auch ist, es müssen nicht alle alten Regeln mit ihr wiederauferstehen. Wenn immer mehr Menschen allein leben – und in einer Stadt wie München machen die Single-Haushalte schon mehr als die Hälfte aus –, dann muß ihren Be-

dürfnissen mehr Rechnung getragen werden. Bestimmte Vorschriften sind einfach überholt. Warum zum Beispiel soll eine alleinlebende Frau nur zum Nachmittagstee einladen dürfen? So verlangen es alte Benimm-Bücher. Modifizierte Regeln für die heutige Zeit sind noch nicht allgemeingültig formuliert und gedruckt. Da muß jeder Single seinen eigenen Weg suchen.

Einige, die das getan haben, können anderen als Vorbild dienen. Deswegen haben wir für dieses Buch fünf alleinstehende Gastgeber/innen aus Heidi Schoellers Freundeskreis interviewt, die aus unterschiedlichen Motiven einladen und jeweils einen ganz individuellen Stil entwickelt haben.

Aus Liebe zu den schönen Dingen

»Ins Restaurant kann ich als Frau nicht einladen«, erklärt Katrin Bellinger. Die Kunsthändlerin mit dem Spezialgebiet alte Meisterzeichnungen hat die Erfahrung gemacht, daß kein Mann ihr die Rechnung kampflos überlassen mag, selbst wenn das Essen rein geschäftlich war. Und auch bei privaten Einladungen war sie den Streit ums Bezahlen leid: »Für eine 20jährige ist es normal, immer eingeladen zu werden. Aber irgendwann muß man anfangen, sich zu revanchieren.« Also überlegte sie, wie sie ihre Rolle als Gastgeberin von vornherein deutlicher machen und dadurch peinliche Situationen vermeiden könnte. Dazu mußte sie den Rahmen anonymer Restaurants verlassen und eine privatere Umgebung wählen.

Zunächst zog sie ihr eigenes Zuhause nicht in Betracht: »Ich kann nicht kochen, und Haushalt interessiert mich nicht.« Das aber, dachte sie, sei nötig, um eine persönliche Atmosphäre zu schaffen. Ungern erinnerte sie sich an die Dinners, die sie während ihrer Ehe in New York gegeben hatte. Da sie immer Personal brauchte, fielen diese Einladungen selbst im kleinen Kreis reichlich formell aus. Genau das wollte sie vermeiden. Sie suchte nach einer Möglichkeit, die Bewirtungen lockerer zu gestalten.

Single und doch nicht allein

Der Zufall verhalf ihr zu einem einfachen Einstieg in ihre neue Rolle als Gastgeberin. In London erfuhr sie von »Dial-a-restaurant«, einem Zusammenschluß von 20 Gastronomen, die auf Anruf kurzfristig mit allen Diensten parat stehen. Da sie dort gerade einige Geschäftsfreunde zusammenführen wollte, probierte sie diesen Service aus. Und siehe da, es funktionierte hervorragend. Da die Gastgeberin nicht selber kochte, war die Atmosphäre nicht zu privat, andererseits aber auch nicht zu steif, weil es keinen Tisch mit fester Sitzordnung gab. Jeder bediente sich am warmen Buffet und suchte auf Sesseln und Sofas seinen Platz. Eine Gefahrenquelle allerdings erkannte Katrin Bellinger gleich: »Wo Bewegung entsteht, bietet man besser keinen Rotwein an – Flecken lassen sich kaum vermeiden.«

So gesehen verlangen gesetzte Essen an einer gedeckten Tafel weniger Beschränkung. Außerdem bieten sie mehr Möglichkeit für das, was Katrin Bellinger am liebsten tut: dekorieren. »Ich liebe schöne Dinge«, sagt sie, und diese Leidenschaft dokumentiert sich in den verschiedensten Sammlungen. Darüber hinaus besitzt sie einige ungewöhnliche Erbstücke, darunter ein Service ihrer Großmutter, das ein Schmuckstück für jeden Tisch ist. Sollte das alles in Schränken verstauben?

Schließlich beginnt Katrin Bellinger, Essenseinladungen bei sich zu Hause in München zu geben. Gestärkt durch die Londoner Erfahrung, heuert sie auch hier einen Catering-Service oder einen Mietkoch an. Alles andere meistert sie mit viel Improvisationstalent. Oft trifft sie die Vorbereitungen telefonisch von unterwegs, während einer ihrer vielen Geschäftsreisen. Da sie ihre Einladungen meist spontan ausspricht, gibt es oft auch gar keinen anderen Weg. So kann es passieren, daß sie um 18 Uhr in München eintrifft und bereits zwei Stunden später Gäste zum Dinner empfängt. Ihre Haushaltshilfe hat dann nach ihrer Anweisung den Tisch vorbereitet, und sie selber schmückt ihn je nach Lust und Laune oder Anlaß aus.

»Die Details machen den Unterschied«, sagt Katrin Bellinger. »Manchmal verwende ich Messerbänke, oder ich verteile lustige Salzgefäße. Ein anderes Mal stelle ich mit meiner Sammlung alter Gläser und viktorianischer Windlichter Arrangements in immer anderen Farben zusammen.

Gern decke ich auch mit indischen Silberbechern, und im Sommer kommen kleine Terrakotta-Töpfe auf den Tisch. Dann habe ich noch eine Sammlung von Vasen und Töpfen …«

Unerschöpflich scheint der Fundus der Kunstkennerin, die sowohl beruflich als auch privat immer auf der Jagd nach dem Ungewöhnlichen ist. Nachdem sie ihre anfängliche Angst vor dem Gastgeben überwunden hat, kann sie jedem nur raten, sich auf das zu spezialisieren, was ihm am meisten liegt. Ein Weinkenner, findet sie, könnte seine Einladungen wie Degustationen gestalten. Sie selber liebt nun einmal das Dekorieren. Da sie aber wegen ihrer Berufstätigkeit wenig Zeit hat und außerdem praktisch denkt, lädt sie meistens an zwei Abenden hintereinander ein: einmal Geschäftspartner, einmal Freunde. Die Gestaltung der Tafel bleibt die gleiche. Aber mit der Mischung der Gäste und der Tischordnung, meist lädt sie zehn bis zwölf Gäste, gibt sich Katrin Bellinger jedesmal besondere Mühe. Und wenn sie auch nicht selbst am Herd steht, so ist ihr das Essen doch keineswegs egal.

»Studenten können ruhig Spaghetti Bolognese anbieten«, sagt sie, »später ist es dann wichtig, was man serviert. Es muß nicht teuer sein. Aber wenn es nur eine Kartoffelsuppe ist, dann muß es eine spezielle sein.« Sie achtet darauf, daß ihren Einladungen immer ein gewisser Überraschungseffekt anhaftet. Deswegen lädt sie nicht routinemäßig in bestimmten Intervallen ein: »Das Besondere muß bleiben, sonst wird's für einen selber zur Verpflichtung.« Und damit wäre der Spaß dahin …

Der Traum vom »jour fixe«

Für Rainer Crone wäre eine strikte Routine die größte Freude gewesen: »Schon als junger Mann träumte ich davon, einen ›jour fixe‹ einzurichten.« Einen Tag also, an dem sich regelmäßig Künstler und Intellektuelle in seinem Salon zusammenfänden, um ihre Gedanken und Ideen auszutauschen oder auch hitzig zu diskutieren – so, wie es in den berühmten Salons des 19. Jahrhunderts üblich war. Er stellte sich vor, einen Kreis eleganter und kultivierter Menschen um sich zu sammeln.

Single und doch nicht allein

Es hat nicht sollen sein. Jedenfalls nicht in der Jugend. Rainer Crone, dessen Vater im Krieg gefallen war und dessen Mutter aus einer Arztfamilie stammte, wuchs in Hamburger Kreisen auf, in denen es ein unumstößliches Wertesystem mit festen Ritualen für die Wochenenden und bestimmte Feste gab. Das war allerdings nicht die Regelmäßigkeit, nach der er sich sehnte. Sein »jour fixe« sollte reserviert sein für das organisierte Chaos der Bohème.

Wie so etwas »tout les jours« aussah, lernte er dann in New York kennen – bei Andy Warhol und seinen Freunden von der »factory«. Andererseits war er dort auch oft zu Gast bei den hocheleganten, perfekt organisierten Dinners der Reichen, die grundsätzlich nur zu Wohltätigkeitszwecken einluden. Als Professor für die Kunstgeschichte des 20. Jahrhunderts an verschiedenen amerikanischen Universitäten tätig, wurde Rainer Crone zum Wanderer zwischen den Welten: hier ein schnelles, unkompliziertes Atelieressen, dort ein kostspieliger Wohltätigkeitsabend. Er selber, damals noch verheiratet, suchte den Kompromiß. Er gab gesetzte Essen, am liebsten für durchreisende Künstler, unterstützt von Personal. Manchmal ließ er es sich auch zu diesen offiziellen Anlässen nicht nehmen, selber zu kochen – wie er das jeden Tag tat.

Heute kocht der geschiedene Single grundsätzlich selber, wenn Gäste kommen. Er bereitet alles perfekt zu, aber manchmal läßt bei ihm der Service zu wünschen übrig. »Heidi Schoeller hat recht«, seufzt er, »ich muß das besser organisieren. Wenn ich schon selber koche, kann ich nicht auch noch bedienen. Die ideale Form für mich wäre das warme Buffet. Ich muß mir bei Hotel- oder Restaurantversteigerungen unbedingt alte ›Bain Maries‹ (Wasserbäder, meist aus versilbertem Metall) besorgen.« Sie sind das einzige, was ihm zur Perfektionierung seiner Abende noch fehlen könnte. Ansonsten stimmt bereits alles: eine Wohnung mit hohen Decken (»Ich habe immer nur in Altbauten gewohnt«), vollgehängt mit den Originalen moderner Künstler; Möbel aus den verschiedensten Epochen; kein Raum, der Büchern, Bildern oder Gästen verschlossen wäre – kurzum: der ideale Rahmen für einen Salon. Und auch die Inhalte stimmen. Rainer Crone schart vornehmlich Künstler, Intellektuelle und Exzentriker um sich. Allerdings nicht an einem »jour fixe«.

Vielleicht ist das der Grund, warum er bis heute glaubt, kein richtiger Gastgeber zu sein. Seine Sehnsucht gilt dem Salon. Offenbar hat der eloquente Kunstprofessor noch nicht gemerkt, daß die Zusammenkünfte in seiner Wohnung diesem Ideal durchaus entsprechen. Auch wenn sie nicht an einem »festen Tag« stattfinden – und auch wenn er (gottlob) immer noch selber kocht.

Von der Perfektion zur Improvisation

Als Kind wurde Kicki von Bohlen und Halbach bei Tisch grundsätzlich bedient. Das war so üblich in ihrem Elternhaus. Als junges Mädchen mußte sie selber mitbedienen, damit sie rechtzeitig lernte, wie ein korrekter Service funktioniert.

Kein Wunder, daß sie heute manchmal nur Blechnäpfe auf den Tisch stellt und Gräser statt Blumen. Die formellen Essen ihrer Kindheit stecken ihr immer noch als Schrecken in den schmalen langen Gliedern. Wenn sie heute einlädt, dann soll alles wie improvisiert aussehen. Deshalb deckt sie mit verschiedenen Gläsern und mit unterschiedlich hohen Kerzenhaltern. Hinter dieser scheinbaren Nachlässigkeit steckt natürlich die unterdrückte Perfektion. Ihre liebste Tischdekoration hat sie eigens in Murano nach Mustern der Commedia del'arte aus dem 17. Jahrhundert mundblasen lassen: Es sind Damen mit weiten langen Röcken, die ihre Hände hoch über den Kopf erheben. So können sie die Tischkarten mit den Namen der Gäste halten. Stellt man sie jedoch auf den Kopf, dann dienen sie genausogut als Weinglas.

Dieser Art sind die Dinge, die Kicki von Bohlen und Halbach liebt – originell, zweckmäßig und mehrdeutig. Sie möchte ihren Gästen vorgaukeln, daß sich bei ihr alles wie zufällig zu einem Ganzen fügt. Das ist nicht leicht, wenn man im Elternhaus und während der Ehe nur die offiziellen Rituale einüben durfte. Seit der Trennung von ihrem Mann bemüht sie sich um eine andere Art der Gastlichkeit. Nachdem sie zunächst gar keine Einladungen gab, hat sie jetzt eingesehen, daß man gerade als alleinstehende Frau den Kontakt zu Freunden pflegen muß. Außerdem hat sie sich vorgenommen, jetzt ihren eignen Stil durchzusetzen. Früher war sie daran gewöhnt, daß Reden gehalten wurden, die alle Gäste verstummen ließen. Ihr Bestreben gilt genau dem Gegenteil:

Single und doch nicht allein

Die Gäste sollen reden und zwar miteinander. Und darin hat sie jetzt auch ihre große Stärke entdeckt: »Ich habe ein gutes Gespür dafür, wer wen interessieren könnte. Ich glaube, ich habe ein Talent für Tischordnungen.«

Das gibt ihr den Mut, auch größere Essenseinladungen zu wagen. Dafür hat sie sogar ihre Wohnung umbauen lassen: »Bisher hatte ich nur einen Eßplatz in der Küche. Jetzt kann ich im Gang einen Tisch aufstellen, der ausgezogen bis zu 30 Personen Platz bietet.« Mehr Gäste will sie nicht bewirten. »Das habe ich früher getan. Aber erstens halte ich nichts mehr von Parties und Cocktailempfängen, weil man über oberflächliche Kontakte oft nicht hinauskommt, und zweitens habe ich erlebt, daß selbst die wohlerzogensten Menschen in einer großen Gruppe ihre guten Manieren vergessen.« Ihrer Erfahrung nach beginnt die »Enthemmung« bei mehr als 30 Personen: »Da empfindet sich offenbar niemand mehr als verantwortliches Individuum, sondern nur noch als Teil einer anonymen Masse.« Das Ergebnis: zerbrochene Gläser, ausgetretene Zigaretten auf dem Teppich – und Dinge, die verschwinden, vom silbernen Ascher bis zur bestickten Serviette.

Diesen Dingen will Kicki von Bohlen und Halbach heute entgehen. Seit ihrer Trennung wollte die Mutter von zwei kleinen Kindern (vier und sechs Jahre) zunächst überhaupt nicht mehr als Gastgeberin in Erscheinung treten. Aber nach einiger Zeit hatte sie den Eindruck, daß sie sich für einige Einladungen revanchieren sollte. Und dann merkte sie, daß es ihr leicht fällt, Menschen miteinander ins Gespräch zu bringen.

Dennoch möchte sie sich den Status der Amateurin erhalten: »Ich kokettiere mit meiner Unfähigkeit, Hausfrau zu spielen.« Alles soll aussehen, als sei es »mit links« erledigt worden. Und das Menü ist mit Absicht ziemlich simpel. »Alle Leute sind überfüttert«, sagt sie, »da ist das Essen nicht mehr so wichtig.« Eine typische Speisenfolge bei ihr sieht so aus: Tomaten mit Mozzarella, zwei verschiedene Nudelsorten mit drei verschiedenen Saucen, Fruchtsalat mit Eis.

Für Kicki von Bohlen und Halbach liegt die Würze in der Mischung der Gäste: »Dadurch kann ich einem Abend die Richtung geben, die mich interessiert.«

Der Amateur als Salonlöwe

Wer nicht glaubt, daß jeder, wirklich jeder, zum Gastgeber geeignet ist, der nehme sich Constantin von Barloewen zum Beispiel. Wie die meisten Junggesellen feierte er, wenn es sich gerade so ergab, seinen Geburtstag mit einigen Freunden. Aber als Einladung konnte man das nicht bezeichnen. Da ging es eher um einen guten Schluck als ums Essen. Denn Constantin von Barloewen gehört nicht zu den Männern, die sich rühmen können, begnadete Amateur-Köche zu sein.

Der Anthropologie-Professor war dagegen immer gerne Gast in Häusern, wo neben der Küche auch die Konversation gepflegt wurde. Doch eines Tages gab ihm eine gute Freundin zu verstehen, daß er demnächst nicht mehr mit Einladungen rechnen könne, wenn er sich nicht endlich einmal revanchiere. So wurde Constantin von Barloewen sozusagen gegen seinen Willen zum Gastgeber. Aber wie das so ist mit Amateuren – zumal ledigen männlichen: Es finden sich immer zartfühlende Seelen, die ihre Hilfe anbieten. Für seinen ersten Abend schlug ihm eine Freundin ein italienisches Buffet vor, das sie dann gemeinsam mit ihm in der Küche aufbaute. Die Gäste – alles liebe Bekannte, bei denen er schon einmal eingeladen war –, bedienten sich selbst und suchten sich irgendwo in der Wohnung einen Platz. Denn einen Eßtisch besitzt Constantin von Barloewen nicht.

»Man erwartet nichts von mir«, sagt er. Richtig. Umso mehr tragen seine Freunde zum Gelingen seiner seltenen Feste bei. Einer brachte am späten Abend, sozusagen als Gastgeschenk, zwei Straßenmusikanten mit. Daraus wurde ein fröhliches Tanzvergnügen. Auch bei von Barloewens letzter Einladung ergab sich der Höhepunkt ohne sein Zutun. Was nicht heißt, daß er einfach alles anderen überließe. Diesmal holte er sich professionellen Rat bei Heidi Schoeller, was unter anderem dazu führte, daß er im Gang Platz schaffte für einen geliehenen Gartentisch, den er mit einem weißen Tuch deckte. Er hat gelernt: »Es ist doch sehr viel bequemer, wenn man sich zum Essen an einem Tisch niederlassen kann.«

Die Speisen selber waren wieder zur Selbstbedienung in der Küche aufgebaut. Da seine russische Freundin Gala als Co-Gastgeberin auftrat, war es naheliegend, Kaviar und Lachs anzubieten. Als Hauptgericht gab es Borschtsch, der auf dem Herd heißgehalten wurde.

Und irgendwann an diesem Abend, als sich alle zufrieden in Wohn- und Arbeitszimmer niedergelassen hatten, ließ sich Freund Nicolaus Sombart dazu überreden, ein Kapitel aus seinem gerade fertiggestellten Paris-Buch vorzulesen. Woraus sich hinterher natürlich eine lebhafte Diskussion ergab. Und so kam es, daß Constantin von Barloewen, der Amateur, an diesem Abend das erreichte, wovon alle versierten Gastgeber träumen: den Esprit der verlorenen Salon-Kultur wiederaufleben zu lassen.

Vom Luxus der Einfachheit

Wenn man wie Alan Jones in Australien auf dem Lande aufgewachsen ist, dann weiß man, was Gastfreundschaft bedeutet: »Freunde kommen und bleiben für Tage, Wochen, Monate …« Da kann es nicht erstaunen, daß er als junger Mann lieber Gast sein wollte. Und weil er mit Charme, ungewöhnlichem Geschmack und unbestechlichem Auge gesegnet ist, war er bald gern gesehen in einigen der bestgeführten Häuser der westlichen Welt. »Ich habe das Glück gehabt«, sagt Alan Jones, »noch einige der legendärsten Gastgeber aller Zeiten kennengelernt zu haben.«

Am meisten beeindruckte ihn der Amerikaner Henry McIlhenny, der für seine umfangreiche Gemäldesammlung ebenso berühmt war wie für seine ungewöhnlich perfekten Einladungen. Seine Philosophie lautete: »Man sollte keine Gäste einladen, wenn man nicht vorhat, sie anständig zu bewirten.« Womit nicht gemeint ist, daß man ihnen die teuersten Delikatessen und wertvollsten Weine serviert, sondern daß man sich um ihr Wohlergehen bemüht.

Diese Lehre hat Alan Jones, der sehr schnell zu einem international gefragten Inneneinrichter wurde, nie vergessen. Längst gilt er selber als vorbildlicher Gastgeber, obwohl er keineswegs ein großes Haus führt. Berühmt sind die intimen Dinners in seiner Münchner Wohnküche. »Auf die Details kommt es an«, sagt Alan Jones. Er legt großen Wert darauf, für wiederkehrende Gäste den Tisch jedesmal anders zu decken, andere Blumen zu dekorieren und natürlich auch,

ein anderes Menu zu bieten. Aber alles muß sich seinem Bestreben nach Bescheidenheit unterordnen: »Für mich besteht Luxus in der größtmöglichen Einfachheit. Warum sollte man französische Küche imitieren, wenn es schlichte Hausmannskost auch tut? Wichtig ist nur, daß man die besten und frischesten Zutaten nimmt.«

Mehr als drei Gänge serviert er nie, wobei die Vorspeise meist aus einem interessanten Salat besteht und das Dessert aus (gekochten) Früchten. Den Hauptgang bereitet er so vor, daß er vom Herd direkt auf den Tisch gebracht werden kann. »Vor den Augen der Gäste sollten nur Künstler kochen«, sagt er. »Ich präpariere lieber alles rechtzeitig.« In Wahrheit ist er ein hervorragender Koch, aber ist eben auch ein vorzüglicher Gastgeber, und deshalb organisiert er seine Dinners so, daß er sich seinen Gästen mit uneingeschränkter Aufmerksamkeit widmen kann.

Einladungen schreibt Alan Jones nie, denn seine Essen sind immer kurzfristig angesetzt, meist zu Ehren eines Freundes oder eines Kunden, der zu Besuch ist. Die mündliche oder telefonische Einladung trägt auch dazu bei, den informellen Charakter zu betonen. Wer jemals an einem dieser Essen für acht bis zehn Personen teilgenommen hat, der wünscht sich eine Wohnküche à la Alan Jones: großzügig, gemütlich und stilvoll. Reine Eßzimmer hält der renommierte Inneneinrichter für überflüssig – »außer jemand hat perfekt ausgebildetes Personal und pflegt Gastlichkeit in großem Stil.« Ansonsten könnte er sich in einer Stadtwohnung auch mit der üblichen kleinen funktionellen Küche abfinden, wenn es eine schöne Bibliothek gibt, in der ein großer Tisch steht, »der zum Arbeiten mit Büchern und genauso als Eßtisch dienen kann.«

Ein Haus auf dem Land dagegen sollte seiner Meinung nach rund um eine riesige Wohnküche angelegt sein: »Mit Kamin und Lehnstühlen und allem Drum und Dran, als Versammlungsort für Familie und Freunde, wo man gemeinsam alles selber macht; denn wir wissen doch, daß es immer weniger Personal geben wird.«

Obwohl Alan Jones ein eifriger Sammler von altem Silber ist, haßt er es, wenn silberne Tee- und Kaffeeservice auf silbernen Tabletts in Wohnräumen »ausgestellt« werden: »Auch die schönsten Stücke sollte man nur hervorholen, wenn man sie benutzt.« Jedes Show-Gehabe ist ihm zuwider. Insbesondere in seiner zweiten Wahlheimat Griechenland hat er es zu oft erlebt, daß Neuankömmlinge mit dem Glanz und Reichtum alter Familien zu konkurrieren versuchen. Sein Credo lautet: »Lieber ein bescheidenes Original als eine glanzvolle Kopie.« Er bedauert es zutiefst, daß nur noch wenige Menschen den Mut zu einem eigenen Stil haben.

Was nicht bedeutet, daß es nicht ein paar allgemeingültige Regeln gäbe. Für Alan Jones sind die wichtigsten Voraussetzungen für einen gelungenen Abend:

✳ bequeme Stühle (er hat in seiner Wohnküche Stühle mit Armlehnen),
✳ schmeichelndes Licht (nie von oben, das ist tödlich für Frauen; gut ist viel Kerzenlicht – nach dem Essen das Licht im Wohnzimmer dunkler dimmen als vorher, um den »gemütlichen Teil« einzuleiten),
✳ ausgeklügelte Sitzordnung (nur Menschen nebeneinander setzen, die sich etwas zu sagen haben),
✳ geübte Hilfe (jemand muß im Hintergrund für Ordnung sorgen, zum Beispiel das Wohnzimmer lüften, aufräumen und die Kissen aufschütteln, während die Gäste essen).

Ganz besonders wichtig findet Alan Jones es auch, daß jede Einladung einen Anfang und ein Ende hat. Ihm fällt auf, daß in Deutschland zum Beispiel zum Tee eingeladen und nach einer Stunde etwa automatisch zu alkoholischen Getränken übergegangen wird. Oder man bittet zum Lunch und serviert im Anschluß daran gleich noch Kaffee und Kuchen – unterbrochen höchstens von einigen alkoholischen Drinks. Für ihn verliert jede Begegnung ihren Stil, wenn sie nicht genau definiert ist. Noch wichtiger aber ist, daß man nur Menschen einlädt, die man mag: »Diplomaten tun mir leid«, sagt Alan Jones. Er hat leicht reden. Seine Kunden sind fast immer zu Freunden geworden – und umgekehrt.

Rezepte

REZEPTE FÜR GEBÄCK UND SANDWICHES ZUM TEE

Gugelhupf

Arbeitsaufwand: 20 Minuten
Backzeit: 1 Stunde

Zutaten für 1 Gugelhupfform:
250 g Butter, 250 g Zucker, 5 Eier, getrennt, 250 g Mehl,
1/2 Päckchen Backpulver, 2 Päckchen Vanillezucker, etwas
Zitronenschale, etwas Rum, Rosinen

Butter und Zucker schaumig rühren. Die Eigelbe hinzufügen und so lange rühren, bis eine weiße Creme entsteht. Dann die restlichen Zutaten hinzufügen. Zum Schluß die Eiweiße steif schlagen und unter den Teig heben. Den Teig in eine gefettete Gugelhupfform füllen und 1 Stunde bei 180 Grad backen.

Kleine dreieckige Sandwiches

Arbeitsaufwand: 10 Minuten

Zutaten für 10 Sandwiches:
1/2 Kastenweißbrot, in dünne Scheiben geschnitten und entrindet, Butter zum Bestreichen, Salatblätter zum Belegen, 100 g gekochter Schinken oder Lachs, dünn aufgeschnitten

Die Brotscheiben entrinden und mit streichfähiger Butter bestreichen. Die Hälfte der Scheiben mit 1 Salatblatt und 2 Scheiben Schinken belegen, darauf wieder ein Salatblatt legen und obenauf eine weitere mit Butter bestrichene Scheibe Weißbrot legen. Die Sandwiches mit einem scharfen Messer diagonal zweimal durchschneiden, so daß kleine Dreiecke entstehen. Auf einer Platte dekorativ anrichten.

REZEPTE FÜR HÄPPCHEN ZUM COCKTAIL- ODER SEKTEMPFANG

Artischockenböden mit Frischkäse und Kaviar

Arbeitsaufwand: ca. 15 Minuten

Zutaten für 10 Stück:
10 Artischockenböden (aus der Konserve), 75 g Frischkäse,
75 g Hüttenkäse, 100 g roten Kaviar, 25 g schwarzen Kaviar (oder Ersatz)

Artischockenböden abtropfen lassen und dann an den Unterseiten so beschneiden, daß sie aufrecht stehen können. Um mehr Platz für die Füllung zu gewinnen, eventuell einige innere Blätter entfernen, kleinhacken und später unter die Käsemischung geben. Die beiden Käsesorten gut mischen. Kaviar vorsichtig waschen, damit er den Käse nicht verfärbt. 75 g des roten Kaviars unterheben. Die Artischockenböden damit füllen und mit rotem und schwarzem Kaviar dekorieren.

Chicoréeblätter mit Lachs-Tatar

Arbeitsaufwand: 20 Minuten

Zutaten für 40-50 Stück:
1 Pfund geräucherter Lachs, dünn geschnitten und dann fein gehackt,
1 EL Dill, gehackt, 1 rote Zwiebel, fein gehackt,
1 Bund Schnittlauch, in feine Röllchen geschnitten,

1 TL scharfer Senf, 1 EL Kapern, gehackt, 1 EL Olivenöl,
2 TL frischer Zitronensaft, 4 große Chicorée

Lachs, Dill, Zwiebel, Schnittlauch, Senf, Kapern, Olivenöl und Zitronensaft in einer Schüssel gut mischen. Chicorée in einzelne Blätter zerlegen, abwaschen, trockentupfen. Einen Löffel der Lachsmischung auf jedes Blatt geben und auf Servierplatten arrangieren.

Selleriestangen mit Roquefortfüllung

Arbeitsaufwand: 20 Minuten

Zutaten für 20-30 Stück:
3-4 Stangen Sellerie, 75 g Frischkäse, 75 g Roquefort,
1 EL Joghurt, 1 TL Cognac, Mandarinenfilets zum Garnieren

Selleriestangen in gleich große, ca. 3 cm lange Stücke schneiden. Frischkäse, Roquefort, Joghurt und Cognac gut mit dem Mixstab mischen. Mischung in die Selleriestücke füllen. Zum Garnieren eignen sich Mandarinenfilets.

Gurken mit Entenleberpastete

Arbeitsaufwand: 20 Minuten

Zutaten für 8-9 Stück:
1 Stück Salatgurke (etwa 13 cm lang), geschält,
100 g Entenleberpastete, 1 kleine unbehandelte Orange,
1 TL Orangenlikör, Salz

Salatgurke in 1 1/2 cm dicke Scheiben schneiden, in der Mitte mit einem Teelöffel aushöhlen, aber einen dünnen Boden stehenlassen. Leicht salzen. Abtropfen lassen und trocknen. 2/3 der Orangenschale abkratzen, 1/3 der Schale zum Dekorieren aufheben. Saft auspressen. Pastete mit Orangenschale und Orangensaft und -likör mischen. Pastete in die Gurkenscheiben füllen und mit geformten Stücken der Orangenschale garnieren.

Cocktailtomaten mit Taschenkrebs-Mousse

Arbeitsaufwand: 30 Minuten

Zutaten für 10 Stück:
10 Cocktailtomaten, 150 g tiefgekühltes Taschenkrebsfleisch,
40 g Butter, 3-4 EL Sahne, 2 EL Semmelbrösel,
1 1/2 EL geriebener Käse, 1 1/2 EL Cognac, Salz und Pfeffer,
1 TL Senf, 1 EL Schnittlauch oder Frühlingszwiebeln, fein gehackt,
1 Spritzer Worcestershire-Sauce, 1 Spritzer Tabasco

Deckel von den Tomaten schneiden und Kerne ausschaben, dann die ausgehöhlten Tomaten langsam im Ofen bei ca. 150 Grad erwärmen. Butter schmelzen und Krebsfleisch darin auf kleiner Flamme 1 Minute erwärmen. Semmelbrösel, Käse Sahne, Cognac, Salz, Pfeffer, Senf, Schnittlauch oder Zwiebel, Worcestershire-Sauce und Tabasco hinzugeben. Städig rühren, bis die Masse dick und cremig, aber nicht trocken ist. Die Krebsmasse in die warmen Tomatenhüllen füllen und warm servieren.

Tatar-Häppchen

Arbeitsaufwand: ca. 15 Minuten

Zutaten für 12 Stück:
200 g Tatar, 1 Eigelb, 1/2 EL feingehackte Zwiebel,
1/2 EL feingehackte Essiggurke, 1/2 EL feingehackte Kapern,
1/2 EL gehackte Petersilie, 1/2 EL Schnittlauch, Paprikapulver, scharf und edelsüß, Salz, Pfeffer, Worcestershire-Sauce,

2 EL Olivenöl. Außerdem: 4 Scheiben herzhaftes Brot, Butter zum Bestreichen, kleine Salatblättchen

Alle Zutaten für die Tatarmasse vermischen. Aus den Brotscheiben fünfmarkstückgroße Kreise stechen. Diese dünn mit Butter bestreichen, 1 kleines Salatblatt darauflegen, einen Klecks Tatar daraufgeben und etwas Petersilie darüberstreuen.

Babyaal-Häppchen

Arbeitsaufwand: ca. 10 Minuten

Zutaten für 12 Stück:
4 Scheiben herzhaftes Brot, Butter zum Bestreichen, kleine Salatblättchen zum Belegen, 200 g Babyaal, filetierte Zitronenscheiben, in Stückchen geschnitten, Dill, von den Stengeln gezupft

Aus den Brotscheiben fünfmarkstückgroße Kreise stechen. Diese dünn mit Butter bestreichen und jeweils 1 kleines Salatblatt darauflegen. Auf jeden Brotkreis 1 Stückchen Baby-Aal, 1 kleines filetiertes Zitronenstückchen und etwas Dill anrichten.

Schinken-Häppchen

Arbeitsaufwand: ca. 15 Minuten

Zutaten für 12 Stück:
4 Scheiben herzhaftes Brot, Butter zum Bestreichen, kleine Salatblättchen zum Belegen, 50 g Parmaschinken, 1 Honigmelone

Aus den Brotscheiben fünfmarkstückgroße Kreise ausstechen. Diese dünn mit Butter bestreichen und 1 kleines Salatblatt darauflegen. Auf jeden Brotkreis eine Scheibe Parmaschinken legen und obenauf ein kleines Stück Melone dekorativ anrichten.

Gurken-Ei-Häppchen

Arbeitsaufwand: ca. 15 Minuten

Zutaten für 12 Stück:
4 Scheiben herzhaftes Brot, Butter zum Bestreichen, 1 Stück Salatgurke, 2 hartgekochte Eier, Butter, 4 Kirschtomaten, krause Petersilie zum Garnieren

Aus den Brotscheiben fünfmarkstückgroße Kreise ausstechen. Diese dünn mit Butter bestreichen. Gurke gut waschen (nicht schälen) und in dünne Scheiben schneiden. Die Eier ebenfalls in dünne Scheiben schneiden. Gurken- und Eierscheiben auf den Brotstückchen anrichten, mit je $^1/_4$ Kirschtomate und etwas krauser Petersilie garnieren.

REZEPTE FÜR DAS PREISWERTE SOMMERFESTMENU

(siehe Seite 122)

Appetithappen: Obatzter aus Frischkäse, Matjeshäppchen, Gemüse mit Dips

Arbeitsaufwand für alle drei Appetizer: ca. 45 Minuten

Obatzter aus Frischkäse

400 g Doppelrahm-Frischkäse, 2 Eigelbe, etwas Sahne oder Milch, 1 Eßlöffel, feingehackte Zwiebel, je 1 TL Paprikapulver, scharf und edelsüß, Salz, Pfeffer, Worcestershire-Sauce, 2 Packungen Cracker, 1 Bund Schnittlauch, in Röllchen geschnitten

Käse, Eigelb, Sahne oder Milch mit den Gewürzen zu einer Creme verrühren. Diese halbkugelförmig auf einer Platte anrich-

ten. Die Cracker um den Obatzten dekorieren und das Ganze mit viel Schnittlauch bestreuen.

Gemüse mit Dips

250 g Joghurt (1,5%), etwas Mayonnaise, 2 EL gehackte Kräuter (Dill, Schnittlauch, Petersilie), Salz, Pfeffer, Worcestershire-Sauce, verschiedene Gemüse (zum Beispiel je 1 gelbe, rote und grüne Paprika, 4 Bleichsellerie, 2 Karotten, 1 Kohlrabi, 1 Gurke), in feine Streifen geschnitten

Joghurt, Mayonnaise, Kräuter und Gewürze zu einem Dip verrühren. Anstelle von Kräutern kann auch etwas Tomatenketchup verwendet werden.

Die Gemüsestreifen aufrecht in ein Gefäß geben, Dip in kleine Schälchen füllen und danebenstellen.

Matjeshäppchen

6 Scheiben herzhaftes Brot (zum Beispiel Vierkornbrot), Butter zum Bestreichen, einige Salatblätter zum Belegen, 3 Matjesfilets, in Stückchen geschnitten, 1 Bund Dill, von den Stengeln gezupft, Sahnemeerrettich zum Garnieren, Zitronenfilets zum Garnieren

Aus den Brotscheiben fünfmarkstückgroße Kreise ausstechen oder -schneiden und diese mit etwas Butter bestreichen. Auf jeden Brotkreis ein Stückchen Salatblatt und 2 kleine Matjesstückchen legen. Mit Sahnemeerrettich-Röschen, filetierten Zitronenstückchen und etwas Dill garnieren.

Vorspeise: Vitello tonnato mit Blattsalat

Arbeitsaufwand: ca. 60 Minuten
Kochzeit: $1^1/_4 - 1^1/_2$ Stunden
Marinierzeit: 1-2 Tage

Zutaten für 8-10 Personen:
1 kg Kalbfleisch (Schulter), 1 Zwiebel, gespickt mit 2 Lorbeerblättern und 1 Gewürznelke, Salz, 1 Dose Thunfisch ohne Öl (170 g Abtropfgewicht), 4 Sardellenfilets, 100 g Kapern, 2 Eier, 200 ml Olivenöl, 1 Spritzer Essig, Saft von $1^1/_2 - 2$ Zitronen, etwas Weißwein, 250 g Kirschtomaten zum Garnieren, 1 Zitrone, in Scheiben geschnitten, zum Garnieren

Salat

2 Köpfe Blattsalat, 2 Bund Rucola zum Untermischen, 2 TL mittelscharfer Senf, 6 EL Balsamico-Essig, Salz, Pfeffer, 1 Prise Zucker, $^1/_2$ Tasse Olivenöl, 2 EL Kräuter, gehackt

Fleisch mit der gespickten Zwiebel in kochendes Salzwasser legen und bei schwacher Hitze ca. 45 Minuten köcheln lassen. Das Fleisch soll gar, aber trotzdem noch fest sein. Im Sud erkalten lassen.

Wer möchte, kann dem Sud eventuell Weißwein, 1 Karotte und 1 Stück Knollensellerie hinzufügen. Das gekochte Gemüse kann durch ein Sieb gestrichen und zur Sauce gegeben werden.

Den abgetropften Thunfisch, die Sardellenfilets, 5 Kapern und 100 ml Fleischsud zu einer dickflüssigen (sämigen) Sauce pürieren.

Aus den Eiern und dem Olivenöl eine Mayonnaise rühren. Mit Essig, Zitronensaft, Wein und Salz abschmecken.

Die Thunfischsauce mit der Mayonnaise mischen. Die Sauce darf nicht dick, sondern nur dickflüssig sein. Leichter bekömmlich wird die Sauce, wenn Sie 300 g Joghurt (1,5%) und nur die Hälfte der Mayonnaise unter die Sauce rühren.

Wenn Sie die Sauce im Mixer zubereiten, können Sud, Öl, Eier, Thunfisch, Sardellen, Zitronensaft und eventuell Joghurt gleichzeitig gemixt werden. Mit Sud verdünnen.

Das kalte Fleisch aus dem Sud nehmen und in dünne Scheiben schneiden. Fleischscheiben und Sauce abwechselnd in ein nicht zu großes tiefes Gefäß schichten. Die letzte Schicht soll Sauce sein. Alles 1-2 Tage an einem kühlen Ort stehenlassen.

Für den Salat die Blattsalate waschen, gut abtropfen und aus Senf, Salz, Pfeffer, Zucker, Balsamico-Essig und Olivenöl ein Dressing rühren. Den Salat damit anmachen und frisch gehackte Kräuter untermischen.

Kurz vor dem Servieren ganze Kapern über das Fleisch streuen, mit Zitronenscheiben, Rucola und Kirschtomaten garnieren. Sie können diese Vorspeise auch mit 2 hartgekochten Eiern, 1 Eßlöffel Kapern, 2 Essiggürkchen sowie grünen oder schwarzen Oliven garnieren.

Fleisch und Salat mit frischem Baguette (eventuell kurz aufbacken) servieren.

Hauptspeise: Lachs mit Blattspinat und Petersilienkartoffeln

Arbeitsaufwand: 1 1/2 Stunden
Kochzeit: 30 Minuten

Zutaten für 8-10 Personen:

Sauce

80 g Butter, 50 g Mehl, 1/2 Zwiebel, mit 1 Nelke gespickt,
1/2 l Fischfond (aus dem Glas), 1/2 l Milch, 4 Eigelb,
Saft von 1 Zitrone, Weißwein, Salz, Pfeffer, 1 Lorbeerblatt, 2 Bund Dill, feingehackt

Fond

2 Zwiebeln, gespickt mit 2 Lorbeerblättern und 2 Gewürznelken,
2 Zitronenscheiben, Salz, Pfeffer, 4 Blätter Salbei,
einige Stengel Dill und Thymian, 2 Stückchen Knollensellerie,
1 Stange Lauch, knapp 2 kg Lachsfilets, ohne Haut und Gräten

Beilagen

1,5 kg Spinat, 100 g Butter, 1 Zwiebel, feingehackt, Salz, Pfeffer,
Muskatnuß, frisch gerieben, 1,5 kg Kartoffeln,
100 g Butter zum Wenden, 3 EL Petersilie, gehackt

Zuerst die Sauce vorbereiten. Dafür Butter und Mehl hell anschwitzen, mit Fischfond und Milch aufgießen und verrühren, 1/2 Zwiebel mit Nelke gespickt, Gewürze zufügen und etwa 30 Minuten kochen lassen.

Nach der Kochzeit die Sauce durch ein Sieb streichen, Eigelbe hinzufügen und verrühren. Mit Weißwein und Zitronensaft abschmecken. Zum Schluß feingehackten Dill zugeben.

Während die Sauce kocht, den Sud vorbereiten: 1,5 l Wasser in einen Topf geben. Zwiebel, Zitronenscheiben, Pfeffer, Salz, Kräuter und Gemüse hinzufügen, zum Kochen bringen und 30 Minuten köcheln lassen.

In der Zwischenzeit den Spinat vorbereiten: Den Spinat waschen und putzen (Stiele entfernen), blanchieren, mit kaltem Wasser (am besten mit Eiswasser) abschrecken und gut ausdrücken. In eine Schüssel geben, abdecken und im Kühlschrank bis zur weiteren Verwendung aufbewahren.

Nun die Kartoffeln schälen und gar kochen.

Kurz vor dem Servieren den Spinat fertig zubereiten: Zwiebel in Butter anschwitzen, vorbereiteten Spinat zufügen, kurz weichdünsten. Mit Salz, Pfeffer und Muskatnuß abschmecken und sofort servieren. (Spinat darf nicht zu lange gekocht werden, sonst wird er wäßrig!)

Die Lachsfilets in den Sud legen und 3-5 Minuten pochieren.

Inzwischen die Kartoffeln in flüssiger Butter schwenken und mit Petersilie bestreuen.

Dessert: Schokoladenkuchen

Arbeitsaufwand: ca. 15 Minuten
Backzeit: 20-25 Minuten

Zutaten für 1 Springform (Durchmesser 26 cm):
230 g weiche Butter, 230 g Zucker, 9 Eier, getrennt,
230 g geschmolzene Zartbitter-Schokolade, Butter für die Form,
250 g Sahne oder 750 ml Vanille-Eis, 1 kg gemischte Beeren
(frisch oder TK)

Butter, Zucker und Eigelbe schaumig rühren. Die geschmolzene Schokolade zugeben und verrühren. Eiweiß steif schlagen und unter die Schaummasse heben. 2/3 des Teigs in eine gefettete Springform füllen und 20-25 Minuten im vorgeheizten Ofen bei 220 Grad backen. Abkühlen lassen und den restlichen Teig daraufstreichen. Die Oberfläche antrocknen lassen und mit Puderzucker bestreuen.

Den Kuchen aus der Springform lösen, in 16 Stücke teilen und nach Belieben mit geschlagener Sahne bzw. Vanille-Eis und/oder Beeren servieren.

Zum Kaffee/Digestiv: Vanillekipferl

Arbeitsaufwand: ca. 1 Stunde
Kühlzeit: ca. 30 Minuten

Zutaten für ca. 30 Kipferl:
140 g Mehl, 60 g ungeschälte Mandeln, gerieben,
30 g Vanillezucker, 120 g Butter, Mark von 1 Vanilleschote,
Puder- und Vanillezucker zum Bestäuben

Alle Zutaten rasch zu einem Teig verkneten. Zu einer Kugel formen, in Folie wickeln und kühl stellen. Aus dem Teig etwa 2 cm dicke Rollen drehen, auf ein mit Backpapier ausgelegtes Blech legen und die Rollen zu Kipferln formen. Im vorgeheizten Backofen bei 200 Grad etwa 7-10 Minuten auf der mittleren Schiene backen. Die Kipferl sollen hell aussehen. Sie sind fertig, wenn sie sich vom Blech leicht mit dem Messer wegschieben lassen. Die heißen Kipferl mit einer Mischung aus Puder- und Vanillezucker bestäuben (Kipferl nicht im Zucker wenden, sonst zerbrechen sie!). Die Vanillekipferl erst vom Backpapier lösen, wenn sie vollständig abgekühlt sind.

REZEPTE FÜR EIN LADIES'-LUNCH-MENU

(siehe Seite 142)

Avocado-Mousse

Arbeitsaufwand: 30 Minuten
Kühlzeit: 3 Stunden

Zutaten für 6 Personen:
1 Würfel Hühnerbrühe, 2 reife Avocados, Saft von 2 Zitronen,
1 TL feingehackter Schnittlauch, 1 TL getrockneter Estragon,
1 TL Zwiebelsaft, 15 g gemahlene Gelatine oder 9 Blatt,
300 g Schlagsahne, Salz, Pfeffer, etwas Tabasco, Kresse,
hauchdünne Gurkenscheiben, Tomatenviertel,
entkernte schwarze Oliven zum Garnieren

Brühwürfel in 300 ml kochendem Wasser auflösen. Avocados halbieren, Kerne entfernen und das Fleisch aus der Schale löffeln. In den Mixer geben. Zitronensaft, Kräuter, Zwiebelsaft und Tabasco hinzufügen und alles pürieren. Die Gelatine in kaltem Wasser einweichen, dann in ca. 3 Eßlöffeln kochendheißem Wasser auflösen und gründlich unter das Avocadopüree schlagen. Die Sahne steif schlagen und unter die Avocadomasse heben. Kräftig mit Salz und Pfeffer abschmecken. Die kalte, aber noch nicht feste Mousse in mehrere kleine oder eine große Form (zum Beispiel eine Gugelhupfform) füllen und bis zum Erstarren in den Kühlschrank stellen.

Zum Stürzen die Form 1-2 Sekunden in heißes Wasser tauchen und eine Platte mit der Oberfläche auf die Form legen. Form und Platte fest zusammenpressen, rasch wenden und dabei kräftig rütteln, damit sich die Mousse aus der Form löst. Die Mousse mit Gurkenscheiben, Tomatenvierteln, Kresse und schwarzen Oliven garnieren. Frisches Baguette dazu reichen.

Rotbarsch auf Sellerie-Tomaten-Gemüse

Arbeitsaufwand: 25 Minuten
Kochzeit: 20 Minuten

Zutaten für 6 Personen:
1,2 kg Rotbarsch- oder Dorschfilets ohne Haut, 3 EL Butter, 3 EL gehackte Zwiebeln, 375 g Stangensellerie, in 1/2 cm dicke Stücke geschnitten, 3 Knoblauchzehen, Salz, Pfeffer, 1 gehäufter TL feingehackter Rosmarin, 3 EL Mehl, 200 g Sahne, 3 große reife aromatische Tomaten, geschält und gewürfelt (ersatzweise Tomaten aus der Dose), 3 EL geklärte Butter oder Butterschmalz

Falls nötig Fisch entgräten und Filets in gleich große Stücke schneiden. Beiseite stellen. Die Butter erhitzen, die Zwiebeln hinzufügen und etwa 5 Minuten darin dünsten. Sellerie und durchgepreßten Knoblauch zu den Zwiebeln geben und 20 Minuten zugedeckt mitdünsten.

Inzwischen die Fischfilets mit Salz, Pfeffer und Rosmarin bestreuen und in Mehl wenden. Kurz beiseite stellen.

Nach 20 Minuten Kochzeit die Sahne zur Sauce gießen und einkochen lassen. Zum Schluß Tomatenwürfel in die Sauce geben. Geklärte Butter bzw. Butterschmalz in einer Pfanne erhitzen und die vorbereiteten Fischfilets von beiden Seiten darin braten. Die Gemüsesauce mit Pfeffer und Salz abschmecken und die Fischfilets darauf anrichten.

Als Beilage paßt Naturreis.

Feigendessert

Arbeitsaufwand: 15 Minuten
Kühlzeit: 2 - 3 Stunden

Zutaten für 6 Personen:
1 kg Feigen, 30 g Puderzucker, 250 g Sahne

Die Feigen vorsichtig waschen und wieder völlig trocknen lassen. Die Schale vorsichtig von der Spitze her dünn abschälen bzw. abziehen. Die geschälten Feigen in eine Glasschüssel legen und mit Puderzucker bestreuen. 2–3 Stunden in den Kühlschrank stellen. Feigen und ungesüßte, kurz angeschlagene Sahne getrennt servieren.

Aufwendigeres Dessert: Bayerische Creme

Arbeitsaufswand: 30 Minuten
Kühlzeit: 2 Stunden

Zutaten für 6 Personen:
3 Blatt weiße Gelatine, 3 Vanilleschoten, 4 - 5 Eigelb, 100 g Zucker, 1 EL Kirschwasser, 450 g Sahne

Gelatine in kaltem Wasser einweichen. Vanilleschoten der Länge nach aufschlitzen und das Mark herauskratzen. Die Eigelbe mit Zucker und Vanillemark in eine Schüssel geben und so lange mit dem Mixer schlagen, bis eine helle Creme entsteht.

Die Gelatine gut ausdrücken, in einem kleinen Topf mit Kirschwasser und 1 Eßlöffel Wasser vorsichtig erhitzen und auflösen. Sahne steif schlagen, etwas von der Sahne mit der Gelatine mischen und unter die Eicreme rühren. Restliche Sahne unterheben. 6 kleine oder eine große Form mit kaltem Wasser ausspülen und die Creme hineinfüllen. Mindestens 2 Stunden kalt stellen.

Die Bayerische Creme zum Stürzen in heißes Wasser tauchen und auf Obst bzw. einer Fruchtsauce anrichten.

Die Creme kann anstelle von Vanille auch mit Rum, Weinbrand oder Likör aromatisiert werden.

REZEPTE FÜR EIN LADIES'-LUNCH-MENU,
(siehe Seite 142/143)

Grießnockerlsuppe

Arbeitsaufwand: 30 Minuten

Zutaten für 8 Personen:

Für die Nockerl

100 g Butter, 2 Eier, 200 g Grieß, Salz, Muskat, 1 Bund Petersilie, feingehackt, 2 l Brühe (eventuell vom Tafelspitz), Schnittlauch oder Petersilie zum Bestreuen

Butter schaumig rühren, die aufgeschlagenen Eier dazugeben, verrühren und den Grieß unter die Masse rühren. Die übrigen Zutaten hinzufügen und gut vermischen. Mit 2 Eßlöffeln Nockerl aus der Grießmasse stechen und diese in kochendes Salzwasser geben. Die Nockerl zugedeckt 10–15 Minuten darin ziehen lassen.

Nockerl mit einer Schaumkelle aus dem Salzwasser heben und kurz kalt abschrecken. In die Suppenteller geben und mit der heißen Brühe übergießen, mit Schnittlauch oder etwas Petersilie bestreuen.

Hauptspeise: Wiener Tafelspitz mit Cremespinat und zwei Saucen, dazu geröstete Kartoffeln

Tafelspitz

Arbeitsaufwand: 30 Minuten
Kochzeit: 3,5 Stunden

Zutaten für 6-8 Personen:
2 - 3 Bund Suppengemüse (Karotten, Lauch, Sellerieknolle, Petersilienwurzel), 3 – 5 Rinderknochen, 1,5 kg Rindfleisch (Tafelspitz), Schnittlauchröllchen zum Garnieren

Rinderknochen blanchieren (kurz in kochendes Wasser geben und kalt abschrecken). Dann etwa 30 Minuten in frischem Salzwasser kochen lassen. Tafelspitz und gewaschenes Gemüse in die kochende Suppe geben und bei schwacher Hitze ca. 3 Stunden gar ziehen lassen. Das Fleisch sollte mit Flüssigkeit bedeckt sein. Wenn das Fleisch gar ist, aus der Brühe nehmen und quer zur Faser in Scheiben schneiden. Auf einer vorgewärmten Platte anrichten und etwas Rinderbrühe darübergießen. Mit gegarten Gemüsestreifen und Schnittlauchröllchen garnieren. Die Gemüsestreifen separat in Salzwasser garen.

Cremespinat

Arbeitsaufwand: 1 Stunde

Zutaten für 8 Personen:
1,2 kg Spinat, 40 g Butter, 150 g Sahne, Salz, Pfeffer, Muskat, 20 g Butterflöckchen

Spinat waschen und putzen (Stiele entfernen), in kochendem Salzwasser 5 Minuten blanchieren, sofort mit kaltem Wasser abschrecken und gut ausdrücken. Spinat in den Mixer geben und pürieren. Butter zerlassen, den Spinat kurz darin dünsten und die Sahne hinzufügen. Mit Salz, Pfeffer und Muskat abschmecken. Den Spinat cremig einkochen, Butterflöckchen unterrühren.

Wiener Schnittlauchsauce

Arbeitsaufwand: 20 Minuten

Zutaten für 8 Personen:
4 hartgekochte und 2 rohe Eigelbe, Salz, Zucker, 2 geriebene Brötchen,
300 ml Öl, 2¹/₂ EL ganz dünne Schnittlauchröllchen, Essigwasser (mit
Wasser verdünnter Estragonessig)

Hartgekochte und rohe Eigelbe durch ein Sieb streichen und verrühren. Mit Salz und Zucker würzen. Die Brötchen hinzufügen.
Tropfenweise das Öl zu der Masse geben und dabei ständig
rühren. 2 Eßlöffel Schnittlauch dazugeben und verrühren. Soviel Essigwasser hinzufügen, bis die gewünschte Saucenkonsistenz erreicht ist. Mit dem restlichen feingeschnittenen Schnittlauch bestreuen.

Apfelkren (Apfelmeerrettich)

Arbeitsaufwand: 10 Minuten

Zutaten für 8 Personen:
4 mittelgroße Äpfel, Zitronensaft, 3 EL feingeriebener Kren/Meerrettich,
1 Spritzer Essig, etwas Zucker, etwas Salz

Äpfel in Viertel schneiden, mit Zitronensaft beträufeln und in
einem Topf auf dem Herd bei mittlerer Hitze etwa 15 Minuten
weich dünsten.

Die weichen Äpfel durch ein Haarsieb in eine Schüssel passieren.
Den Meerrettich zum Apfelpüree geben und alles mit Essig,
Zucker und Salz abschmecken.

Geröstete Kartoffeln

Arbeitsaufwand: 10 Minuten
Kochzeit: ca. 20 Minuten

Zutaten für 8 Personen:
1,2 kg gegarte Kartoffeln vom Vortag (festkochende Sorte),
Butterschmalz, 1 Zwiebel, feingehackt, Salz, Pfeffer

Kartoffeln in Scheiben schneiden. Butterschmalz in einer Pfanne
erhitzen und die Zwiebeln darin glasig dünsten. Die Kartoffel-
scheiben hinzufügen und rundum rösten.

Dessert: Topfenpalatschinken

Arbeitsaufwand: 1,5 Stunde

Zutaten für 6 Personen:
140 g Mehl, gut ¹/₄ l Milch, 4 Eier, 1 Eigelb, 1 Prise Salz,
Fett zum Backen (Butterschmalz)

Füllung

250 g Topfen (Quark), 80 g Butter, 50 g Puderzucker,
50 g Zucker, 3 Eier, getrennt, Salz, 2 Päckchen Vanillezucker,
Schale und Saft von 1 Zitrone, 80 g Rosinen

Eiermilch

¹/₄ l Milch, 250 g Sauerrahm, 4 Eigelb, 50 g Zucker,
1 Stange Naturvanille

Mehl und Milch verrühren, Eier und Eigelb mit 1 Prise Salz
hinzufügen und zu einem glatten, dickflüssigen Teig verrühren.
Nun soviel weitere Milch zum Teig geben, daß er gerade dünn-
flüssig wird. Wer möchte, kann anstelle von Milch noch ein
Eigelb oder etwas Sahne hinzufügen, das macht die Palatschinken feiner.

Das Fett in einer Pfanne erhitzen und soviel Teig hineingießen,
daß der Boden der Pfanne dünn bedeckt ist. Die Pfanne beim
Eingießen des Teiges schwenken, damit sich der Teig gleichmäßig
dünn auf dem Pfannenboden verteilt. Zuerst die eine Seite, dann
die zweite Seite bei mittlerer Hitze hellbraun backen. Die fertigen
Palatschinken einzeln auskühlen lassen.

Butter, Puderzucker, Eigelbe, Quark und Gewürze schaumig
rühren. Die Eiweiße mit dem restlichen Zucker steif schlagen

und unter die Quarkmasse ziehen. Die Palatschinken mit der
Quark-Creme bestreichen, mit Rosinen bestreuen, zusammen-
rollen, in zwei Teile schneiden und dachziegelartig in eine gefettete Auflaufform legen. Bei 180 Grad etwa 25 Minuten im
Backofen backen. Inzwischen alle Zutaten für die Eiermilch gut
verrühren und nach 15 Minuten Backzeit die Palatschinken damit übergießen.

Marillenpüree zum Topfenpalatschinken

Arbeitsaufwand: 5 Minuten

Zutaten für 6 Personen:
2 Dosen Aprikosen (340 g Abtropfgewicht),
30 ml Marillenlikör oder Schnaps

Den Saft von den Aprikosen abgießen und auffangen. Die
Früchte im Mixer pürieren, mit dem Saft etwas verdünnen und
mit Marillenlikör abschmecken. Zu den Palatschinken reichen.

REZEPT FÜR EIN LADIES'-LUNCH-BUFFET

Dieses Gericht ist bestens geeignet,
um viele Personen zu bewirten (siehe Seite 144).

Bollito misto

Arbeitsaufwand: 1 Stunde
Kochzeit: 3 Stunden

Zutaten für 12 Personen:
1 kg Rindfleisch (zum Beispiel Schulterspitz),
750 g Kalbfleisch, 1 Rinderzunge, leicht gesalzen,
1 Suppenhuhn, 1 Zampone (gefüllter Schweinsfuß, gibt's im
italienischen Feinkostladen), 500 g Suppenknochen,
250 g Ochsenschwanz, 10–12 Rindermarkknochen,
3 Stangen Lauch, 7 Karotten, 1 weiße Rübe, 1 kleiner Wirsing,
1 Zwiebel, ungeschält, Salz, Pfeffer, Muskatnuß

2,5 l Wasser leicht salzen und zum Kochen bringen. Die verschiedenen Fleischstücke hineingeben. Reihenfolge: Rindfleisch,
nach 60 Minuten Kalbfleisch, nach weiteren 60 Minuten Gemüse, Suppenknochen, Ochsenschwanz. Insgesamt das Fleisch
in 2 Stunden nicht zu weich kochen; es sollte nur leicht sieden.
Die Markknochen erst 5 Minuten vor dem Anrichten in die
Brühe geben, sie sollten nicht kochen, sondern nur kurz garen.
Die Rinderzunge separat 2,5-3 Stunden kochen. Nach etwa
2 Stunden aus dem Sud nehmen und schälen.

Salsa verde

Arbeitsaufwand: 30 Minuten

Zuaten für 10-12 Personen:
100 ml Zitronensaft oder italienischer Weinessig,
4 TL scharfer Senf, Salz, Pfeffer, 200 ml Olivenöl,
8 hartgekochte Eier, 4 Bund Petersilie, feingehackt,
2 Bund Schnittlauch, in Röllchen geschnitten, 2 Zwiebeln,
feingehackt, 1 durchgepreßte Knoblauchzehe (nach Belieben)

Zitronensaft, Senf, Salz, Pfeffer und Öl zu einer würzigen Salat-
sauce verrühren. Die Eier schälen und der Länge nach teilen,
Eigelbe herausnehmen und durch ein feines Sieb in die Sauce
streichen. Eiweiße hacken und ebenfalls in die Sauce geben.
Petersilie, Schnittlauch, Zwiebel und Knoblauch hinzufügen.
Eventuell noch etwas Öl und Essig zur Sauce geben, die Sauce
soll nicht zu dick sein.

REZEPTE FÜR EIN ONE-WOMAN-SHOW-MENU

(siehe Seite 161)

Vorspeise: Gekochte Artischocken mit zwei Saucen

Arbeitsaufwand: 5 Minuten
Kochzeit: 30 Minuten

Zutaten für 6 - 8 Personen:
6 - 8 grüne Artischocken, Zitronensaft zum Beträufeln, Salz, Weißwein

Artischocken waschen, Stiele und Spitzen abschneiden und den Boden flach schneiden. Die Schnittflächen mit Zitronensaft beträufeln. In einem großen Topf Salzwasser mit etwas Weißwein zum Kochen bringen. Die Artischocken hineingeben, sie sollen mit Wasser bedeckt sein. Etwa 30 Minuten kochen lassen. Ein Spießchen in die Mitte der Artischocken stecken, um zu prüfen, ob die Artischocken gar sind. Läßt sich das Spießchen leicht hineinstechen, ist das Artischockenherz gar. Artischocken aus dem Wasser nehmen, abtropfen lassen, auf die Teller stellen und mit den Saucen anrichten.

Zum Essen die Blätter nach und nach von der Frucht zupfen, in die Saucen tauchen und das Fleisch aussaugen. Bevor man das Herz mit Messer und Gabel essen kann, muß das »Heu« entfernt werden (Fingerschalen nicht vergessen).

Sauce Mousseline

Arbeitsaufwand: 10 Minuten

Zutaten für 6 - 8 Personen:
20 g Speisestärke, ¹/₄ l Brühe (Würfel), 2 EL Zitronensaft oder Weißwein, 2 Eigelb, 50 g Butterflöckchen, Salz, weißer Pfeffer, 1 Prise Salz, 2 EL Sahne, 3-4 EL geschlagene Sahne

Speisestärke, Brühe und Zitronensaft oder Wein in eine kleine Edelstahlschüssel geben und mit dem Schneebesen glattrühren. Eigelbe hinzufügen und darunterschlagen. Die Schüssel auf ein heißes Wasserbad setzen. Die Temperatur knapp unter dem Siedepunkt halten und die Eigelb-Mischung unter ständigem Rühren zu einer dicklichen Creme schlagen. Die Butterflöckchen nach und nach darunterschlagen. Die Sauce mit Salz, Pfeffer und Zucker abschmecken. Sahne darunterrühren. Kurz vor dem Servieren die geschlagene Sahne unter die Sauce ziehen.

Sauce Vinaigrette

Arbeitsaufwand: 10 Minuten

Zutaten für 6-8 Personen:
3 hartgekochte Eier, 3 Essiggurken, ¹/₂ kleine Zwiebel oder Schalotte, 3 EL gemischte gehackte Kräuter, 3 EL Essig, 6 EL Öl, Salz, Pfeffer, 1 Prise Zucker, 1 TL Senf

Eier, Gurken und Zwiebel bzw. Schalotte ganz fein hacken und mit den Kräutern und Gewürzen vermischen. Öl und Essig hinzufügen und alles zu einer Vinaigrette verrühren.

Hauptspeise: Kalbs- oder Rindergulasch mit Spätzle oder Bandnudeln

Arbeitsaufwand: 15 Minuten
Kochzeit Kalbsgulasch: 35 Minuten
Kochzeit Rindergulasch: 1,5 Stunden
(Die Angaben für Rindergulasch stehen, falls vom Kalbsgulasch abweichend, in Klammern.)

Zutaten für 6 Personen:
80 g Butterschmalz, 250 g (700 g) feingehackte Zwiebel, 20 g (40-50 g) Paprikapulver, edelsüß, Salz, etwas Zitronenschale (1 schwach gehäufter TL Majoran), 1 (2) zerdrückte Knoblauchzehen, 1 TL Tomatenmark (1 schwach gehäufter TL Kümmel), 800 g Kalbfleisch (Schulter) bzw. Rindfleisch (Schulter od. Hals), in 25-g-schwere Würfel geschnitten, 20 g Mehl, 125 g saure Sahne (1 Spritzer Essig), 1 TL Tomatenmark

Fett in einem Topf erhitzen und die Zwiebeln darin goldgelb rösten. Paprikapulver hinzugeben, gut verrühren und mit sehr wenig Wasser ablöschen. Salz, ein Stückchen Zitronenschale (daumennagelgroß), Tomatenmark, zerdrückte Knoblauchzehe und das Fleisch in den Topf geben. Alles etwa 35 Minuten (Rindergulasch 1,5 Stunden) schmoren. Während der Schmorzeit immer wieder umrühren. Das Fleisch in eine Kasserolle geben. Saure Sahne und Mehl miteinander glattrühren und die Sauce damit binden. Etwas Wasser hinzufügen, um die Saucenkonsistenz zu verbessern. Die Sauce über das Fleisch passieren und dieses darin weitere 5 Minuten schmoren lassen. Dazu Bandnudeln oder selbstgemachte Spätzle reichen.

Selbstgemachte Spätzle

Arbeitsaufwand: 25 Minuten

Zutaten für 6 - 8 Personen:
800 g Mehl, 10 Eier, 1/4 l Milch, 2 EL Öl, Salz, Muskat

Alle Zutaten mit den Knethaken des Handrührgerätes zu einem zähen Teig verrühren. Anschließend den Teig mit dem Kochlöffel schlagen, bis er Blasen wirft. Salzwasser zum Kochen bringen, einen Spritzer Öl zugeben. Die Spätzle entweder mit dem Hobel oder mit der Spätzlepresse ins Wasser geben. Etwa 1/3 der Masse auf einmal. Die Spätzle 2-3 Minuten kochen, mit der Schaumkelle aus dem Wasser nehmen, abschrecken und abtropfen lassen. Vor dem Servieren die Spätzle in Butter erhitzen und etwas salzen.

Zwischendurch: Käse und verschiedene Blattsalate, Brot

Verschiedene Käsesorten auf einer Platte hübsch anrichten. Dazu Cracker und Brot reichen.

Verschiedene Blattsalate mit Italian Dressing

Arbeitsaufwand: 20 Minuten

Zutaten für 6 - 8 Personen:
2 Köpfe Blattsalate (zum Beispiel Kopfsalat, Lollo Rosso), 2 TL mittelscharfer Senf, Salz, Pfeffer, 1 Prise Zucker, 3 EL Balsamico-Essig, 6 EL Olivenöl, 1 EL gehackte Kräuter

Salatblätter von den Salatköpfen lösen, waschen und trockenschleudern. Die anderen Zutaten zu einem Dressing verrühren. Mit dem Salat vermengen.

Schnelles Dessert

Kaufen Sie einfach eine Tarte (flacher Obstkuchen mit Mürbteigboden) aus der Konditorei, wenn Sie wenig Zeit haben.

Heidi Schoellers kleine Weinfibel

Wein ist mehr als nur ein Getränk – er gehört zum europäischen Kulturgut. Nicht umsonst wird er von Liebhabern gehegt, gepflegt, gesammelt und oft sogar »erjagt«: Bei Auktionen überbieten sich internationale Connaisseure, um seltene Exemplare in ihren Besitz zu bringen. Einer von ihnen ist der weltberühmte Weinkenner Harry Rodenstock, der mit Spitzenexemplaren handelt, die pro Flasche nicht unter tausend Mark zu haben sind. Beim Thema Wein gerät er schnell ins Schwärmen: »Keine Frage, die romantische, ja mystische Empfindung, die mit dem Entkorken einer Flasche Bordeaux aus einem berühmten Chateau einhergeht, übt eine nahezu unwiderstehliche Faszination und Verlockung aus.«

Ich selber gehöre nicht zu den Experten. Deshalb ziehe ich, wenn ich für besondere Anlässe »große Weine« kaufen möchte, den »Kleinen Johnson für Weinkenner« (Hallwag) zu Rate. Er erscheint jedes Jahr in aktualisierter Neuausgabe, gibt Ratschläge, welcher Wein zu welcher Speise paßt und klassifiziert die Weine mit Sternchen, von der einfachen Qualität für jeden Tag bis zum anspruchsvollen und teuren Wein. »Die Welt des Weines«, in der über 10 000 Weine aus 55 Ländern beurteilt werden, ist ebenfalls sehr empfehlenswert.

Im allgemeinen kaufe ich zweimal im Jahr einen gewissen Vorrat an roten und weißen Weinen ein. Als Regel gilt, daß Weißweine nicht länger als fünf Jahre und Rotweine nicht länger als zehn Jahre gelagert werden sollen. Das betrifft allerdings nur Qualitätsweine. Einfache leichte Weine, wie etwa der Beaujolais Primeur, sind zum sofortigen Verbrauch bestimmt. Das heißt aber nicht, daß sie nicht »gut genug« für Gäste wären. Es kommt immer auf den Anlaß an. Deswegen gehe ich grundsätzlich zum selben Weinhändler (in meinem Fall ist das Feinkost Käfer in München), weil ich da gut beraten und auch auf preiswerte Weine aufmerksam gemacht werde. Außerdem gibt es bei einer Bestellung von 60 Flaschen zehn Flaschen gratis – so günstige Bedingungen kann natürlich nur ein Weinhändler bieten, der durch Großeinkäufe Vorteile weitergeben kann.

Im Sommer wähle ich überwiegend Weißwein – frische Italiener als Tischwein und Aperitif, die leicht und spritzig sind (manche haben nicht mehr als 10,5 oder 11 Prozent Alkoholgehalt). Geeignet sind zum Beispiel Soave, Orvieto oder ein junger Chardonnay aus Ligurien oder Südtirol. Übrigens sollte ein schlichter leichter Wein in der gleichen Saison getrunken werden, er verträgt keine Lagerung.

Für festlichere Abendessen wähle ich einen etwas volleren Weißwein: Chablis, Sancerre, Pinot Grigio oder Puilly Fumé bzw. Fuissé. Gute deutsche Weine kommen aus dem Rheingau, der Pfalz und dem Badischen, aus Franken und von der Mosel. Man kann sie ohne weiteres fünf bis sechs Jahre im Keller lagern. Der »kleine Johnson« verrät dann, welcher Jahrgang wann getrunken werden sollte.

Im Sommer nehme ich natürlich auch nur leichte Rotweine, zum Beispiel einen Antinori Chianti Classico, einen jungen Bordeaux oder spanischen Rioja. Ich persönlich ziehe ausländische Rotweine den deutschen vor.

Ab Herbst suche ich für die kalte Jahreszeit dann opulentere Rotweine aus: einen schweren Bordeaux oder Burgunder, einen Brunello di Montalcino aus der Toskana oder einen spanischen Marques de Riscal. Es haben sich auch gute amerikanische (aus dem Napa Valley), chilenische und südafrikanische Weine eingebürgert.

Als Weißwein nehme ich im Winter gern einen Burgunder, der kräftiger ist als der italienische Sommerwein. Da man schwere Weine oft am nächsten Tag noch spürt, bin ich mehr für Tischweine (vino di tavola), die übrigens auch jeder Winzer vorzieht.

Zu einem Mittagessen serviere ich meist nur Weißwein. Wenn es aber dunkles Fleisch gibt oder sehr formell zugeht, gibt es auch Rotwein. Zum Abendessen stelle ich grundsätzlich beides bereit. Ich fülle den Wein in Karaffen, die ich auf die Tische stelle, so daß sich die Gäste jederzeit selber bedienen können. Das erspart zusätzliche Arbeit für die Gastgeber und das Personal.

Bei acht Personen rechne ich mit fünf Flaschen Weißwein oder Rotwein, wenn es nur eine Sorte gibt. Wird beides angeboten, halte ich dennoch jeweils fünf Flaschen bereit, da man nie weiß, wie sich die Gäste entscheiden werden.

Rotwein öffne ich mindestens zwei Stunden vor dem Essen und dekantiere ihn. Man muß den Wein vorher immer probieren, ob er nicht etwa »gekippt« ist oder korkt. Sehr wohlerzogene Gäste würden eventuell auch einen korkenden Wein trinken und am nächsten Tag unter Kopfschmerzen leiden – wie unangenehm für den Gastgeber! Wenn ich selber Gast und mit den Gastgebern gur befreundet bin, mache ich den Hausherrn diskret darauf aufmerksam, wenn der Wein »korkelt«. Man muß auf der Hut sein, nicht eine Winzerei zu erwischen, die eine schlechte Qualität von Korken benutzt (paraffinierte oder Preßkorken). Ein kundiger Weinhändler, zu dem Sie ein Vertrauensverhältnis aufgebaut haben, wird Sie darauf aufmerksam machen.

Weißweine sollten immer Kühlschrank-Temperatur haben. Leichte Rotweine, wie Beaujolais oder Landweine, werden kühl getrunken (11 bis 14 Grad); schwere Rotweine dagegen temperiert (15 bis 19 Grad).

Bei großen Essen, für 60 Personen etwa, kaufe ich den Wein speziell für den Abend ein und bitte die Weinhandlung, nicht angebrochene Kartons zurückzunehmen. Denn für so viele Personen ist es fast unmöglich, den Verbrauch exakt vorherzusehen.

Welcher Wein zu welchem Essen? Die simpelste Regel ist, daß zu einem italienischen Essen natürlich am besten italienische Weine passen, während ein eher französisches Menu besser von französischen Weinen begleitet wird. Dagegen ist es überholt, Rotwein nur zu dunklem Fleisch zu geben. Außer zu Schalentieren und Flußfischen (zu denen nur ein trockener Weißwein paßt) überlasse ich meinen Gästen die Wahl zwischen weiß und rot.

Register

Autorinnen: Heidi Schoeller / Charlotte Seeling
Redaktionsleitung: Halina Heitz
Redaktion: Kirsten Spieldiener, München
Gestaltungskonzept: Hubertus Hepfinger, Freising
Layout: Martin Strohkendl, München
Umschlaggestaltung: Heinz Kraxenberger, München

Danksagungen
Die Autorinnen danken:
Halina Heitz und Kirsten Spieldiener für ihre Geduld
und redaktionelle Unterstützung,
Karola Riedinger für die tatkräftige organisatorische
Unterstützung,
Helga August für ihr Engagement bei der Beschaffung
der Fotos,
Martin Strohkendl für die herstellerische Betreuung;

sowie Kokon, München; Textiles Wohnen, Seefeld;
Galerie Marshalla, München; Ellen Techtow pocchetto
Geschenkservice, München; Firma Radspieler, München;
Rena Lange, München; Moët & Chandon; Robbe & Berking
Silbermanufaktur, Flensburg; Blumen Haas, München, sowie
der Firma Schnick-Schnack, München,
für die freundliche Überlassung von Accessoires, Skizzen
und Fotos.

Ein herzliches Dankeschön für die Mitarbeit geht an
Evelyn Bergdolt, Renate Kaiser, Thea Lew und Monika
Mohr.

Gedankt sei auch Wolfgang Kunth, der den Anstoß
zur Entstehung dieses Buches gab.

Bildnachweis
Alle Fotos von Bodo A. Schieren, Styling/Hintergründe Silvie
Schmidt, beide München, außer

Archiv für Kunst und Geschichte, Berlin: 5 (2. v.o.), 132/133,
    134, 136
Bayerisches Nationalmuseum: 17, 20 u., 21, 24 u., 25
Gehm, Thomas: 2, 131
Hermes/André Martin: 157
Jahreszeiten Verlag, Hamburg: 4 (4. v.o.), 54/55, 56, 58 o.
Moët & Chandon: 19
Mosaik Verlag (Brauner): 151
Mosaik Verlag (Stock Food Eising): 152 u.l.
Mosaik Verlag (Stüssel/Schmitz): 52 u., 152 r.u.
Münchner Stadtmuseum: 4 o., 14/15, 16, 18, 20 o.,
    22 o., 22 u., 23, 24 o., 26 o., 26 u.
Stock Food Eising: 51, 58 u.
Wittelsbacher Ausgleichsfonds: 27
Umschlagfotos: Jahreszeiten Verlag/Raben

© 2001 überarbeitete Neuauflage
Mosaik Verlag München in der Verlagsgruppe
Bertelsmann GmbH / 5 4 3 2 1
Reproduktion: Arti Litho, Trento
Satz: All-Star-Type Hilse, München
Herstellung: Martin Strohkendl
Druck und Bindung:
MOHN Media-Mohndruck GmbH, Gütersloh
Printed in Germany
ISBN 3-576-11568-4